辽宁省职业教育精品在线开放课程配套教材

高等职业教育教学改革融合创新型教材 · 旅游类

导游基础知识

Daoyou Jichu Zhishi

陈艳珍　李婉娜　主　编

任　淼　刘文智　
代　爽　刘　莉　副主编

东北财经大学出版社　大连

Dongbei University of Finance & Economics Press

图书在版编目（CIP）数据

导游基础知识 / 陈艳珍，李婉娜主编 .—大连 ：东北财经大学出版社，2024.9

（高等职业教育教学改革融合创新型教材 • 旅游类）

ISBN 978-7-5654-5177-5

Ⅰ.导…　Ⅱ.①陈…②李…　Ⅲ.导游-高等职业教育-教材　Ⅳ.F590.633

中国国家版本馆CIP数据核字（2024）第053835号

东北财经大学出版社出版

（大连市黑石礁尖山街217号　邮政编码　116025）

网　　址：http：//www.dufep.cn

读者信箱：dufep@dufe.edu.cn

大连图腾彩色印刷有限公司印刷　东北财经大学出版社发行

幅面尺寸：185mm×260mm　字数：285千字　印张：13.25

2024年9月第1版　2024年9月第1次印刷

责任编辑：魏　巍　韩敌非　责任校对：李丽娟

封面设计：原　皓　版式设计：原　皓

定价：45.00元

教学支持　售后服务　联系电话：（0411）84710309

如有印装质量问题，请联系营销部：（0411）84710711

前　言

党的二十大报告指出，要“增强文化自信”“发展面向现代化、面向世界、面向未来的，民族的科学的大众的社会主义文化，激发全民族文化创新创造活力，增强实现中华民族伟大复兴的精神力量”。旅游业的品质发展和世界旅游强国的建设，需要数以万计的高素质旅游人才，而导游基础知识是旅游从业人员必备的文化知识。

本书以习近平新时代中国特色社会主义思想和党的二十大精神为指引，依据职业教育旅游大类专业教学指导方案及培养目标，围绕旅游职业岗位知识、能力、素质需求，以人文素养和职业能力培养为核心，构建了中国共产党成立以来的光辉历程与伟大成就、中国旅游业发展概况、中国历史文化、中国旅游文学艺术、中国古代建筑艺术、中国古典园林艺术、中国民族民俗、中国宗教文化、中国旅游景观、中国饮食文化等十个学习项目，以期使学生具备广博的历史、建筑、园林、宗教、自然景观、民族民俗、饮食、文学艺术等导游文化知识，培养学生良好的职业道德，提高学生的文化内涵和人文素养，为学生的终身发展奠定坚实的文化基础。

本书在编写中注重体现以下几个特色：

1.融入思政，培养德才兼备的高素质人才

党的二十大报告指出，要“坚持为党育人、为国育才，全面提高人才自主培养质量”。本书以培养学生树立正确的世界观、人生观、价值观为己任，将社会主义核心价值观、中国精神、伟大建党精神、文化自信、绿色发展、民族团结等有机融入行文及“价值引领”栏目中，引导学生热爱祖国、热爱中华文化、热爱导游职业，不断提高学生的思想道德素养，提高学生服务国家、服务人民的社会责任感，实现德技并修。

2.项目导向，提高教材易读性与实用性

本书在内容的选取和体例的设计上，充分考虑学生的认知规律和职业发展需求，将全书分为 10 个项目 40 个知识点，设置了“知识导图”“情境导入”“课堂互动”“价值引领”等栏目，既增强了内容的易读性与趣味性，也便于教师统筹安排教学内容。此外，本书根据每个项目的重难点设计了“导游实训”栏目，旨在通过综合训练增强学生对导游基础知识的理解和运用能力，同时增加能够体现行业前沿性的新知识，使教材的应用性、实用性更强。

3.校企合作，“岗课赛证”融通育人

本书在结构上体现职业技能导向，在方法上突出以学生为中心，化文化为素养，化知识为行动。一方面，立足典型岗位设计教材内容，另一方面，融入导游资格证考试和导游服务技能大赛内容，做到教、学、做合一，实现了知识传授、素质养成、能力培养一体化，体现了“岗课赛证”融通育人。

4.链接资源，全新形态激活课堂

本书配套了丰富的数字资源，包括“延伸阅读”“在线课堂”“知识训练”等，学生通过扫描二维码即可观看，有利于加深学生对所学知识的理解和掌握，增强学生学习的自主性与趣味性，以全新形态激活课堂。同时，本书对应课程获批辽宁省职业教育精品在线开放课程，欢迎广大师生通过智慧职教（https://mooc.icve.com.cn/cms/courseDetails/index.htm？classId=f65b02bd66934b8eafde33c0f17e2926）和超星学习通平台（https://mooc1-2.chaoxing.com/course/204267085.html）进行学习。

本书由辽宁现代服务职业技术学院陈艳珍教授、李婉娜副教授任主编，辽宁现代服务职业技术学院任淼、刘文智、代爽及中国旅行社总社（沈阳）有限公司总经理、高级导游刘莉任副主编。具体编写分工如下：陈艳珍编写第2、3、4章，李婉娜编写第6、7、8章，任淼、代爽编写第1、5章，刘文智、刘莉编写第9、10章。全书由陈艳珍总纂定稿。

本书可作为旅游管理或相关专业培养应用型、技能型人才的教学用书，也可作为社会从业人员及广大文化爱好者的业务参考用书及培训用书。由于本书编者的经验和水平有限，书中不足之处在所难免，敬请专家与读者批评指正。

编　者

2024年6月

目　录

数字资源目录

项目一 中国共产党成立以来的光辉历程与伟大成就

学习目标

知识目标：

- 熟悉中国共产党的发展历程、重要会议、重大事件和重要人物。
- 了解中华人民共和国成立以来取得的辉煌成就，如“两弹一星”、北斗导航、探月工程、FAST大型天文望远镜等科技成就；高速公路和高速铁路、三峡水利工程、南水北调工程等建设成就。
- 掌握中国共产党的成立、第一次国共合作、南昌起义、秋收起义、三湾改编、古田会议、红军长征、遵义会议、西安事变和抗日民族统一战线的形成、抗日战争、解放战争、中华人民共和国成立、抗美援朝、“三线”建设、改革开放、“一国两制”、香港回归、澳门回归、“一带一路”倡议、人类命运共同体、脱贫攻坚和全面建成小康社会等现当代历史知识。

技能目标：

能运用所学党史知识讲好中国故事，为游客提供优质服务。

素养目标：

- 增强学生的民族自豪感和爱国情怀。
- 培养学生的团队合作意识。

知识导图

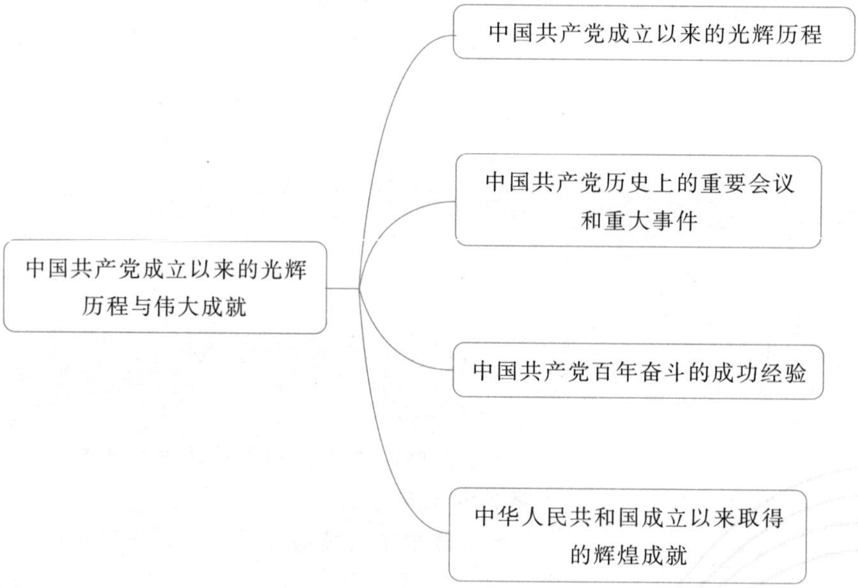
中国共产党成立以来的光辉历程与伟大成就
中国共产党成立以来的光辉历程
中国共产党历史上的重要会议和重大事件
中国共产党百年奋斗的成功经验
中华人民共和国成立以来取得的辉煌成就

◎ 情境导入

导游小王将接待一个20人的研学旅游团，主要参观中国共产党历史展览馆，小王需要掌握哪些党史知识，才能做好此次讲解工作呢？

知识点1 中国共产党成立以来的光辉历程

五四运动之后，在中华民族内忧外患、社会危机空前深重的背景下，在马克思列宁主义同中国工人运动相结合的进程中，1921年7月，中国共产党诞生了。这是开天辟地的大事件，它深刻改变了近代以后中华民族发展的方向和进程，深刻改变了中国人民的前途和命运，深刻改变了世界发展的趋势和格局。

在波澜壮阔的历史进程中，中国共产党紧紧依靠人民，跨过一道又一道沟坎，取得一个又一个胜利，为中华民族作出了伟大的历史贡献。

1921—1949年，中国共产党团结带领中国人民经过28年的浴血奋战，打败日本帝国主义，推翻国民党反动统治，完成新民主主义革命，建立了中华人民共和国。这一伟大历史贡献的意义在于，彻底结束了旧中国半殖民地半封建社会的历史，彻底废除了列强强加给中国的不平等条约和帝国主义在中国的一切特权，实现了中国从几千年封建专制政治向人民民主的伟大飞跃。

1949—1978年，中国共产党团结带领中国人民完成社会主义革命，确立社会主义基本制度，消灭一切剥削制度，推进了社会主义建设。这一伟大历史贡献的意义在于，完成了中华民族有史以来最为广泛而深刻的社会变革，为当代中国一切发展进步奠定了根本政治前提和制度基础，为中国发展富强、中国人民生活富裕奠定了坚实基础，实现了中华民族由不断衰落到根本扭转命运、持续走向繁荣富强的伟大飞跃。

1978年至今，中国共产党团结带领中国人民进行改革开放这个新的伟大革命，极大激发了广大人民群众的创造性，解放和发展了社会生产力，增强了社会发展活力，人民生活显著改善，综合国力显著增强，国际地位显著提高。这一伟大历史贡献的意义在于，开辟了中国特色社会主义道路，形成了中国特色社会主义理论体系，确立了中国特色社会主义制度，实现了中国人民从站起来、富起来到强起来的伟大飞跃。

价值引领1-1

走过百年奋斗历程的中国共产党在革命性锻造中更加坚强有力，党的政治领导力、思想引领力、群众组织力、社会号召力显著增强，党同人民群众始终保持血肉联系，中国共产党在世界形势深刻变化的历史进程中始终走在时代前列，在应对国内外各种风险和考验的历史进程中始终成为全国人民的主心骨，在坚持和发展中国特色社会主义的历史进程中始终成为坚强领导核心。

资料来源 习近平.习近平：高举中国特色社会主义伟大旗帜 为全面建设社会主义现代化国家而团结奋斗——在中国共产党第二十次全国代表大会上的报告[EB/OL].[2022-10-25]. https://www.gov.cn/xinwen/2022-10/25/content_5721685.htm.

知识点2 中国共产党历史上的重要会议和重大事件

一、五四运动

五四运动的导火索是巴黎和会上中国外交的失败。1919年5月4日，北京大学、北京高等师范学校等十几所专科以上学校的3 000余名学生，在天安门前举行抗议集会，一场震惊中外的反帝反封建爱国运动在北京爆发。6月3日，北京各校学生2 000余人走上街头，展开反帝爱国演讲，多名学生被捕。6月5日起，上海工人自发举行声援学生的罢工，反帝爱国运动迅速席卷全国各地，中国工人阶级开始以独立的姿态登上政治舞台。迫于压力，驻巴黎中国专使最终拒绝赴会签字，五四运动取得了重大胜利。

价值引领1–2

五四运动，爆发于民族危难之际，是一场以先进青年知识分子为先锋、广大人民群众参加的彻底反帝反封建的伟大爱国革命运动，是一场中国人民为拯救民族危亡、捍卫民族尊严、凝聚民族力量而掀起的伟大社会革命运动，是一场传播新思想新文化新知识的伟大思想启蒙运动和新文化运动，以磅礴之力鼓舞了中国人民和中华民族实现民族复兴的志向和信心。

五四运动，以彻底反帝反封建的革命性、追求救国强国真理的进步性、各族各界群众积极参与的广泛性，推动了中国社会进步，促进了马克思主义在中国的传播，促进了马克思主义同中国工人运动的结合，为中国共产党成立做了思想上干部上的准备，为新的革命力量、革命文化、革命斗争登上历史舞台创造了条件，是中国旧民主主义革命走向新民主主义革命的转折点，在近代以来中华民族追求民族独立和发展进步的历史进程中具有里程碑意义。

——习近平总书记2019年4月30日在纪念五四运动100周年大会上的讲话

二、中国共产党成立

1921年7月23日，中国共产党第一次全国代表大会在上海法租界望志路106号（今兴业路76号）召开。各地的党组织派出13名代表，代表全国50多名党员。7月30日晚，因法租界巡捕搜查会议地点，最后一天会议改在浙江嘉兴南湖的游船上举行。大会确定党的名称为“中国共产党”，党纲是：“以无产阶级革命军队推翻资产阶级；采用无产阶级专政，以达到阶级斗争的目的——消灭阶级；废除资本家私有制；联合第三国际。”大会选举陈独秀为中央局书记。一大宣告中国共产党正式成立，这是中国历史上开天辟地的大事，中国革命面目从此焕然一新。

三、党的二大和民主革命纲领的制定

1922年7月，中国共产党第二次全国代表大会（简称党的二大）在上海举行，阐明了中国革命的性质、对象和动力，制定了党的最低纲领和最高纲领。最低纲领为：“清除内乱，打倒军阀，建设国内和平；推翻国际帝国主义的压迫，达到中华民族完全独立；统一中国为真正的民主共和国。”最高纲领为：“组织无产阶级，用阶级斗争的手段，建立劳农专政的政治，铲除私有财产制度，渐次达到一个共产主义社会。”

四、党的三大和国共合作的建立

1923年6月12—20日，中国共产党第三次全国代表大会（简称党的三大）在广州召开，对国共合作的方针和办法作出了正式的决定：共产党员以个人身份加入国民党，在共产党员加入国民党时，党必须在政治上、思想上、组织上保持自己的独立性。党的三大确定的建立国共合作革命统一战线的策略，促进了第一次国共合作的实现，使共产党活动的政治舞台迅速扩大，加速了中国革命的步伐，为波澜壮阔的第一次大革命做了准备。

五、南昌起义

1927年7月中旬，中共中央临时常委会决定发动南昌起义，召集中央紧急会议讨论和决定大革命失败后的新方针。8月1日，在以周恩来为书记的中共前敌委员会（简称前委）领导下，贺龙、叶挺、朱德、刘伯承等人率领党所掌握和影响下的军队2万多人，在南昌打响武装反抗国民党反动派的第一枪。南昌起义在全党和全国人民面前树立起一面革命武装斗争的旗帜，标志着中国共产党独立领导革命战争、创建人民军队和武装夺取政权的开始。

六、八七会议

1927年8月7日，中共中央在汉口召开紧急会议（即八七会议）。会议着重批判了大革命后期陈独秀右倾机会主义错误，确定了土地革命和武装起义的方针，提出整顿队伍、纠正错误，“找到新的道路”的任务，选出新的中央临时政治局。在中国革命处于严重危机的情况下，八七会议及时制定继续进行革命的新方针，使党在政治上大大前进了一步，中国革命从此开始由大革命失败到土地革命兴起的历史性转变。

七、秋收起义

八七会议后，中共中央临时政治局决定让毛泽东以中央特派员身份到湖南传达八七会议精神，改组省委，领导秋收起义。1927年9月9日，湘赣边界秋收起义爆发。9月19日，毛泽东在文家市召开前委会议，决定部队转移到敌人力量薄弱的农村，寻找落脚点。从进攻大城市转为向农村进军，中国人民革命史开始了具有决定意义的新起点。

八、三湾改编

1927年9月29日，秋收起义军到达江西永新县三湾村，在毛泽东的领导下进行了改编，史称三湾改编。前委将已不足千人的部队由原来的一个师缩编为一个团；建立党的各级组织和党代表制度，党的支部建在连上，班、排有小组，连以上设党代表，营、团设党委；成立各级士兵委员会，实行民主制度，在政治上官兵平等。这些措施开始改变起义军中旧军队的习气和不良之风，从组织上确立了党对军队的领导，是建设无产阶级领导的新型人民军队的重要开端。

九、创建井冈山革命根据地

大革命失败后，在全党寻找中国革命新道路而进行的艰苦探索中，1927年10月，毛泽东率领秋收起义部队抵达湘赣两省交界的井冈山，创建革命根据地，开展工农武装割据，代表了中国革命发展的正确方向。1928年2月，井冈山革命根据地初步形成。农村包围城市、武装夺取政权思想的提出，标志着中国化的马克思主义即毛泽东思想的初步形成。

十、古田会议

1929年12月28—29日，红四军党的第九次代表大会在福建上杭县古田召开，即古田会议。会议传达了中共中央指示，通过了八个决议案，选举产生了新的中共红四军前敌委员会，毛泽东当选为书记。古田会议决议案的中心思想是用无产阶级思想进行军队和党的建设。在军队建设方面，决议规定中国的红军是一个执行革命的政治任务的武装集团，党指挥枪而不是枪指挥党等；在党的建设方面，决议强调了加强党的思想建设的重要性等。古田会议决议是中国共产党和红军建设的纲领性文献，是党和人民军队建设史上的里程碑，具有十分重要的意义。

延伸阅读 1-1

飞夺泸定桥

十一、红军长征

1934年10月至1936年10月，红军第一、第二、第四方面军和第二十五军，在党的领导下，血战湘江，四渡赤水，巧渡金沙江，强渡大渡河，飞夺泸定桥，鏖战独树镇，勇克包座，转战乌蒙山，击退上百万穷凶极恶的追兵阻敌，征服空气稀薄的冰山雪岭，穿越渺无人烟的沼泽草地，纵横十余省，长驱二万五千里，以非凡的智慧和大无畏的英雄气概，战胜千难万险，付出巨大牺牲，胜利完成震撼世界、彪炳史册的长征。

十二、遵义会议

1935年1月15—17日，中共中央在遵义召开政治局扩大会议，集中全力解决当时具有决定意义的军事和组织问题，增补毛泽东为中央政治局常委。3月中旬，成立由毛泽东、周恩来、王稼祥组成的新的“三人团”，以周恩来为首，负责全军的军事行动。遵义会议是党的历史上一个生死攸关的转折点，开始确立了以毛泽东同志为主要代表的马克思主义正确路线在党中央的领导地位，开始形成以毛泽东同志为核心的党的第一代中央领导集体，这是党和革命事业转危为安、不断打开新局面最重要的保证。

十三、瓦窑堡会议

1935年12月17—25日，中共中央在陕西瓦窑堡召开政治局扩大会议，即瓦窑堡会议。会议通过了《中央关于目前政治形势与党的任务决议》，毛泽东作了军事问题的报告，明确提出了党的基本策略任务是建立广泛的抗日民族统一战线。27日，毛泽东根据瓦窑堡会议决议精神，在党的活动分子会议上做了《论反对日本帝国主义的策略》的报告。瓦窑堡会议是从第五次反“围剿”失败到全民族抗战兴起过程中召开的一次重要会议，表明党在总结经验教训的基础上，从中国的实际情况出发，创造性地进行工作。

十四、西安事变

1935年12月，中共中央在陕北瓦窑堡召开政治局扩大会议，制定了建立广泛的抗日民族统一战线策略，积极推进日益高涨的抗日救亡运动。1936年12月12日，张学良、杨虎城在西安扣留蒋介石，并向全国通电，提出停止内战、一致对外等八项主张。中共中央以中华民族利益的大局为重，独立自主地确定了用和平方式解决西安事变的方针，经过周恩来、张学良、杨虎城的共同努力，迫使蒋介石作出“停止剿共，联红抗日”的承诺。西安事变的和平解决，成为时局转换的枢纽。在抗日的前提下，国共两党实行第二次合作成为不可抗拒的大势。

十五、卢沟桥事变：全民族抗战爆发

1937年7月7日夜，日本侵略军在北平西南的卢沟桥以北举行军事演习，借口一名士兵失踪，要求进入宛平城搜查，遭到拒绝后，即炮轰宛平城，攻击卢沟桥。当地中国驻军二十九军奋起抵抗，“卢沟桥事变”爆发。日本由此开始了全面侵华战争，中国则展开了全民族抗战。

十六、抗日民族统一战线的形成

卢沟桥事变爆发后的第二天，中共中央发出通电，号召“全中国同胞、政府与军队，团结起来，筑成民族统一战线的坚固长城，抵抗日寇的侵略！”“国共两党亲密合作抵抗日寇的新进攻”。1937年7月15日，中共代表周恩来等将《中共中央为公布国共合作宣言》交给蒋介石，表示以此作为国共合作的政治基础。8月22日，红军改编为国民革命军第八路军（简称八路军）；接着，南方八省的红军游击队改编为国民革命军陆军新编第四军（简称新四军）。9月22日，国民党中央通讯社发表《中共中央为公布国共合作宣言》；23日，蒋介石发表实际承认共产党合法地位的谈话。中共中央的宣言和蒋介石的谈话，宣告国共两党重新合作和中国抗日民族统一战线的形成。

十七、百团大战

1940年8月20日至1941年1月24日，八路军总部在华北发动了一次大规模对日军的进攻。陆续参战的部队达到105个团20余万人，史称“百团大战”。百团大战是抗日战争时期八路军在华北发动的规模最大、持续时间最长的一次带战略性进攻的战役，作战1 824次，毙伤日伪军2.5万人，打击了日军的侵略气焰，在抗战局面比较低迷时振奋了全国民心。

十八、党的七大

1945年4月23日至6月11日，中国共产党第七次全国代表大会（简称党的七大）在延安举行。大会通过了毛泽东《论联合政府》政治报告、朱德《论解放区战场》军事报告和刘少奇《关于修改党章的报告》，选举产生新的中央委员会，确定“以马克思列宁主义的理论与中国革命的实践之统一的思想——毛泽东思想，作为自己一切工作的指针”。党的七大以“团结的大会、胜利的大会”载入史册。6月19日，中国共产党第七届中央委员会第一次全体会议选举毛泽东、朱德、刘少奇、周恩来、任弼时为中央书记处书记，毛泽东为中央委员会主席、中央政治局主席、中央书记处主席。

十九、抗日战争

1931年9月18日，日本关东军发动“九一八”事变，成为中国人民抗日战争的起点，中国人民不屈不挠的局部抗战揭开了世界反法西斯战争的序幕。1937年7月7日，日本侵略军发动卢沟桥事变，中国人民开始了全民族抗战。中国共产党制定和实施全面抗战路线和持久战的战略总方针，领导人民军队深入敌后发动群众，开展抗日游击战争，建立和发展抗日民主根据地；实行发展进步势力、争取中间势力、孤立顽固势力和坚持抗战反对妥协、坚持团结反对分裂、坚持进步反对倒退的方针；大力推进党的建设，确立毛泽东思想为党的指导思想。中国共产党成为全民族抗战的中流砥柱。1945年8月15日，日本裕仁天皇以广播的形式发布《终战诏书》，日本无条件投降；9月2日，日本代表在投降书上签字；9月3日，成为中国人民抗日战争胜利纪念日。中国人民经过长达14年艰苦卓绝的斗争，终于取得了抗日战争的伟大胜利，宣告了世界反法西斯战争的完全胜利。中国人民抗日战争胜利是近代以来中国抗击外敌入侵的第一次完全胜利，成为中华民族走向复兴的转折点。

二十、解放战争

解放战争亦称第三次国内革命战争，是1946年6月至1949年9月中国人民解放军在中国共产党的领导下和广大人民群众的支援下，为推翻国民党统治、解放全中国而进行的战争，是一场事关中国前途命运的决战。全面内战爆发后，中国共产党领导解放区军民坚决以积极防御粉碎国民党军队的进攻，并积极推动国民党统治区的人民运动。随着形势的发展，中国共产党指挥人民解放军转入战略进攻，经过战略决战和战略追击，领导人民推翻了国民党反动统治，夺取了新民主主义革命的全国性胜利，基本上完成了争取民族独立和人民解放的历史任务。

二十一、中华人民共和国成立

1949年9月21—30日，中国人民政治协商会议第一届全体会议举行，大会通过起临时宪法作用的《中国人民政治协商会议共同纲领》，选举毛泽东为中央人民政府主席。会议通过北平为中华人民共和国首都，改名为北京；采用公元纪年；在国歌正式制定前，以《义勇军进行曲》为代国歌；国旗为五星红旗。10月1日，首都北京30万军民在天安门广场集会，隆重举行开国大典，毛泽东主席庄严宣告："中华人民共和国中央人民政府今天成立了！"

二十二、抗美援朝

1950年6月25日，中国近邻的朝鲜半岛爆发大规模战争。美国立即进行武装干涉，同时命令其海军第七舰队侵入台湾海峡，公然干涉中国内政，阻挠中国的统一大业，并组成以美国军队为主的"联合国军"，扩大侵朝战争。毛泽东以伟大战略家的眼光和胆识，命令彭德怀为中国人民志愿军司令员，率部援朝。10月25日，秘密入朝的中国人民志愿军同"联合国军"遭遇，初战告捷。到1951年6月，中国人民志愿军经过五次战役共歼敌23万人，把战线稳定在三八线附近。美国在遭受损失及其盟国的压力下，被迫同意谈判。1953年7月，双方在朝鲜停战协定上签字。抗美援朝的胜利极大地增强了中国人民的民族自信心和自豪感，中国的国际地位空前提高，帝国主义从此不敢轻易地欺侮和侵犯中国。

价值引领1-3

抗美援朝精神，是马克思列宁主义、毛泽东思想同正义战争伟大实践相结合的产物，是人民军队宗旨、本色和作风的体现，是中华民族不畏强暴、敢于斗争的历史传统的弘扬，是中国人民极其宝贵的精神财富。其基本内涵是：

（1）祖国和人民的利益高于一切、为了祖国和民族的尊严而奋不顾身的爱国主义精神。

（2）英勇顽强、舍生忘死的革命英雄主义精神。

（3）不畏艰难困苦、始终保持高昂士气的革命乐观主义精神。

（4）为完成祖国和人民赋予的使命、慷慨奉献自己一切的革命忠诚精神。

（5）为了人类和平与正义事业而奋斗的国际主义精神。

二十三、党的八大

1956年9月15—27日，中国共产党第八次全国代表大会（简称党的八大）在北京召开。大会宣布：我国无产阶级同资产阶级之间的矛盾已经基本上解决，几千年来的阶级剥削制度的历史已经基本上结束，社会主义制度已经基本上建立。我国国内的主要矛盾已经是人民对于建立先进的工业国的要求同落后的农业国的现实之间的矛盾，已经是人民对于经济文化迅速发展的需要同当前经济文化不能满足人民需要的状况之间的矛盾。党的八大是一次解放思想、民主开放的大会，是一次成功的大会。9月28日，中国共产党第八届中央委员会第一次全体会议选举毛泽东为中央委员会主席，刘少奇、周恩来、朱德、陈云为副主席，邓小平为总书记。

二十四、党的十一届三中全会

1978年12月18—22日，中国共产党第十一届中央委员会第三次全体会议（简称党的十一届三中全会）在北京举行。会议的主要任务是确定把全党工作重点转移到社会主义现代化建设上来。会前召开了历时36天的中央工作会议，邓小平发表的《解放思想，实事求是，团结一致向前看》重要讲话，实际上成为党的十一届三中全会的主题报告。党的十一届三中全会重新确立了马克思主义的思想路线、政治路线和组织路线，我国改革开放由此拉开了序幕，邓小平理论也逐步形成和发展起来。党和人民踏上建设中国特色社会主义的伟大征程，党的十一届三中全会作为一个伟大的转折点载入党的光辉史册。

二十五、改革开放

党的十一届三中全会开启了改革开放和社会主义现代化的伟大征程。中国共产党在以邓小平同志为核心的党的第二代中央领导集体的英明领导下，领导全国人民解放思想、实事求是，大胆地试、勇敢地改，干出了一片新天地。此后，从实行家庭联产承包、乡镇企业异军突起、取消农业税牧业税和特产税到农村承包地“三权”分置、打赢脱贫攻坚战、实施乡村振兴战略，从兴办深圳等经济特区、沿海沿边沿江沿线和内陆中心城市对外开放到加入世界贸易组织、共建“一带一路”、设立自由贸易试验区、谋划中国特色自由贸易港、成功举办首届中国国际进口博览会，从“引进来”到“走出去”，从搞好国营大中小企业、发展个体私营经济到深化国资国企改革、发展混合所有制经济，从单一公有制到公有制为主体、多种所有制经济共同发展和坚持“两个毫不动摇”，从传统的计划经济体制到前无古人的社会主义市场经济体制再到使市场在资源配置中起决定性作用和更好发挥政府作用，从以经济体制改革为主到全面深化经济、政治、文化、社会、生态文明体制和党的建设制度改革，党和国家机构改革、行政管理体制改革、依法治国体制改革、司法体制改革、外事体制改革、社会治理体制改革、生态环境督察体制改革、国家安全体制改革、国防和军队改革、党的领导和党的建设制度改革、纪检监察制度改革等一系列重大改革扎实推进，各项便民、惠民、利民举措持续实施，改革开放成为当代中国最显著的特征、最壮丽的气象。

二十六、“一国两制”

“一国两制”构想最早是为解决我国台湾问题而提出的。1982年，邓小平首次提出“一个国家，两种制度”的概念。同年12月，第五届全国人民代表大会第五次会议通过的《中华人民共和国宪法》第三十一条规定：“国家在必要时得设立特别行政区。在特别行政区内实行的制度按照具体情况由全国人民代表大会以法律规定。”“一国两制”是中国的一个伟大创举，是中国为国际社会解决类似问题提供的一个新思路新方案，是中华民族为世界和平与发展作出的新贡献，凝结了海纳百川、有容乃大的中国智慧。

二十七、香港、澳门回归

1982年9月26日，英国首相撒切尔夫人访华，中英首次揭开了香港前途谈判之幕。1984年12月19日，中英两国政府正式签署《关于香港问题的联合声明》，确认中华人民共和国政府于1997年7月1日对香港恢复行使主权。1990年4月，七届全国人大三次会议审议通过《中华人民共和国香港特别行政区基本法》。1997年7月1日零时，中华人民共和国对香港恢复行使主权。2017年，习近平总书记在《在庆祝香港回归祖国20周年大会暨香港特别行政区第五届政府就职典礼上的讲话》中指出，香港回到祖国的怀抱，洗刷了民族百年耻辱，完成了实现祖国完全统一的重要一步。香港回归祖国是彪炳中华民族史册的千秋功业，香港从此走上同祖国共同发展、永不分离的宽广道路。实践充分证明，“一国两制”是历史遗留的香港问题的最佳解决方案，也是香港回归后保持长期稳定的最佳制度安排，是行得通、办得到、得人心的。

1986年6月，中国和葡萄牙两国政府就澳门问题举行谈判。1987年4月13日，中葡两国政府正式签署《关于澳门问题的联合声明》，宣布中国政府将于1999年12月20日对澳门恢复行使主权。1993年3月，八届全国人大一次会议审议通过《中华人民共和国澳门特别行政区基本法》。1999年12月20日零时，中华人民共和国对澳门恢复行使主权。澳门的回归，是中国人民在完成祖国统一大业的道路上树立的又一座丰碑。2019年，习近平在《在庆祝澳门回归祖国20周年大会暨澳门特别行政区第五届政府就职典礼上的讲话》中指出，饱经沧桑的澳门回到祖国怀抱，中华人民共和国澳门特别行政区宣告成立，开启了澳门历史新纪元。中华民族伟大复兴的前进步伐势不可挡，香港、澳门与祖国内地同发展、共繁荣的道路必将越走越宽广！

二十八、党的二十大

2022年10月16—22日，中国共产党第二十次全国代表大会（简称党的二十大）在北京召开。习近平代表第十九届中央委员会向大会作了题为《高举中国特色社会主义伟大旗帜　为全面建设社会主义现代化国家而团结奋斗》的报告（简称党的二十大报告）。党的二十大报告指出：“弘扬伟大建党精神，自信自强、守正创新，踔厉奋发、勇毅前行，为全面建设社会主义现代化国家、全面推进中华民族伟大复兴而团结奋斗。”大会通过了关于十九届中央委员会报告的决议、关于十九届中央纪律检查委员会工作报告的决议，关于《中国共产党章程（修正案）》的决议。

党的二十大是在全党全国各族人民迈上全面建设社会主义现代化国家新征程、向第二个百年奋斗目标进军的关键时刻召开的一次十分重要的大会。

课堂互动1-1

“旅游”首次写入党的二十大报告，虽然字数不多，但体现了党和国家对旅游业的重视。试分析这对旅游业发展的重要意义。

二十九、习近平新时代中国特色社会主义思想

党的十八大以来，以习近平同志为主要代表的中国共产党人，顺应时代发展，从

理论和实践相结合的角度系统回答了新时代坚持和发展什么样的中国特色社会主义，怎样坚持和发展中国特色社会主义这个重大时代课题，创立了习近平新时代中国特色社会主义思想。习近平新时代中国特色社会主义思想是对马克思列宁主义、毛泽东思想、邓小平理论、“三个代表”重要思想、科学发展观的继承和发展，是马克思主义中国化最新成果，是党和人民实践经验和集体智慧的结晶，是中国特色社会主义理论体系的重要组成部分，是全党全国人民为实现中华民族伟大复兴而奋斗的行动指南，必须长期坚持并不断发展。在习近平新时代中国特色社会主义思想指导下，中国共产党领导全国各族人民，统揽伟大斗争、伟大工程、伟大事业、伟大梦想，推动中国特色社会主义进入了新时代。

三十、中国特色社会主义进入新时代

经过长期努力，中国特色社会主义进入了新时代，这是我国发展新的历史方位。中国特色社会主义进入新时代，意味着近代以来久经磨难的中华民族迎来了从站起来、富起来到强起来的伟大飞跃，迎来了实现中华民族伟大复兴的光明前景；意味着科学社会主义在21世纪的中国焕发出强大生机活力，在世界上高高举起了中国特色社会主义伟大旗帜；意味着中国特色社会主义道路、理论、制度、文化不断发展，拓展了发展中国家走向现代化的途径，给世界上那些既希望加快发展又希望保持自身独立性的国家和民族提供了全新选择，为解决人类问题贡献了中国智慧和中国方案。

三十一、“一带一路”倡议

2013年秋，国家主席习近平在哈萨克斯坦和印度尼西亚先后提出共建“丝绸之路经济带”和“21世纪海上丝绸之路”，即“一带一路”倡议。在共建“一带一路”国际合作框架内，各方秉持共商、共建、共享原则，携手应对世界经济面临的挑战，开创发展新机遇，谋求发展新动力，拓展发展新空间，实现优势互补、互利共赢，不断朝着人类命运共同体方向迈进。2016年第71届联合国大会通过决议，首次写入“一带一路”倡议。

三十二、人类命运共同体

党的十九大报告指出：“世界命运握在各国人民手中，人类前途系于各国人民的抉择。中国人民愿同各国人民一道，推动人类命运共同体建设，共同创造人类的美好未来！”2018年3月1日，第十三届全国人民代表大会第一次会议通过的宪法修正案，将宪法序言第十自然段“发展同各国的外交关系和经济、文化的交流”修改为“发展同各国的外交关系和经济、文化交流，推动构建人类命运共同体”。

价值引领1-4

党的二十大报告指出，“中国始终坚持维护世界和平、促进共同发展的外交政策宗旨，致力于推动构建人类命运共同体”“构建人类命运共同体是世界各国人民前途所在。万物并育而不相害，道并行而不相悖。只有各国行天下之大道，和睦相处、合作共赢，繁荣才能持久，安全才有保障”。中华民族历来讲求“天下一家”，主张民胞物与、协和万邦、天下大同，憧憬“大道之行，天下为公”的美好世界。世界各国尽管有这样或那样的分歧矛盾，但世界各国人民都生活在同一片蓝天下、拥有同一个家园，应该是一家人。世界各国人民应该秉持“天下一家”理念，张开怀抱，彼此理解，求同存异，为构建人类命运共同体而努力。

三十三、脱贫攻坚

中华人民共和国成立以来，中国共产党带领人民持续向贫困宣战，经过坚持不懈的努力，成功走出了一条中国特色扶贫开发道路，使7亿多农村贫困人口成功脱贫。中国成为世界上减贫人口最多的国家，也是世界上率先完成联合国千年发展目标的国家。

2015年11月23日，中共中央政治局审议通过《关于打赢脱贫攻坚战的决定》，提出“十三五”期间的脱贫攻坚目标是到2020年实现农村贫困人口“两不愁三保障”（不愁吃、不愁穿，农村贫困人口义务教育、基本医疗、住房安全有保障）。11月29日，《中共中央 国务院关于打赢脱贫攻坚战的决定》发布，提出“确保到2020年农村贫困人口实现脱贫，是全面建成小康社会最艰巨的任务”。2020年11月23日，贵州省宣布所有贫困县摘帽出列，至此，全国832个国家级贫困县全部脱贫摘帽。

2021年2月25日，全国脱贫攻坚总结表彰大会在北京隆重举行。经过全党全国各族人民共同努力，在迎来中国共产党成立一百周年的重要时刻，我国脱贫攻坚战取得了全面胜利，现行标准下9 899万农村贫困人口全部脱贫，832个贫困县全部摘帽，12.8万个贫困村全部出列，区域性整体贫困得到解决，完成了消除绝对贫困的艰巨任务，创造了又一个彪炳史册的人间奇迹！

三十四、全面建成小康社会

改革开放之初，邓小平同志在规划中国经济社会发展蓝图时提出了小康社会的战略构想，并写入党的十二大报告。党的十三大确定我国经济发展战略部署大体分“三步走”：第一步，从1981年到1990年实现国民生产总值比1980年翻一番，解决人民的温饱问题；第二步，从1991年到20世纪末，使国民生产总值再增长一倍，人民生活达到小康水平；第三步，到21世纪中叶，人均国民生产总值达到中等发达国家水平，人民生活比较富裕，基本实现现代化。党的十五大把“三步走”战略的第三步进一步具体化，提出了三个阶段性目标：先用10年时间实现国民生产总值比2000年翻一番，使人民的小康生活更加富裕，形成比较完善的社会主义市场经济体制；再经过10年的努力，到建党100周年时，使国民经济更加发展，各项制度更加完善；到21世纪中叶新中国成立100周年时，基本实现现代化，建成富强民主文明的社会主义国家。党的十六大、十七大、十八大、十九大，均针对发展难题和人民意愿，就全面建成小康社会进行了具体的部署和安排。2020年，我国如期完成全面建成小康社会目标。

实现小康目标、全面建成小康社会，是改革开放以来中国共产党所领导的中国特色社会主义建设最基本的实践活动，在社会主义现代化建设中具有承前启后的意义。前一个阶段，中国社会实现了由贫困到温饱、由温饱到小康的历史性跨越；后一个阶段，在全面建成小康社会的基础上，奋斗15年，基本实现社会主义现代化，继而再奋斗15年，将我国建设成为社会主义现代化强国。

价值引领1-5

全面建成小康社会，是中国共产党向人民和历史作出的庄严承诺，是“两个一百年”奋斗目标的第一个百年奋斗目标，也是实现中华民族伟大复兴中国梦的关键一步。中国共产党带领全国人民经过艰苦卓绝的努力，全面建成小康社会取得伟大历史性成就，中华民族数千年来的美好憧憬成为现实。

三十五、中国式现代化

中国式现代化，是中国共产党领导的社会主义现代化，既有各国现代化的共同特征，更有基于自身国情的中国特色。

中国式现代化的本质要求是：坚持中国共产党领导，坚持中国特色社会主义，实现高质量发展，发展全过程人民民主，丰富人民精神世界，实现全体人民共同富裕，促进人与自然和谐共生，推动构建人类命运共同体，创造人类文明新形态。

中国式现代化坚持以人民为中心的发展思想，把增进人民福祉、促进人的全面发展、朝着共同富裕方向稳步前进作为经济发展的出发点和落脚点，扎实推动共同富裕，不断增强人民群众获得感、幸福感、安全感。中国式现代化统筹推进经济建设、政治建设、文化建设、社会建设、生态文明建设，推动新型工业化、信息化、城镇化、农业现代化同步发展，推动物质文明、政治文明、精神文明、社会文明、生态文明协调发展，形成了系统协调的现代文明新形态。围绕满足人民美好生活需要，针对发展不平衡、不协调、不可持续问题，中国式现代化推动经济发展质量变革、效率变革、动力变革，努力实现创新成为第一动力、协调成为内生特点、绿色成为普遍形态、开放成为必由之路、共享成为根本目的的高质量发展。

知识点3　中国共产党百年奋斗的成功经验

中国共产党百年历史积累了宝贵经验，这些经验弥足珍贵，概括起来有以下内容：

一、坚持党的领导

中国共产党是领导我们事业的核心力量。中国人民和中华民族之所以能够扭转近代以后的历史命运、取得今天的伟大成就，最根本的原因是有中国共产党的坚强领导。历史和现实都证明，没有中国共产党，就没有新中国，就没有中华民族伟大复兴。治理好我们这个世界上最大的政党和人口最多的国家，必须坚持党的全面领导特别是党中央集中统一领导，坚持民主集中制，确保党始终总揽全局、协调各方。只要我们坚持党的全面领导不动摇，坚决维护党的核心和党中央权威，充分发挥党的领导政治优势，把党的领导落实到党和国家事业各领域各方面各环节，就一定能够确保全党全军全国各族人民团结一致向前进。

二、坚持人民至上

党的根基在人民、血脉在人民、力量在人民，人民是党执政兴国的最大底气。民心是最大的政治，正义是最强的力量。党的最大政治优势是密切联系群众，党执政后的最大危险是脱离群众。党代表中国最广大人民根本利益，没有任何自己特殊的利益，从来不代表任何利益集团、任何权势团体、任何特权阶层的利益，这是党立于不败之地的根本所在。只要我们始终坚持全心全意为人民服务的根本宗旨，坚持党的群众路线，始终牢记江山就是人民，人民就是江山，坚持一切为了人民、一切依靠人民，坚持为人民执政、靠人民执政，坚持发展为了人民、发展依靠人民、发展成果由人民共享，坚定不移走全体人民共同富裕道路，就一定能够领导人民夺取中国特色社会主义新的更大胜利，任何想把中国共产党同中国人民分割开来、对立起来的企图就永远不会得逞。

三、坚持理论创新

马克思主义是我们立党立国、兴党强国的根本指导思想。马克思主义理论不是教条而是行动指南，必须随着实践发展而发展，必须中国化才能落地生根、本土化才能深入人心。中国共产党之所以能够领导人民在一次次求索、一次次挫折、一次次开拓中完成中国其他各种政治力量不可能完成的艰巨任务，根本在于坚持解放思想、实事求是、与时俱进、求真务实，坚持把马克思主义基本原理同中国具体实际相结合、同中华优秀传统文化相结合，坚持实践是检验真理的唯一标准，坚持一切从实际出发，及时回答时代之问、人民之问，不断推进马克思主义中国化时代化。习近平总书记指出，当代中国的伟大社会变革，不是简单延续我国历史文化的母版，不是简单套用马克思主义经典作家设想的模板，不是其他国家社会主义实践的再版，也不是国外现代化发展的翻版。只要我们勇于结合新的实践不断推进理论创新、善于用新的理论指导新的实践，就一定能够让马克思主义在中国大地上展现出更强大、更有说服力的真理力量。

四、坚持独立自主

独立自主是中华民族精神之魂，是我们立党立国的重要原则。走自己的路，是党百年奋斗得出的历史结论。党历来坚持独立自主开拓前进道路，坚持把国家和民族发展放在自己力量的基点上，坚持中国的事情必须由中国人民自己作主张、自己来处理。只要我们坚持独立自主、自力更生，既虚心学习借鉴国外的有益经验，又坚定民族自尊心和自信心，不信邪、不怕压，就一定能够把中国发展进步的命运始终牢牢掌握在自己手中。

五、坚持中国道路

方向决定道路，道路决定命运。党在百年奋斗中始终坚持从我国国情出发，探索并形成符合中国实际的正确道路。中国特色社会主义道路是创造人民美好生活、实现中华民族伟大复兴的康庄大道。脚踏中华大地，传承中华文明，走符合中国国情的正确道路，党和人民就具有无比广阔的舞台，具有无比深厚的历史底蕴，具有无比强大的前进定力。只要我们既不走封闭僵化的老路，也不走改旗易帜的邪路，坚定不移走中国特色社会主义道路，就一定能够把我国建设成为富强民主文明和谐美丽的社会主义现代化强国。

六、坚持胸怀天下

大道之行，天下为公。党始终以世界眼光关注人类前途命运，从人类发展大潮流、世界变化大格局、中国发展大历史正确认识和处理同外部世界的关系，坚持开放、不搞封闭，坚持互利共赢、不搞零和博弈，坚持主持公道、伸张正义，站在历史正确的一边，站在人类进步的一边。只要我们坚持和平发展道路，既通过维护世界和平发展自己，又通过自身发展维护世界和平，同世界上一切进步力量携手前进，不依附别人，不掠夺别人，永远不称霸，就一定能够不断为人类文明进步贡献智慧和力量，同世界各国人民一道，推动历史车轮向着光明的前途前进。

七、坚持开拓创新

创新是一个国家、一个民族发展进步的不竭动力。越是伟大的事业，越充满艰难险阻，越需要艰苦奋斗，越需要开拓创新。党领导人民披荆斩棘、上下求索、奋力开拓、锐意进取，不断推进理论创新、实践创新、制度创新、文化创新以及其他各方面创新，敢为天下先，走出了前人没有走出的路，任何艰难险阻都没能阻挡住党和人民前进的步伐。只要我们顺应时代潮流，回应人民要求，勇于推进改革，准确识变、科学应变、主动求变，永不僵化、永不停滞，就一定能够创造出更多令人刮目相看的人间奇迹。

八、坚持敢于斗争

敢于斗争、敢于胜利，是党和人民不可战胜的强大精神力量。党和人民取得的一切成就，不是天上掉下来的，不是别人恩赐的，而是通过不断斗争取得的。党在内忧外患中诞生、在历经磨难中成长、在攻坚克难中壮大，为了人民、国家、民族，为了理想信念，无论敌人如何强大、道路如何艰险、挑战如何严峻，党总是绝不畏惧、绝不退缩，不怕牺牲、百折不挠。只要我们把握新的伟大斗争的历史特点，抓住和用好历史机遇，下好先手棋、打好主动仗，发扬斗争精神，增强斗争本领，凝聚起全党全国人民的意志和力量，就一定能够战胜一切可以预见和难以预见的风险挑战。

九、坚持统一战线

团结就是力量。建立最广泛的统一战线，是党克敌制胜的重要法宝，也是党执政兴国的重要法宝。党始终坚持大团结大联合，团结一切可以团结的力量，调动一切可以调动的积极因素，促进政党关系、民族关系、宗教关系、阶层关系、海内外同胞关系和谐，最大限度凝聚起共同奋斗的力量。只要我们不断巩固和发展各民族大团结、全国人民大团结、全体中华儿女大团结，铸牢中华民族共同体意识，形成海内外全体中华儿女心往一处想、劲往一处使的生动局面，就一定能够汇聚起实现中华民族伟大复兴的磅礴伟力。

十、坚持自我革命

勇于自我革命是中国共产党区别于其他政党的显著标志。自我革命精神是党永葆青春活力的强大支撑。先进的马克思主义政党不是天生的，而是在不断自我革命中淬炼而成的。党历经百年沧桑更加充满活力，其奥秘就在于始终坚持真理、修正错误。党的伟大不在于不犯错误，而在于从不讳疾忌医，积极开展批评和自我批评，敢于直面问题，勇于自我革命。只要我们不断清除一切损害党的先进性和纯洁性的因素，不断清除一切侵蚀党的健康肌体的病毒，就一定能够确保党不变质、不变色、不变味，确保党在新时代坚持和发展中国特色社会主义的历史进程中始终成为坚强领导核心。

以上十个方面，是经过长期实践积累的宝贵经验，是党和人民共同创造的精神财富，必须倍加珍惜、长期坚持，并在新时代实践中不断丰富和发展。

知识点4　中华人民共和国成立以来取得的辉煌成就

1949年：

10月1日，中华人民共和国中央人民政府成立。

12月2日，中央人民政府委员会第四次会议决定1949年10月1日为中华人民共和国宣告成立的日子，每年的10月1日为中华人民共和国国庆日。

1950年：

5月1日，《中华人民共和国婚姻法》公布施行，这是中华人民共和国成立后制定的的第一部具有基本法律性质的法律。

10月14日，政务院作出《关于治理淮河的决定》。1951年，毛泽东亲笔题词“一定要把淮河修好”。7月20日，治理淮河一期工程完工。到1957年冬，治淮工程初见成效。

1951年：

5月23日，中央人民政府全权代表和原西藏地方政府全权代表在北京签订《关于和平解放西藏办法的协议》（简称“十七条协议”），宣告西藏和平解放。10月26日，人民解放军进藏部队进驻拉萨。

1952年：

7月1日，成渝铁路（成都至重庆）建成通车，全长504千米。这是中华人民共和国成立后建成的第一条铁路干线。

1953年：

12月26日，鞍山钢铁公司三大工程——大型轧钢厂、无缝钢管厂、七号炼铁炉举行开工生产典礼。

1954年：

6月28日、29日，周恩来分别与印度总理尼赫鲁和缅甸总理吴努发表《联合声明》，共同倡导和平共处五项原则。

7月，南昌飞机制造厂试制成功初教-5教练机。

12月25日，康藏公路（后称川藏公路，成都至拉萨）与青藏公路（西宁至拉萨）同时全线通车。

1955年：

1月18日，人民解放军解放一江山岛，2月13日至26日，解放大陈岛及外围列岛。至此，浙江沿海岛屿全部解放。

3月21日—31日，中国共产党全国代表会议举行。

1956年：

6月30日，中国第一个自然保护区——广东鼎湖山国家级自然保护区建立。

7月13日，长春第一汽车制造厂试制成功第一批国产“解放”牌载重汽车。1958年5月、8月，第一辆国产“东风”牌轿车和“红旗”牌轿车相继下线。

1957年：

4月25日，第一届中国出口商品交易会在广州举行（简称“广交会”）。以后每年在广州举办春、秋季两次出口商品交易会。从2007年起改称“中国进出口商品交易会”。

10月5日，新藏公路（新疆叶城至西藏阿里地区）建成通车，全长1 179千米。

10月15日，武汉长江大桥建成通车，这是中国在长江上修建的第一座铁路、公路两用桥梁。

1958年：

4月22日，人民英雄纪念碑在天安门广场建成。

8月1日，包兰铁路（包头至兰州）建成通车，全长990千米。

9月2日，中国第一座电视台——北京电视台正式开播。1973年10月1日正式播出彩色电视节目。1978年5月1日改称中央电视台。

1959年：

4月5日，容国团荣获第25届世界乒乓球锦标赛男子单打冠军。这是中国运动员第一次在世界锦标赛中获得冠军。

8月底，人民大会堂建成。它与同年建成的民族文化宫、民族饭店、华侨大厦、北京火车站、北京工人体育场、中国革命历史博物馆、中国人民革命军事博物馆、钓鱼台国宾馆和全国农业展览馆并称为首都“十大建筑”。

1960年：

4月，中国自行设计、建造的第一座大型水电站——新安江水电站第一台机组开始发电。

5月25日，中国登山队队员王富洲、贡布（藏族）、屈银华从北坡集体登上世界最高峰珠穆朗玛峰，人类第一次战胜珠峰北坡天险。

1963年：

4月6日，中国援助阿尔及利亚医疗队出发。这是中国政府向非洲国家派遣的第一支医疗队。

1964年：

10月16日，中国第一颗原子弹爆炸成功。中国政府发表声明：在任何时候、任何情况下，都不会首先使用核武器。中国掌握核武器，完全是为了防御。

1965年：

9月17日，中国在世界上首次人工合成结晶牛胰岛素。

1966年：

1月1日，兰新铁路（兰州至乌鲁木齐）全线交付，正式运营，全长1 903千米。

10月27日，中国第一颗装有核弹头的地地导弹飞行爆炸成功。

1967年：

6月17日，中国第一颗氢弹空爆试验成功。

9月5日，中国政府和坦桑尼亚、赞比亚两国政府在北京签订《关于修建坦桑尼亚—赞比亚铁路的协定》。

1968年：

12月29日，南京长江大桥全面建成通车，铁路桥长6 772米，公路桥长4 589米。

这是当时中国自行设计建造的最大的铁路、公路两用桥。

1969年：

10月1日，中国第一条城市地铁线路（北京地下铁道一期工程）建成通车，全长23.6千米。

10月7日，中国第一套全自动长途电话设备诞生。

1970年：

4月24日，中国第一颗人造地球卫星发射成功。

7月1日，成昆铁路（成都至昆明）建成通车，全长1 096千米。

12月25日，中共中央批准兴建长江葛洲坝水利枢纽工程。1988年12月，工程全部建成。

1971年：

10月25日，第二十六届联合国大会以压倒性多数票通过2758号决议，恢复中华人民共和国在联合国的一切合法权利。

1972年：

2月21—28日，美国总统尼克松访问中国。2月28日，中美双方在上海发表《联合公报》，标志着两国关系正常化进程的开始。

1973年：

8月26日，中国第一台每秒钟运算100万次的集成电路电子计算机试制成功。

本年，袁隆平等人在世界上首次培育成功强优势的籼型杂交水稻。

1974年：

8月1日，中央军委发布命令，将中国自行设计制造的第一艘核潜艇命名为“长征一号”，正式编入海军战斗序列，人民海军从此进入拥有核潜艇的新阶段。

1975年：

7月1日，中国第一条电气化铁路——宝成铁路（宝鸡至成都）电气化工程建成通车，全长668千米。

11月26日，我国成功发射一颗返回式遥感人造地球卫星，成为继美国、苏联之后第三个掌握卫星回收技术的国家。

1976年：

3月30日—5月22日，万吨远洋科学调查船“向阳红5号”和“向阳红11号”在太平洋海域成功地进行了我国首次远洋科学调查。

7月6日，滇藏公路（云南下关至西藏芒康）建成通车，全长716千米。

1977年：

10月12日，国务院批转教育部《关于1977年高等学校招生工作的意见》，决定从本年起，高等学校招生采取自愿报名、统一考试、择优录取的办法。

1978年：

12月16日，中美建交联合公报发表，宣布自1979年1月1日起互相承认并建立外交关系。同日，美国宣布断绝同台湾当局的所谓“外交关系”。

1979年：

1月31日，中共中央、国务院决定在广东蛇口建立全国第一个对外开放工业区——蛇口工业区。

1980年：

5月18日，中国向太平洋预定海域发射第一枚运载火箭获得圆满成功。

1981年：

9月20日，中国成功发射一组空间物理探测卫星，这是我国首次用一枚运载火箭发射三颗卫星。

1982年：

10月12日，中国首次以潜艇从水下向预定海上目标区发射运载火箭获得成功。

1983年：

12月6日，由中国人民解放军国防科技大学研制成功的中国第一台亿次巨型计算机——“银河-Ⅰ”计算机在长沙通过国家鉴定，填补了国内巨型计算机研制的空白。

1984年：

4月8日，中国首次成功发射试验通信卫星“东方红二号”，成为世界上第五个掌握卫星通信能力的国家。

7月28日—8月12日，中国体育代表团在美国洛杉矶举行的第23届奥运会上获得15枚金牌，实现了中国在奥运会金牌榜上“零”的突破。

1985年：

2月20日，中国第一个南极考察站——长城站在南极乔治王岛建成。

1986年：

7月8日，中国国内卫星通信网正式建成。

1988年：

9月14—27日，中国自行研制的导弹核潜艇在东海海域进行水下发射运载火箭试验并取得成功。

10月16日，中国第一座高能加速器——北京正负电子对撞机首次对撞成功。

1990年：

9月1日，中国大陆兴建最早的高速公路——沈大高速公路正式通车。

1991年：

12月15日，秦山核电站并网发电。这是我国第一座自行设计建造的核电站。

1997年：

6月30日午夜—7月1日凌晨，中英两国政府香港政权交接仪式在香港举行，宣告中国政府对香港恢复行使主权，中华人民共和国香港特别行政区成立。

1999年：

11月20日，中国第一艘载人航天试验飞船——神舟一号发射成功。

12月19日午夜—20日凌晨，中葡两国政府举行澳门政权交接仪式，宣告中国政府对澳门恢复行使主权，中华人民共和国澳门特别行政区成立。

2000年：

11月8日，贵州省洪家渡水电站、引子渡水电站、乌江渡水电站扩机工程同时开工建设，中国西电东送工程全面启动。

2001年：

6月15日，上海合作组织成员国元首理事会在上海举行。中国、俄罗斯、哈萨克斯坦、吉尔吉斯斯坦、塔吉克斯坦、乌兹别克斯坦六国元首共同签署《上海合作组织成立宣言》。

2002年：

12月27日，南水北调工程开工典礼在北京人民大会堂和江苏省、山东省施工现场同时举行。

2003年：

10月15—16日，神舟五号载人飞船成功升空并安全返回。中国成为世界上第三个独立掌握载人航天技术的国家。

2004年：

7月28日，中国第一个北极科学考察站——黄河站在挪威斯匹次卑尔根群岛的新奥尔松建成并投入使用。

2006年：

5月20日，长江三峡大坝全线建成，全长2 309米，是三峡水利枢纽工程的重要组成部分。三峡水利枢纽工程是世界上最大的水利枢纽工程，整个工程包括一座混凝重力式大坝、泄水闸、一座堤后式水电站、一座永久性通航船闸和一架升船机。工程分三期进行建设，总工期18年。在工程规模、科学技术和综合利用效益等许多方面都堪为世界级工程的前列。

7月1日，青藏铁路全线建成通车。青藏铁路是世界上海拔最高、线路最长的高原铁路，全长1 956千米。

价值引领1-6

青藏铁路开工建设以来，1 800多个日日夜夜，5度炎夏寒冬，10多万建设大军在“生命禁区”，冒严寒，顶风雪，战缺氧，斗冻土，以惊人的毅力和勇气，挑战极限，战胜各种难以想象的困难，攻克了“高寒缺氧、多年冻土、生态脆弱”三大难题，谱写了人类铁路建设史上的光辉篇章。青藏铁路建设者以敢于超越前人的大智大勇，拼搏奋斗，开拓创新，攀登不止，在雪域高原上筑起了中国铁路建设新的丰碑，也铸就了挑战极限、勇创一流的青藏铁路精神。

2007年：

4月14日，中国成功发射第一颗北斗二号导航卫星，正式开始独立自主建设我国第二代卫星导航系统。2017年11月5日，北斗三号第一、二颗组网卫星以“一箭双星”方式成功发射，标志着北斗卫星导航系统全球组网的开始。这是和美国全球定位系统（GPS）、俄罗斯格洛纳斯系统、欧洲伽利略系统并列的全球卫星导航系统。

2008年：

8月1日，中国第一条拥有完全自主知识产权、具有世界一流水平的高速铁路——京津城际铁路通车运营。截至2023年年底，我国高速铁路运营里程达4.5万千米。

9月27日，神舟七号载人飞船实施航天员出舱活动。中国成为世界上第三个独立掌握空间出舱活动技术的国家。

12月26日，中国人民解放军海军首批舰艇编队赴亚丁湾、索马里海域执行护航任务。这是中国海军首次组织海上作战力量赴海外履行国际人道主义义务，首次在远海保护重要运输线安全。

延伸阅读
1-2
中国高铁跑出旅游加速度

2010年：

4月30日，2010年上海世界博览会举行开幕式。这是中国首次举办的综合性世界博览会。

本年，我国国内生产总值超过40万亿元，成为世界第二大经济体。

2012年：

4月28日，雅西高速公路全线通车。雅西高速是连接雅安市和西昌市的高速公路，全长240千米，穿越大西南地质灾害频发的深峡谷，被国内外专家学者公认为国内乃至全世界自然环境最恶劣、工程难度最大、科技含量最高的山区高速公路之一，被称作“云端上的高速公路”。

6月18日，神舟九号载人飞船与天宫一号成功完成自动交会对接工作。

6月27日，蛟龙号载人潜水器最大下潜深度达到7 062米。中国海底载人科学研究和资源勘探能力达到国际领先水平。

7月24日，海南省三沙市成立大会暨揭牌仪式举行。三沙市管辖西沙群岛、中沙群岛、南沙群岛的岛礁及其海域，三沙市人民政府驻西沙永兴岛。

9月25日，我国第一艘航空母舰——辽宁舰正式交付海军。

课堂互动1-2

我国第一艘航空母舰为什么叫辽宁舰？有何意义？

2013年：

1月26日，中国自主研制的运-20大型运输机首次试飞取得圆满成功。2016年7月6日，运-20大型运输机正式列装空军航空兵部队。

10月31日，西藏墨脱公路建成通车。至此，我国真正实现县县通公路。

12月14日，嫦娥三号着陆月球表面预选区域。15日，嫦娥三号着陆器和巡视器“玉兔”号月球车进行互拍成像实验，“两器”顺利互拍成像。我国探月工程第二步战略目标圆满完成，成为世界上第三个实现月球软着陆和巡视探测的国家。

本年，中国成为世界第一货物贸易大国，中国货物进出口总额为4.16万亿美元。

2014年：

7月15日，在巴西举行的金砖国家领导人第六次会晤宣布：成立金砖国家新开发银行并将总部设在中国上海，建立金砖国家应急储备安排。

11月19—21日，首届世界互联网大会在浙江乌镇举行。会议确定乌镇为世界互联网大会永久会址。

2015年：

5月6日，中国自主创新、拥有完整自主知识产权的第三代核电技术“华龙一号”首堆示范工程正式落户福清核电站并开工建设。

12月17日，中国成功发射暗物质粒子探测卫星“悟空”。

12月25日，亚洲基础设施投资银行正式成立。

2016年：

6月20日，中国自主研制的第一台全部采用国产处理器构建的“神威·太湖之光”夺得世界超算冠军。

8月16日，中国成功发射世界首颗量子科学实验卫星“墨子号”。

9月25日，具有中国自主知识产权的世界最大单口径巨型射电望远镜——500米口径球面射电望远镜（FAST）在贵州平塘落成启动。

11月1日，中国自主研制的新一代隐身战斗机歼-20首次公开亮相参加中国珠海国际航展。

2017年：

4月26日，中国第一艘自主设计建造的航空母舰出坞下水。

5月5日，中国自主研制的首款C919大型客机首飞成功。

6月25日，中国标准动车组被命名为“复兴号”并于26日投入运行。中国高速动车组技术实现全面自主化。

2018年：

10月23日，港珠澳大桥开通仪式在广东省珠海市举行。港珠澳大桥总长55千米，是连接香港、珠海和澳门的超大型跨海通道，也是世界上最长的跨海大桥。

2019年：

3月30日，中国首个行政区域5G网络在上海建成并开始试用。6月6日，工业和信息化部向4家运营商颁发5G牌照，中国通信行业进入5G时代。

4月23日，庆祝人民海军成立70周年海上阅兵活动在青岛举行。

4月30日，纪念五四运动100周年大会举行。

10月1日，中华人民共和国成立70周年。

12月17日，第二艘航空母舰“山东舰”正式交付海军。

2020年：

7月23日，首次火星探测任务天问一号探测器发射成功。

7月31日，北斗三号全球卫星导航系统正式开通。

11月28日，“奋斗者”号全海深载人潜水器成功完成万米海试并胜利通航，创造了中国载人深潜的新纪录。

12月17日，嫦娥五号返回器携带月球样品安全着陆，中国探月工程“绕、落、回”三步走规划如期完成。

价值引领1-7

探月精神是中国航天人和无数科研工作者自立自强、勇攀科技高峰所铸就的伟大精神，从嫦娥一号到嫦娥五号，随着探月工程的深入实施，探月精神的内涵逐渐丰富，成为工程不断推进的强大精神动力和工程不断成功的制胜密码，书写了世界航天发展的惊鸿之笔。

2021年：

1月1日，《中华人民共和国民法典》正式实施，民法典是新中国第一部以法典命名的法律。

4月29日，中国空间站天和核心舱发射成功，标志着中国空间站建造进入全面实施阶段。

5月15日，天问一号探测器着陆火星，迈出了中国星际探测征程的重要一步，实现了从地月系到行星际的跨越，在火星上首次留下中国人的印迹。

6月17日，神舟十二号载人飞船发射升空，与天和核心舱完成自主快速交会对接。3名航天员先后进入天和核心舱，标志着中国人首次进入自己的空间站。3名航天员开展了一系列创新性、突破性的科学试验和空间应用任务，在轨驻留3个月，于9月17日顺利返回。

10月16日，神舟十三号载人飞船发射成功。3名航天员先后进入天和核心舱，开启为期6个月的在轨驻留。

2022年：

2月4日，北京冬奥会开幕，于2月20日胜利闭幕。北京成为世界上首座“双奥之城”。

3月4日，北京冬季残疾人奥林匹克运动会开幕，于3月13日胜利闭幕。

5月5日，中国共产主义青年团成立100周年。

6月5日，神舟十四号载人飞船发射成功。3名航天员先后进入天和核心舱，开启为期6个月的在轨驻留。

6月17日，中国第三艘航母——福建舰下水。福建舰是我国完全自主设计建造的首艘弹射型航空母舰，采用平直通长飞行甲板，配置电磁弹射和阻拦装置，满载排水量8万余吨。

7月24日，搭载问天实验舱的长征五号B遥三运载火箭，在文昌航天发射场发射成功。25日3时13分，问天实验舱成功对接天和核心舱，神舟十四号航天员乘组顺利进入问天实验舱。

10月31日，中国空间站的第二个科学实验舱段——梦天实验舱成功发射，并于次日成功与之前发射的天和核心舱完成精准对接，随后梦天实验舱完成水平转位，与天和核心舱、问天实验舱形成三舱“T”字构型。12月2日晚，神舟十四号乘组与神舟十五号乘组移交了中国空间站的钥匙，完成了中国航天历史首次在轨交接，中国空间站正式开启长期有人驻留模式。

12月9日，编号为B-919A的全球首架C919大型国产客机交付首家用户——中国东方航空股份有限公司。这意味着中国民航运输市场首次拥有了中国自主研发的喷气式干线飞机。

导游实训

知识训练
1-1
扫码答题

实训项目：中国红色旅游资源知识分享。

实训目的：培养学生“自主学习”的通用能力。

实训步骤：

1. 将班级同学组成若干“自主学习”训练团队，每队确定1人负责。
2. 各团队根据训练项目需要进行角色分工。

3. 通过校图书馆、资料室和互联网，查阅文献资料。
4. 综合和整理“中国红色旅游资源”，做成PPT分享。
5. 在班级展示交流各团队的资料。

项目二
中国旅游业发展概况

学习目标

知识目标：

• 了解中国旅游业的发展和中国旅游日。

• 熟悉中国加入或发起的国际旅游组织。

• 熟悉文旅融合战略、乡村振兴战略和“厕所革命”，智慧旅游、在线旅游、乡村旅游、红色旅游、康养旅游、研学旅行、定制旅游等新业态的概况。

• 掌握中国旅游业三大市场。

技能目标：

能够辨析各种旅游组织，运用各种旅游新业态的知识为游客提供优质服务。

素养目标：

• 提升学生对本专业的理解和热爱。

• 强化新时代青年的使命感和责任感，为实现人民的美好生活而不断努力。

知识导图

- 中国旅游业发展概况
  - 中国旅游业发展简史
    - 中华人民共和国成立前旅游业的发展
    - 中华人民共和国成立后旅游业的发展
    - 中国旅游业的标志与中国旅游日
  - 中国旅游市场
    - 入境旅游市场
    - 国内旅游市场
    - 出境旅游市场
  - 中国加入或发起的国际旅游组织
    - 联合国旅游组织与世界旅游日
    - 太平洋亚洲旅游协会
    - 世界旅行社协会联合会
    - 世界旅游城市联合会
    - 世界旅游联盟
    - 国际山地旅游联盟
  - 中国旅游业发展趋势
    - 文旅融合
    - 智慧旅游
    - 在线旅游
    - 乡村旅游
    - 红色旅游
    - 康养旅游
    - 研学旅行
    - 定制旅游

◎ **情境导入**

导游小王将接待一个雪乡6天5晚的旅游团，主要景点包括冰雪世界、亚布力滑雪场、冰雪十里画廊、童话雪乡和冰城哈尔滨。小王需要做好哪些方面的知识和技能准备，才能做好此次讲解接待工作呢？

知识点1　中国旅游业发展简史

中国是世界文明古国之一，旅行活动的兴起同样居于世界前列。春秋战国时，老子传道，骑青牛西去；孔子讲学，周游列国。汉时张骞出使西域，足迹遍及中亚、西南亚各地；唐时玄奘取经到印度；明时郑和七下西洋，远至东非海岸；还有大旅行家徐霞客游历34年，遗有60余万字游记资料，后人整理成《徐霞客游记》。

早在殷周之际，人们已经开始注意旅行的类别。《易经》中，专讲行商客贾的一卦就称为“旅”卦。东周时期，旅行分类更加清楚，除了沿用殷周以来的说法，还以“旅”称商旅，以“征”称军旅，以“归”称婚旅，以“巡”称天子之旅，以“迁”称迁徙之旅。

“旅游”一词最早见于六朝，齐梁时，沈约（441—513年）在《悲哉行》中写有“旅游媚年春，年春媚游人”的诗句，专指个人意志支配的，以游览、游乐为目的的旅行，以此区别于其他种种功利性的旅行。“旅游”一词在古诗词中有游行游览或长期寄居他乡之意，如唐朝王勃《涧底寒松赋》中的“岁八月壬子，旅游于蜀，寻茅溪之涧”，唐朝贾岛《上谷旅夜》中的“世难那堪恨旅游，龙钟更是对穷秋。故园千里数行泪，邻杵一声终夜愁”等。

虽然中国古代旅游历史悠久，但其成为一个经济行业则是在近代。

一、中华人民共和国成立前旅游业的发展

近代中国在帝国主义列强坚船利炮的欺凌下，被迫打开国门。大量的西方传教士、商人、学者等来到中国，工业经济也开始进入中国。1905年，世界上第一家旅游服务机构——英国通济隆公司在中国香港设立分公司，一年后搬迁至上海，之后又在哈尔滨、北京、天津、西安等城市建立分号。1916年，美国运通公司在中国香港设立办事处，开展银行和旅游业务，1918年在上海设立办事处。

延伸阅读
2-1
履行企业社会责任

1923年，陈光甫在自己创办的上海商业储蓄银行中设立旅行部，结束了外国公司包揽中国旅游业务的历史。1927年，陈光甫将旅行部独立出来，成立中国旅行社；同年，陈光甫还创办了中国第一本旅游刊物——《旅行杂志》。在陈光甫的不懈努力下，中国旅行社从无到有、从小到大，分支机构一度达到100多处，并设立了多处海外分支机构。但由于发展条件不够成熟，加上战争的影响，我国近代旅游业并未获得大发展。

二、中华人民共和国成立后旅游业的发展

中华人民共和国成立后，党和国家领导人对旅游业十分重视，加上社会主义制度的优越性，都为中国旅游业的发展提供了坚实的保障，中国旅游业得到快速发展。

（一）改革开放前旅游业的发展

中华人民共和国成立初至改革开放前的近30年间，由于经济社会的发展水平和当时的国际政治环境，旅游业主要服务于外交工作的需要，以政治接待为主。1949年，出于扩大统一战线和贯彻侨务政策等需要，华侨服务社作为第一家国营旅行社在厦门成立。1957年，华侨服务社总社在北京成立。

1954年，在周恩来总理的提议下，中国国际旅行社总社成立，作为统一接待外宾食住行事务的管理机构，承办政府各单位及群众团体有关外宾事务接待等事项，并发售国际联运火车、飞机客票。

1964年，为了加强对旅游工作的领导和管理，国务院直属机构——中国旅行游览事业管理局成立。1971年，周恩来总理亲自部署召开全国旅游工作会议，提出“宣传自己，连接别人”的工作方针。其后，随着中美、中日恢复外交，美国、日本及其他西方国家的来华访问人员不断增加，为此华侨服务社总社于1973年恢复，并在次年加挂中国旅行社名称。

同时，为了更好地做好外宾的接待工作，周恩来总理针对翻译导游人员提出做到“三过硬”（思想过硬、业务过硬、外语过硬）和做好“五大员”（宣传员、调研员、服务员、安全员和翻译员）的指示。毛泽东、周恩来、刘少奇、邓小平等党和国家领导人还多次接见翻译导游人员代表。

在此期间，我国旅游工作一直属于民间友好往来的范畴，对于宣传中国的建设成就、加强国际友好往来，起到了重要的历史作用。然而，由于旅游设施总体规模很小、结构单一，旅游接待主要从政治影响考虑，旅游业还没有真正形成一个完整的产业。

（二）改革开放后旅游业的发展

与改革开放同频共振，中国旅游业的发展逐步回归到经济业务领域，迈入全面大发展的时期。时至今日，中国已成为世界上最大的旅游消费市场和第四大入境旅游市场。

1.以入境旅游为主的起步阶段：1979—1991年

1978年12月，党的十一届三中全会确定了工作重点向社会主义现代化建设转移，旅游业也因此进入了新的发展时期。党和国家领导人十分重视和支持旅游事业的发展，1979年，75岁高龄的邓小平登临黄山，并发表“黄山谈话”，标志着中国旅游业迈出了历史性的一步。

1981年，我国第一个关于旅游业发展的战略性文件——《国务院关于加强旅游工作的决定》（1981年国务院80号文件）发布。

1982年8月，中国旅行游览事业管理局更名为中华人民共和国国家旅游局，并于1983年2月在北京举办了首次中国国际旅游会议。

1983年10月，国家旅游局经过对多种方案的比较和研究，最终确定选用东汉的青铜器、国宝级文物“马踏飞燕”作为中国旅游业的图形标志。同年，香港、澳门对内地居民开放旅游，广东地区的“港澳探亲游”成为出境游的开始。

1987年，国家旅游局和对外经济贸易部批准了丹东市至朝鲜新义州的自费旅游一日游活动，这是我国政府对公民自费边境旅游的最初正式许可。1988年至1990年，黑龙江、辽宁、吉林、内蒙古等省区的边境旅游也先后获得批准。

1990年，国内首次评定五星级酒店，首批五星级酒店有3家，分别是广州白天鹅宾馆、广州中国大酒店、广州花园酒店。

价值引领2-1

中国旅游业挟带其巨大的资源优势和国际市场积蓄多年的需求存量，领改革开放之先、受改革开放之惠、借改革开放之力，实现了在较低基点上的腾飞，景区、饭店、旅行社等也纷纷建立起来，旅游供给能力大大提高。同时，在入境旅游的基础上，出境旅游也依托港澳游、边境游进行了大胆的探索。

到1991年，我国旅游业接待入境游人数达到3 334.98万人次，旅游创汇28.45亿美元，分别比1978年增长了18.4倍和10.8倍。

2.从入境旅游到三大旅游市场深化发展阶段：1992—1997年

1992年，国家作出了《关于加快发展第三产业的决定》，明确提出旅游业是第三产业的重点。

1993年，国务院办公厅批转国家旅游局《关于积极发展国内旅游业的意见》，对国内旅游工作提出“搞活市场、正确引导、加强管理、提高质量”的指导方针，极大地促进了国内旅游发展。

1995年，国家实行每周“双休”的制度，极大地刺激了国内旅游的发展。

1996年，《旅行社管理条例》出台，不再对旅行社投资主体的性质进行限制，民营企业投资环境得到极大改善。

1997年，经国务院批准，国家旅游局、公安部发布《中国公民自费出国旅游管理暂行办法》，标志着中国出境旅游市场的形成。

延伸阅读
2-2
中国现代旅游从黄山起步

1997年，景区、饭店、旅行社均厚积薄发，掀开了新的发展篇章。“黄山旅游”（600054）在上海证券交易所成功上市，成为“中国旅游第一股”，“峨眉山A”（000888）也紧随其后，在当年登陆深圳证券交易所；中国第一家经济型酒店——锦江之星上海锦江乐园店开业。

从1992年第一个中国旅游年，到1997年第二个中国旅游年，旅游业的产业要素不断增强，旅游市场也形成了入境旅游、国内旅游、出境旅游同步发展的新局面。

3.完全意义的经济产业地位的快速发展阶段：1998—2008年

1998年，中央经济工作会议明确提出将旅游业确定为国民经济新的增长点，真正实现了旅游业从外交事业到经济产业定位的转变。同年，旅游企业开始实施政企脱钩，实行完全市场条件下的“自主经营、独立核算、依法设立、自负盈亏”。国旅总社、国际饭店等国家旅游局直属企业与国家旅游局率先实施政企脱钩。

1999年9月，国务院发布《全国年节及纪念日放假办法》，将中国全体公民法定节假日放假天数增加至10天，并通过调休形成春节、国庆等7天长假，打造旅游黄金周。

2001年，国务院发布《关于进一步加快旅游业发展的通知》，提出要树立大旅游的观念，标志着旅游业从经济产业定位上升为综合性产业。2007年，旅游业总收入达到1.09万亿元，首次突破1万亿元。

4.全面融入国家战略的旅游强国建设阶段：2009年至今

2009年，国务院《关于加快发展旅游业的意见》提出，“把旅游业培育成国民经济的战略性支柱产业和人民群众更加满意的现代服务业”，标志着旅游业全面融入国家战略层面。

2011年，国务院设立“中国旅游日”，时间确定为5月19日。

2012年，世界旅游城市联合会成立，成为首个总部落户中国的国际性旅游组织。

2013年，《中华人民共和国旅游法》颁布实施，意味着国民旅游权利被写入法律并得到充分保障，旅游市场秩序进一步规范。同年，国务院发布《国民旅游休闲纲要（2013—2020年）》。

2014年，国务院印发《关于促进旅游业改革发展的若干意见》。

2016年5月，首届世界旅游发展大会在北京举办，来自107个国家和15个国际组织的代表出席会议并发布《北京宣言》，这是首个由中国倡议、中国组织的世界旅游大会。

2017年，由中国发起的世界旅游联盟成立，是中国第一个全球性、综合性、非政府、非营利国际旅游组织。

2017年9月，中共中央办公厅、国务院办公厅印发了《建立国家公园体制总体方案》。

2018年，文化和旅游部成立。

2019年，国务院办公厅印发《关于进一步激发文化和旅游消费潜力的意见》。

价值引领2-2

党的十八大以来，新一轮改革大潮涌起，党中央、国务院出台了一系列推进旅游业改革发展的政策措施，开启了旅游强国建设新篇章。与之对应的是，旅游业要素创新不断深化，旅游业与其他产业融合发展不断凸显，乡村旅游、研学旅游、体育旅游、冰雪旅游、红色旅游、网红经济、夜游经济等新业态不断涌现。同时，中国旅游业开始引领世界旅游业发展，体现大国责任和担当。

三、中国旅游业的标志与中国旅游日

（一）中国旅游业的标志

为了对外宣传我国旅游的形象，便于国际旅游市场对我国旅游的识别和扩大我国旅游的市场影响力，1983年国家旅游主管部门在广泛征求意见后，将“马踏飞燕”确定为中国旅游业的标志。

（二）中国旅游日

中国旅游日是由2011年3月30日国务院常务会议上通过的决议确定的，时间为每年的5月19日。它虽是一个非法定的节假日，但每年的这一天全国各地都要举行隆重的旅游节庆活动。

该节日起源于2001年5月19日，浙江宁海人麻绍勤以宁海徐霞客旅游俱乐部的名义，向社会发出设立“中国旅游日”的倡议，建议将《徐霞客游记》首篇《游天台山日记》开篇之日（5月19日）定名为“中国旅游日”。

价值引领2-3

中国旅游日形象宣传口号是“爱旅游、爱生活”。口号简单明快，响亮有力，易于上口，高度概括了“中国旅游日”的主题理念，倡导更多国人走出家门，广泛参与旅游活动，提高生活品质。

知识点2　中国旅游市场

从市场营销角度来说，旅游市场是指旅游产品的现实购买者和潜在购买者，即旅游产品的需求市场或客源市场。从经济学的角度来说，旅游市场是旅游产品供求双方交换关系的总和，反映的是由旅游产品供求所引起的各种经济现象和经济关系。旅游市场由三个要素构成，即旅游市场主体、旅游市场客体和旅游市场中介。其中，旅游市场主体是指参与旅游产品交换的买者和卖者，即旅游产品的消费者和供应者；旅游市场客体是指可供交换的旅游产品；旅游市场中介是指介于旅游产品买者和卖者之间的各种有形的和无形的媒介和桥梁，如价格、竞争、旅游信息、旅游中间商和其他中介机构以及旅游网站、旅游问讯服务中心等。

随着我国旅游业发展成为综合性的现代产业，我国旅游市场已形成了入境旅游、国内旅游和出境旅游三大市场三足鼎立的格局。

一、入境旅游市场

我国入境旅游市场由三大部分组成，即外国人（含外籍华人）、海外华侨和港澳台同胞。根据历年中国统计年鉴的数据可知，我国入境旅游市场的主要特点如下：

（1）入境游客数量不断上升。入境旅游人次从1978年的180.92万人次增至2019年的1.45亿人次，增长80多倍。在这期间，我国国际旅游收入从2.63亿美元增至1 313亿美元，增长499倍。

（2）在客源构成上，港澳台地区的游客在我国入境游客总量中一直占绝大部分。2019年，入境游客14 531万人次，其中，外国人3 188万人次，我国香港、澳门和台湾同胞11 342万人次。在外国游客中，亚洲国家游客占多数；在具体国别上，韩国、日本、俄罗斯和美国是主要客源国。

（3）在入境游客中，外国游客和中国台湾游客的入境方式多为飞机，中国港澳游客的入境方式则多为徒步或乘汽车；外国游客中，男性游客约占2/3；多数游客来华的目的是观光休闲、从事商务活动与参加会议。

二、国内旅游市场

我国幅员辽阔、人口众多，经济的快速发展和假日的增多为我国国内旅游的发展奠定了坚实的基础。根据历年中国统计年鉴的数据可知，我国国内旅游市场的主要特点如下：

（1）规模宏大，发展速度快。经过几十年的发展，目前我国拥有世界上最大的国内旅游市场，2019年我国国内旅游人次已达60.1亿，为1984年2亿人次的30倍。

（2）散客旅游所占比重大。据统计，2019年旅行社接待的游客数量为1.85亿人次，占国内旅游总量的3.1%，且还在进一步下降之中。

（3）旅游消费水平低，但消费能力增长快。与入境旅游相比，我国国内旅游的消费水平是比较低的，2019年人均花费为958.7元，只有当年入境游客人均花费的1/7。但是，随着国民收入水平的提高，国内旅游人均花费增速甚为强劲，从1985年的人均33.33元增至2019年的958.7元，年均增长10.38%。

课堂互动2-1

我国国内旅游市场快速发展的原因是什么？请探究我国国内旅游的未来发展趋势。

三、出境旅游市场

出境旅游是我国居民的旅游需求从境内到境外的延伸，是我国经济发展和人民生活水平提高的表现，也是我国旅游业发展的必然结果。我国居民出境旅游包括三个部分，即出国旅游、边境旅游和港澳台旅游。出境旅游的主要特点有：

（1）出境旅游规模不断扩大。1987年我国出境旅游人数为32.8万人次，2019年增至1.55亿人次，年均增长19.85%，旅游者的足迹遍布世界150多个国家和地区，我国已成为世界上最大的旅游客源国。

（2）在出境游客中，因私出境人数远远大于因公出境人数。如2019年前者在出境旅游的9 818.52万总人次中占93.67%；在该年出境的总人次中，散客的自助游与旅行社组织的旅游相比，前者所占比重也大于后者，为71.2%：29.8%。

（3）东北亚和东南亚一直是我国居民出境旅游的主要目的地。2019年在我国境外旅游目的地国家和地区中，位于前十位的国家和地区除美国外，都位于东北亚和东南亚，强劲的出游能力也使得东南亚国家的旅游业出现明显的中国化特征。

（4）出境旅游消费增长较快。1982年我国居民出境旅游消费总额为6 600万美元，2019年超过1 338亿美元，稳居世界第一位。

知识点3 中国加入或发起的国际旅游组织

一、联合国旅游组织与世界旅游日

（一）联合国旅游组织

联合国旅游组织（World Tourism Organization，UNWTO）是联合国系统的政府间国际组织，是旅游领域的领导性国际组织，最早由1925年于荷兰海牙成立的国际官方旅游组织联盟（IUOTO）发展而来，2003年11月成为联合国的专门机构。现有160个正式成员国和6个准成员。总部设在西班牙马德里。

该组织的宗旨是促进和发展旅游事业，使之有利于经济发展、相互了解、和平与繁荣。其主要工作是搜集和分析旅游数据，定期向成员国提供统计资料、研究报告，制定国际性旅游公约、宣言、规则、范本和研究全球旅游政策。出版刊物有《联合国旅游组织消息》《旅游发展报告（政策与趋势）》《旅游统计年鉴》《旅游统计手册》《旅游及旅游动态》。

1975年5月，该旅游组织承认中华人民共和国为中国唯一合法代表。我国于1983年10月5日加入该组织，成为其第106个正式成员国。1987年9月，在第七届全体大会上，中国首次当选为该组织执行委员会委员，同时当选为统计委员会委员和亚太地区委员会副主席。2003年10月，该组织的第15届全体大会在北京召开。此后，该组织的高级官员（包括秘书长）多次应邀来我国出席有关旅游庆祝活动。此外，我国还与该组织开展了若干技术合作项目，如聘请该组织的国际专家参与制定西藏、云南、贵州、四川的中、长期旅游发展规划，资助建立天津中国旅游管理干部学院等。

（二）世界旅游日

世界旅游日（World Tourism Day）为每年的9月27日，是由联合国旅游组织确定的旅游工作者和旅游者的节日。1971年，联合国旅游组织的前身国际官方旅游组织联盟应非洲官方旅游组织的建议，拟设立“世界旅游日”。1979年9月27日正式确定9月27日为世界旅游日，1980年开始实行。设立世界旅游日的意义在于纪念联合国旅游组织成立章程的通过，引起公众对旅游事业的重视，促进旅游的宣传工作和各国在旅游方面的交流与合作。自1980年起，联合国旅游组织的各成员国围绕该组织制定的当年世界旅游日主题开展纪念活动，如发行纪念邮票、开辟旅游新线路等。

二、太平洋亚洲旅游协会

太平洋亚洲旅游协会（Pacific Asia Travel Association，PATA），成立于1951年1月。它是一个民间性、行业性、地区性、非政府间的国际旅游组织，总部设在美国旧金山，下设两个分部：一个设在菲律宾马尼拉，分管该组织中东亚地区事务；另一个设在澳大利亚悉尼，分管南太平洋地区事务。该组织的宗旨是发展、促进和便利世界其他地区的游客前来太平洋地区各国旅游以及太平洋地区各国居民在本地区内开展国际旅游。

我国于1993年3月正式加入该组织，成为其官方会员。

三、世界旅行社协会联合会

世界旅行社协会联合会（Universal Federation of Travel Agent's Associations，UFTAA）于1966年在意大利罗马成立，总部设在比利时的布鲁塞尔。它是世界上最大的民间性国际旅游组织之一，属专业性和技术性组织。其正式成员是世界各国的旅行社协会，每个国家只能有一个全国性的旅行社协会代表该国参加。

该组织的宗旨是：团结和加强各国旅行社协会和组织，并协助解决会员间在专业问题上可能发生的纠纷，在国际上代表旅行社行业同旅游及有关的组织与企业建立联系，进行合作，确保旅行社业务在经济法律和社会领域内最大限度地得到协调、赢得信誉、受到保护及得到发展，向会员提供所有必要的物质上、业务上、技术上的指导和帮助，使其能在世界旅游业中占有适当的地位。

自1974年以来，该组织一直同我国保持着友好交往。1995年8月1日，中国旅游协会正式加入该组织及其所属亚太地区联盟（UAPA）。

四、世界旅游城市联合会

世界旅游城市联合会成立于2012年9月15日。它是一个旅游领域的非政府、非营利性国际组织，也是首个总部落户中国的国际性旅游组织，还是全球第一个以城市为主体的国际旅游组织。

世界旅游城市联合会成立大会上公布了《北京宣言》。宣言提出“城市是人类文明的结晶，旅游是和平与友谊的使者。城市是旅游的首要目的地，又是重要的客源地”。大会还发布了世界旅游城市评价体系，下一步将在成员国间讨论确定评价体系的可行性，最后依据该评价体系在城市之间进行旅游服务等多项指标的排名。

价值引领 2–4

党的二十大报告指出："坚持把实现人民对美好生活的向往作为现代化建设的出发点和落脚点。"世界旅游城市联合会以"旅游让城市生活更美好"为主旨，是世界旅游城市互利共赢合作发展的平台。世界旅游城市联合会将致力于推动会员城市间的交流合作，共享旅游业发展经验，探讨城市旅游发展问题，加强旅游市场合作开发，提升旅游业发展水平，促进世界旅游城市经济社会协调发展。

五、世界旅游联盟

世界旅游联盟（WTA）是由中国发起成立的全球性、综合性、非政府、非营利国际旅游组织。联盟以"旅游让世界和生活更美好"为宗旨，以旅游促进和平、旅游促进发展、旅游促进减贫为使命，致力于在非政府层面推动全球旅游业的互联互通和共享共治，总部和秘书处设在中国杭州。截至2023年12月，世界旅游联盟共有236个会员，来自中国、美国、法国、德国、日本、澳大利亚、马来西亚、巴西等41个国家和地区。

六、国际山地旅游联盟

国际山地旅游联盟是由中国贵州省发起成立的全球第一个以山地旅游为主题的非营利性国际组织，由世界主要山地国家和地区的民间旅游机构、团体、企业自愿组成，总部和秘书处设在贵州省贵阳市。国际山地旅游联盟以保护山地资源、传承山地文明、发展山地经济、造福山地民众为宗旨，致力于山地旅游资源的保护与利用，促进旅游业的国际交往和业务合作，总结推广发展山地旅游的成功经验，促进山地经济繁荣，推动山地和生态旅游可持续发展。

价值引领 2–5

国际山地旅游联盟是一个新生事物，它不仅标志着一个新的国际组织总部在中国的落户，也意味着中国在旅游领域增加了一个新的通往世界的合作交流平台。

知识点4 中国旅游业发展趋势

延伸阅读 2–3

文旅融出新天地 且以诗意共远方

一、文旅融合

根据十三届全国人大一次会议审议的国务院机构改革方案，国家旅游局和文化部合并，成立文化和旅游部。2018年4月8日，文化和旅游部正式挂牌。社会各界纷纷表示："诗和远方终于走在了一起。"文旅深度融合一时成为社会广泛关注的焦点。"诗和远方"共赴前行，文旅融合发展，构成新时代下的发展趋势。

价值引领2-6

文旅融合，文化是内容，旅游是场景。文旅融合观念和文旅运营思维已成为国家层面的战略思维。党的二十大报告指出："坚持以文塑旅、以旅彰文，推进文化和旅游深度融合发展。"文化是旅游的灵魂，旅游是文化的载体，文旅在融合发展过程中，遵循"宜融则融，能融尽融，以文促旅，以旅彰文"的原则，这不仅有利于增加旅游收入，而且能开发文化资源、促进文化传播，提升我国的软实力水平。

二、智慧旅游

智慧旅游，是物联网、云计算、通信网络、高性能信息处理、智能数据挖掘等技术在旅游产业发展、旅游管理、旅游服务、旅游体验和旅游营销等方面的应用。通过互联网、移动互联网，借助便携的终端上网设备，主动感知并即时发布旅游资源、旅游经济、旅游活动、旅游者等方面的信息，让人们能够随时了解这些信息，及时安排和调整工作与旅游计划，从而实现对各类旅游信息的智能感知、方便利用。它以融合的通信与信息技术为基础，以游客互动体验为中心，以激励产业创新、促进产业结构升级为特色。

延伸阅读2-4

建设智慧武夷山　一切为了游客

课堂互动2-2

随着人工智能技术的迅猛发展，旅游业进入了全新的智慧旅游时代，那么如何利用科技改变旅行体验，让我们的旅程更智能便捷和有趣呢？

三、在线旅游

在线旅游是指旅游消费者通过网络向旅游服务提供商预订旅游产品或服务，并通过网上支付或线下付费的方式获得旅游资源的一种商业模式。在线旅游是伴随中国互联网兴起而诞生的旅游业新业态，从1999年携程、艺龙的成立算起，历经20余年，已形成了庞大的产业链。在线旅游产业链的上游是旅游资源的供应商，包括交通、住宿、旅游项目、服务支持等，涉及航空、高铁、客运、酒店、景区、租车公司、娱乐设施、保险签证等诸多企业。在线旅游产业链的中游是旅游产品整合及分销的线上线下平台，按照模式可以分为线下分销和线上产品整合及分销。其中，线上产品整合及分销模式根据客户群体和平台模式的不同，又可以分为B2B（企业对企业）平台、OTA（在线旅游）类B2C（企业对顾客）平台和非OTA类B2C平台。在线旅游产业链的下游主要是各类营销平台，包括个人原创的UGC（User Generated Content，用户原创内容）平台、社交网络、搜索引擎、视频网站、移动应用等。

在线旅游伴随着科技的发展，不断开拓创新。根据2023年在线旅游平台十大排行榜数据可知，在线旅游平台十大排名为携程、同程旅行、飞猪、马蜂窝、驴妈妈、途牛、去哪儿、艺龙、穷游、要出发。同时，越来越多的经营主体或凭借传统业务优势，或坐拥流量，或资源整合，纷纷投入到在线旅游领域，如美团推出旗下旅行品牌——美团旅行，拼多多、小红书也开始部署在线旅游板块。

从经营角色的变化来看，OTA呈现出从代理向OTP（在线平台）、OTS（在线服务）、OTC（在线内容）过渡的趋势。OTP反映了在线旅游从单纯的旅游业务在线化向平台的转变，OTS体现了在线旅游企业对服务的重视和创新，OTC则强调了内容的创新。目前，在线旅游顶层企业正在开展各种创新，全力完善和发展在线旅游生态体系。

四、乡村旅游

乡村旅游是以旅游度假为宗旨，以村庄野外为空间，以人文无干扰、生态无破坏，以游居乡野行为特色的村野旅游形式。

2015年中央一号文件提出，要积极开发农业多种功能，挖掘乡村生态休闲、旅游观光、文化教育价值。2016年中央一号文件强调，大力发展休闲农业和乡村旅游。强化规划引导，采取以奖代补、先建后补、财政贴息、设立产业投资基金等方式扶持农业与乡村旅游业发展。2018年10月，国家发展改革委等13个部门联合印发《促进乡村旅游发展提质升级行动方案（2018—2020）》，提出“鼓励引导社会资本参与乡村旅游发展建设”，加大对乡村旅游发展的配套政策支持。此前，2018年中央一号文件明确提出关于“实施休闲农业和农村旅游精品工程”的要求。2019年，全国乡村旅游总人次为30.9亿次，乡村旅游总收入1.81万亿元。

价值引领2-7

党的二十大报告指出：“全面推进乡村振兴。”通过构建乡村特色旅游，推动文化发展，全面打造美丽乡村。乡村旅游是旅游业的重要组成部分，发展乡村旅游对于全面推进乡村振兴具有重要意义。特色小镇、绿色城镇等乡村旅游项目的开发，让乡村变成人们向往的地方，实现了乡村产业兴旺发展、生态宜居、乡风文明传承、环境治理有效、人们生活富裕的总目标。

五、红色旅游

延伸阅读 2-5

红色旅游成效显著 红色基因世代相传

红色旅游主要是以中国共产党领导人民在革命和战争时期建树丰功伟绩所形成的纪念地、标志物为载体，以其承载的革命历史、革命事迹和革命精神为内涵，组织接待旅游者开展学习参观游览的主题性旅游活动。

为了更好地发挥爱国主义教育基地的作用，在“十二五”规划期间，中央决定对红色旅游内容进行拓展，将1840年以来170多年间的中国近现代历史时期，在中国大地上发生的中国人民反对外来侵略、奋勇抗争自强不息、艰苦奋斗，充分显示伟大民族精神的重大事件、重大活动和重要人物事迹的历史文化遗存，有选择地纳入红色旅游范围，更有利于传承中华民族先进文化和优良传统。

红色旅游是把红色人文景观和绿色自然景观结合起来，把革命传统教育与促进旅游产业发展结合起来的一种新型的主题旅游形式。其打造的红色旅游线路和经典景区，既可以观光赏景，也可以了解革命历史，增长革命斗争知识，学习革命斗争精神，培育新的时代精神，并使之成为一种文化。

据国家文物局数据，截至2021年5月，全国有不可移动革命文物3.6万多处，国有可移动革命文物超过100万件（套）。从2004年到2019年，全国红色旅游资源不断扩充，越来越多的珍贵革命文物与游客见面，每年参加红色旅游的人次从1.4亿增长到了14.1亿。

价值引领 2–8

2024年1月1日，《中华人民共和国爱国主义教育法》正式实施，为新时代加强爱国主义教育、传承和弘扬爱国主义精神提供了法律保障。爱国主义教育法共5章40条，其中第25条明确要求："县级以上人民政府应当加强对红色资源的保护、管理和利用，发掘具有历史价值、纪念意义的红色资源，推动红色旅游融合发展示范区建设，发挥红色资源教育功能，传承爱国主义精神。"习近平总书记指出："每一个红色旅游景点都是一个常学常新的生动课堂，蕴含着丰富的政治智慧和道德滋养。"新时代新征程新阶段，要切实增强红色旅游的爱国主义教育功能，让旅游者在参与红色旅游的过程中培养和增进爱国情感、传承民族精神、增强国家观念。

六、康养旅游

2016年1月，《国家康养旅游示范基地》标准发布，将康养旅游界定为："通过养颜健体、营养膳食、修心养性、关爱环境等各种手段，使人在身体、心智和精神上都能达到自然和谐的优良状态的各种旅游活动的总和。"该标准的出台，说明康养旅游已被社会和市场广泛认同，并成为一种新的旅游方式，纳入了我国旅游发展战略，从而进入了规范化发展的道路。

与传统旅游项目相比，康养旅游涵盖的要素更丰富，不仅包含休闲、观光，而且需要依托良好的自然生态环境、人文活动环境等资源条件，注重与医药保健、运动康体、养心养颜、健康膳食等形式相结合，达到强身健体、修身养性、医疗康复、延年益寿等目的；能有效推动医院、酒店、交通、旅游景点、购物等相关产业要素的发展，是不同旅游业态与健康养生融合发展的结果。旅游不再追求步履匆匆、走马观花，更倾向于养眼、养生、养心的康养慢时尚，将身心融入以健康养生为诉求的深度旅游中，享受好风景的"洗"眼、好空气的"洗"肺、好环境的"洗"心。与传统旅游形态相比，康养旅游具有滞留时间长、旅游节奏慢、消费能力强、重游率高、强身健体等特点，是传统旅游产业的升级版。

课堂互动 2–3

康养旅游的模式与发展前景如何？

七、研学旅行

研学旅行是由学校根据区域特色、学生年龄特点和各学科教学内容需要，组织学生通过集体旅行、集中食宿的方式走出校园，在与平常不同的生活中拓宽视野、丰富知识，加深与自然和文化的亲近感，增加对集体生活方式和社会公共道德的体验。研学旅行继承和发展了我国传统游学、"读万卷书，行万里路"的教育理念和人文精神，成为素质教育的新内容和新方式，有利于提升中小学生的自理能力、创新精神和实践能力。

延伸阅读 2–6

研学南京　旅途之中感悟金陵文脉

2013年2月2日，国务院办公厅印发了《国民旅游休闲纲要（2013—2020年）》，提出"逐步推行中小学生研学旅行"的设想。

2014年8月9日，《关于促进旅游业改革发展的若干意见》中首次明确要积极开展研学旅行，按照全面实施素质教育的要求，将研学旅行、夏令营、冬令营等作为青少年爱国主义和革命传统教育、国情教育的重要载体，纳入中小学生日常德育、美育、体育教育范畴，增进学生对自然和社会的认识，培养其社会责任感和实践能力。按照教育为本、安全第一的原则，建立小学阶段以乡土乡情研学为主、初中阶段以县情市情研学为主、高中阶段以省情国情研学为主的研学旅行体系。

2016年，教育部等11部委印发《关于推进中小学生研学旅行的意见》。

2017年10月，教育部印发《中小学综合实践活动课程指导纲要》，指出研学旅行在内的综合实践活动是普通高中课程方案规定的必修课程，与学科课程并列设置。

八、定制旅游

定制旅游是指旅游企业根据游客的需求来安排旅游行程中的食、住、行、游、购和娱等要素，让游客参与到旅游产品设计过程中，以满足游客对旅游体验的个性化追求，最终实现旅游价值的一种旅游方式。我国定制旅游产生于20世纪80年代，是随着定制研究的深入以及旅游业的繁荣融合而形成的新领域。

定制旅游可分为三种形式：一是单项组合定制，如自由行的机票+酒店；二是主题定制，如奢华旅游，有具体行程和主题，主要针对小众的特色旅游线路；三是C2B定制，客人提出具体需求，商家对接。

从产品设计看，定制旅游是在精准的目标人群细分、兴趣细分、需求细分的基础上，整合能满足游客个性化需求的旅行供应商与跨行业资源的合作伙伴，遵循以客户体验价值为导向的产品设计原则，不仅关注产品的成本和销售价格，更关注游客的时间成本和体验成本，游客也将参与产品的设计与选择，按需定制。

导游实训

实训项目："研学旅行"旅游线路设计。

实训目的：培养学生学以致用的综合能力。

实训步骤：

1. 将班级同学组成若干"自主学习"训练团队，每队确定1人负责。

2. 各团队根据训练项目需要进行角色分工。

3. 通过校图书馆、资料室和互联网，查阅文献资料。

4. 设计研学旅行线路，要求有线路主题、口号、景点介绍、行程安排以及线路的目的、意义等内容，并制作PPT分享。

5. 在班级展示交流各团队的资料。

知识训练 2-1

扫码答题

项目三
中国历史文化

学习目标

知识目标：

• 了解中国历史发展的基本脉络。

• 熟悉中国古代思想及科技文化概况。

• 掌握中国优秀传统文化的精华及其现实意义。

• 掌握中华民族的发明创造对人类文明作出的巨大贡献及其意义。

• 掌握中国古代称谓和科举制度概况。

技能目标：

• 能够介绍历史遗迹的基本情况。

• 能够向游客宣传中国文明史的悠久性、持续性和兼容性。

• 能够向游客讲解中国优秀传统文化精华——和谐的基本内涵。

• 能够列举祖先伟大的发明创造，说明中华民族对人类文明作出的巨大贡献。

素养目标：

• 提高学生的历史文化素养，自觉传承中国优秀传统文化。

• 增强学生的民族自豪感和爱国情怀。

• 培养学生的团队合作意识。

知识导图

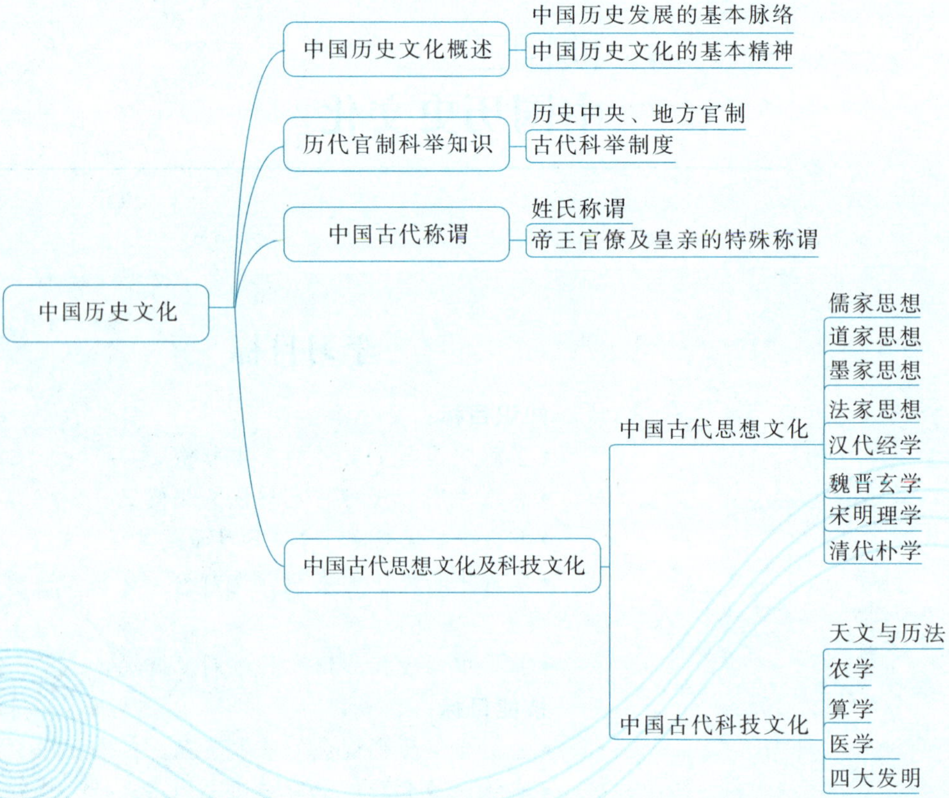
中国历史文化
中国历史文化概述
中国历史发展的基本脉络
中国历史文化的基本精神
历代官制科举知识
历史中央、地方官制
古代科举制度
中国古代称谓
姓氏称谓
帝王官僚及皇亲的特殊称谓
中国古代思想文化及科技文化
中国古代思想文化
儒家思想
道家思想
墨家思想
法家思想
汉代经学
魏晋玄学
宋明理学
清代朴学
中国古代科技文化
天文与历法
农学
算学
医学
四大发明

◎情境导入

某旅行社要组织一个赴洛阳的文化考察团，你作为该社计调，在设计旅游线路时会如何安排行程来突出对中华优秀传统文化的宣传呢？

知识点1　中国历史文化概述

在线课堂
3-1
中国历史概述

一、中国历史发展的基本脉络

（一）原始社会时期

原始社会经历了原始人群和氏族公社两个阶段。氏族公社又经历了母系氏族公社和父系氏族公社两个阶段。

在云南发现的元谋人，距今约170万年，是已知的中国境内最早的人类。北京周口店发现的北京人，距今60万年左右，是原始人群时期的典型代表。这些人过着群居生活，利用打制的石器为工具，以狩猎和采集为生，会使用火。之后有广东马坝人、陕西大荔人、湖北长阳人、山西丁村人、内蒙古河套人、广西柳江人、北京山顶洞人和四川资阳人，距今20万至1万年左右，这是由原始人群时期进入氏族公社的阶段。

最能反映母系氏族公社文化的是分布在长江流域的河姆渡氏族和黄河流域的半坡氏族。这一时期人类能够建筑木结构的房屋，开始定居生活，学会饲养牲畜并种植水稻。婚姻制度由群婚转向对偶婚，形成了比较确定的夫妻关系。在氏族内部，除个人常用的工具外，所有的财产归集体公有，有威望的年长妇女担任首领。每个氏族都有自己的名称、信仰和领地。

距今5 000年左右，中国进入父系氏族社会，具有代表性的是山东大汶口文化中晚期、山东龙山文化、浙江良渚文化。这一时期男子在社会生活和生产中起支配地位，婚姻由对偶婚制过渡到一夫一妻制。手工业开始发展起来，纺织、陶器制造、榨油、酿酒已成为专门的行业，一些地区的居民开始掌握了金属冶炼技术。

随着生产的发展，产品出现了剩余，集体劳动逐渐被个体劳动所取代，由此产生了私有制，随之也出现了阶级。氏族中出现了贵族阶层和平民阶层。到了末期，以血缘关系结成的氏族开始破裂，出现了按地域划分的农村公社，原始社会基本瓦解，开始进入奴隶社会。

（二）夏商周时期

文献记载，大禹死后，其子启继位，建立中国历史上第一个王朝，中国由此进入奴隶社会。夏代生产力有了很大的提高，农业生产有明显发展，出现了私有财产，并且形成了奴隶制度，建立了比较完备的国家统治系统。

约公元前16世纪，商部落首领汤灭桀建立商朝。商代曾六次迁都，约公元前1300年盘庚迁都于殷，故商朝又称“殷商”。

约公元前1046年，武王伐纣建立周朝，建都镐京，史称西周。西周社会继续实行奴隶耕作的“井田制”，并且通过实行“分封制”，将土地分封给诸侯，让他们建立诸侯国，诸侯又在自己的封国内拿出一部分土地分给卿大夫，称为“采邑”，以此来维护政治统治；同时还制定礼乐刑罚，区别尊卑等级。西周经济比商代又有所发展，青铜器制造是最重要的手工业，后世的主要农作物基本上都已具备。

（三）春秋战国时期

公元前770年，游牧部落犬戎攻破镐京，西周灭亡，周平王东迁洛邑，史称东周，前一段称春秋，后一段称战国。这一时期是中国社会由奴隶制向封建制过渡的时期。周王室日益衰微，对诸侯控制力日渐削弱。各诸侯国为争夺土地和财物不断发动战争，竞相称霸，齐桓公、晋文公、楚庄王、秦穆公和宋襄公，史称“春秋五霸”。春秋时期，农业生产的进步使大面积开垦农田成为可能，于是私田大幅增加，奴隶主开始向封建地主转化，奴隶开始向农奴转化。

以韩、赵、魏三家分晋为起点，进入战国时代，封建制度基本确立。许多小国被吞并，形成齐、楚、韩、魏、赵、燕、秦七国，称为“战国七雄”。七国竞争激烈，需要强有力的理论指导和杰出人才，从而为诸子百家的出现和争鸣提供了历史舞台。

（四）秦汉时期

公元前221年，秦王嬴政统一六国，建立了中国历史上第一个封建王朝，皇帝称号从此出现。为了巩固统一的政权，秦始皇废除分封制度，实行郡县制；统一文字、货币和度量衡。为了加强思想统治，秦始皇下令“焚书坑儒”，制定严苛的法律。他无休止地征用人力和财力，伐匈奴，征岭南，修长城，造宫殿，弄得民不聊生，激起了人民群众的反抗。

在起义队伍中，刘邦和项羽实力最强，经过四年楚汉之争，最终刘邦打败项羽，建立汉朝，史称“西汉”。西汉建立后实行“休养生息”政策，国家逐步富强起来。汉武帝时期对内进一步削弱地方割据势力，加强中央集权制度；接受董仲舒的建议，“罢黜百家，独尊儒术”；对外北伐匈奴，出使西域，扩大了国家疆土，使汉朝达到极盛阶段。因此汉土的中原人被称为“汉人”，此后的“汉语”“汉字”“汉文化”都由此而来。

西汉末年，大批农民流离失所，社会动荡不安，大贵族王莽夺取政权，改国号为“新”。公元25年，刘秀重建汉朝，定都洛阳，史称“东汉”。东汉中后期宦官外戚专权，政治黑暗腐败，百姓陷于水深火热之中。黄巾起义被镇压后，全国呈现大小军阀割据混战局面。其中，曹操统一了北方。曹操死后，其子曹丕废汉自立，建立了魏国；孙权据江东建立了吴国；刘备控制四川建立了蜀国，历史进入三国分立时期。

（五）魏晋南北朝时期

魏晋南北朝是中国历史上最纷乱复杂的时期。魏、蜀、吴三国虽然不断进行战争，但都采取了相对有益于本地区社会发展的政策，三国的经济也有一定程度的发展。后来魏国政权被司马懿父子控制，至司马炎时取代魏国自立，建立晋朝，史称“西晋”。西晋王朝仅存在了五十余年即灭亡。此后中国分为南北两部分：南方为司马睿建立的东晋，前后延续了一百余年；北方是历史上所称的“五胡十六国”，最后被北魏统一。北魏统治北方一百多年后分裂成东魏和西魏，不久分别被北齐和北周所取代，史称北朝。南方的东晋灭亡后，相继出现了宋、齐、梁、陈四个小王朝，史称南朝。

南北朝虽然处于对立状态，但社会经济和文化仍在继续发展。尤其是长江以南地区，由于北方人口南下带去了先进的生产技术，因此促进了地区经济的发展。

（六）隋唐五代时期

公元581年杨坚取代北周建立隋朝，后大军南下灭陈，结束了南北分裂的局面，中国重新统一。隋朝初年加强法制，开拓疆土，生产发展，人口增加。但是到隋炀帝时大兴土木、强征暴敛，民不聊生。公元618年，驻守太原的大将李渊起兵反隋，隋朝灭亡，唐朝建立。

唐朝是中国历史上继汉代以后的又一个强盛时代。政治、经济、文化都超过了汉代，在世界上也排在前列。特别是唐太宗李世民执政时期，任用贤臣、广开言路、体恤民生，实行比较开明的政策，出现了国泰民安的局面，史称“贞观之治”。其后武则天称帝，改国号为“周”，武则天成为中国历史上唯一的女皇帝。武则天善用人才，鼓励农业生产，维持了贞观以来的强盛之势。武则天死后，出现了激烈的宫廷政变，但经过唐玄宗的励精图治，唐朝的兴盛达到顶峰，史称“开元盛世”。唐玄宗统治后期，贪恋女色，重用奸臣，致使政治腐败，最终引发了“安史之乱”。此后百余年宦官专权，朋党斗争，藩镇割据，人民又陷入水深火热之中，终于爆发了黄巢起义。黄巢起义失败后，唐帝国土崩瓦解，中国又陷入分裂割据状态，即五代十国时期。

（七）宋元明清时期

五代十国分裂的局面很短暂，后周禁军统领赵匡胤发动陈桥兵变，夺取政权，建立北宋，并逐步统一了中国大部分地区。宋朝时期还有一些少数民族政权，北方有契丹族建立的辽国，西北有党项族建立的西夏，东北有女真族建立的金。1125年金灭辽，1127年，金攻破宋都开封，北宋亡。赵构逃到南方，在临安建立政权，史称南宋。

在宋金南北对峙中，北方蒙古族在铁木真领导下先后灭掉西夏和金。1271年，忽必烈正式建立元朝，之后挥师南下攻陷临安。元朝是中国历史上空前统一、疆土广大的王朝，但是元朝政府实行残酷的民族政策，造成尖锐的民族矛盾，统治不到百年就被朱元璋建立的明朝取代。

明初定都于南京，朱棣即位后，开始大规模营建北京城池和宫殿、坛庙，并于1421年正式迁都北京，加强了对北方的控制。明朝二百余年间，商品经济有了很大发展，商业资本活跃全国，工商业城市迅速繁荣，资本主义的生产关系已经萌芽。

明朝后期，东北境内的女真族日益强大起来，在努尔哈赤的领导下统一各部，建立了“后金”，后定都沈阳。皇太极继位后改国号为“清”，不时威胁明朝政权。明朝内部，农民在不堪重压的情况下爆发了李自成和张献忠起义。1644年，李自成的军队攻入北京，崇祯皇帝于景山自尽，明朝灭亡。清军在明军山海关守将吴三桂的协助下，长驱直入北京，李自成败走，清朝建立了全国性的统治。

清朝在康熙、雍正、乾隆皇帝统治时期，对内采取鼓励农业生产和增加人口的政策，使社会经济发展超过了明代。嘉庆、道光以后，日益衰败。1840年，英国发动鸦片战争，清政府被迫开放通商口岸，割地赔款，中国进入半殖民地半封建社会。

（八）民国时期

1911年，孙中山领导的辛亥革命推翻了清王朝的统治，建立了中华民国。但是革命果实很快被袁世凯窃取。1921年，中国共产党诞生，开始了新民主主义革命，其间经历了大革命时期、土地革命战争时期、抗日战争时期和解放战争时期四个历史阶段。1949年10月1日，中华人民共和国成立，中国历史进入一个崭新的时期。

二、中国历史文化的基本精神

（一）悠久博大

中国是历史最悠久的文明古国之一。中华文明自从产生以来就持续不断、一脉相承地发展到现代，这是其最基本的特征。

价值引领3-1

党的二十大报告指出："中华优秀传统文化源远流长、博大精深，是中华文明的智慧结晶，其中蕴含的天下为公、民为邦本、为政以德、革故鼎新、任人唯贤、天人合一、自强不息、厚德载物、讲信修睦、亲仁善邻等，是中国人民在长期生产生活中积累的宇宙观、天下观、社会观、道德观的重要体现，同科学社会主义价值观主张具有高度契合性。"在漫长的岁月中，中华民族屡经曲折磨难，一次又一次地衰而复兴，蹶而复振，转危为安，巍然屹立。中华文明5 000年来绵延不绝，并且代代都有伟大成就，这是绝无仅有的世界奇迹。当代中国青年生逢其时，要坚定不移听党话、跟党走，怀抱梦想又脚踏实地，让中华优秀传统文化继续辉煌灿烂地发扬光大。

（二）兼容并蓄

古人云："泰山不让土壤，故能成其大；河海不择细流，故能就其深。"中国先民深知兼容并蓄、广纳博收的必要。经由丝绸之路、瓷器之路、茶叶之路，乃至其他大大小小的对外交通孔道，全世界的文明成果，无论物种、技术，还是资源、人群，抑或思想、文化，都持续不断地进入中国，又在经过中华文化的改造加工之后，成为其有机组成部分。中华民族在长期的民族融合过程中发展壮大，中华文明也在不断兼容并蓄中辉煌灿烂。

（三）以人为本

中华文化中的"以人为本"落实在政治上是"以民为本"，即民本思想。中国历史上民本思想源远流长，从春秋战国时期一直到封建社会末期的进步思想家、政治家，几乎都主张和宣传民本思想，从而使之成为中华文化中影响最广、延续最久的一种哲学和政治思想。

课堂互动3-1

作为一名大学生，你该如何传承和弘扬中华优秀传统文化？

知识点2 历代官制科举知识

一、历代中央、地方官制

（一）夏商周时期官制

1.中央官制

史书记载，夏有"三正""六卿""四辅臣"等官职。

商朝中央政务官有尹、司徒、司空、司寇等。尹主持国政，相当于后世的相；司徒掌管征伐劳役；司空掌管工程；司寇掌管刑狱。商朝掌管王室事和宗教事务的职官队伍很庞大。掌管王室事务的主要是宰和臣。

西周设太师、太傅、太保，合称“三公”，执掌国政，地位很高。中央设两大官署，卿事寮和太史寮。

春秋时期，重要的官职有司徒、司马、司空，还有司寇，这些都是掌管诸侯国朝政的官。

战国时期，为了强化封建中央集权，各诸侯国都十分重视官僚统治机构的设置。从总体上看，在国君之下中央政府设文相武将，分掌行政和军事。

2.地方官制

夏代地方诸侯称为君、伯，更多的是称为某某氏。商代称地方诸侯国为“外服”，设置的官吏有侯、甸、男、卫、邦伯等。西周实行分封诸侯制，地方行政区划为国、都、邑三级。

春秋战国时期，郡县制得到初步确立。其长官由国君直接任免，分别为郡守和县令。郡具制是中国古代官僚制度形成的基础。

3.选官制度

夏、商、西周的官吏选拔制度主要是世袭制。王朝的官由王任命，诸侯由王册命，诸侯国的官由诸侯任命。到了春秋战国时期，世袭制逐渐衰微，荐举、游说自荐、对策或献策、军功入仕等选拔官吏的制度相继出现。

（二）秦汉时期官制

1.中央官制

秦代确立了“三公九卿”中央官僚机构。三公是指丞相、太尉、御史大夫。三公之下设有九卿。

西汉初年的中央官制基本承袭秦制。汉武帝以后，三公的名称发生了变化。丞相改为大司徒，太尉改为大司马，御史大夫改为大司空，九卿也有所变化。东汉仍旧沿袭三公九卿制，三公是指太尉、司徒、司空，三公之上有太傅为上公。

2.地方官制

秦代地方设郡、县二级。西汉初年，郡国并行，改郡守为太守、郡尉为都尉。西汉又允封异姓诸侯王国和同姓诸侯王国，推行王国制。东汉地方官制是州、郡、县制与王国制并存。

3.选官制度

秦汉时期选拔官吏有如下几种主要形式：

① 察举。地方政府的长官在辖区定期考察、选拔人才推荐给朝廷，经朝廷考核任命官职。

② 征辟。由朝廷征聘为官员的，叫作“征”；由高级官员征聘为属官的，称为“辟”。

③ 任子。勋臣子弟依靠父兄的官秩和功劳而被保任为官。

④ 军功。秦朝开始按军功大小赏赐爵位和官职，两汉时得到进一步发展。

⑤ 捐纳。秦代“入粟拜爵”，开捐纳取官之先河。东汉时期较为盛行。

⑥ 考试。汉代已经开始采用考试的方法来选拔官吏。

（三）魏晋南北朝时期官制

1.中央官制

魏、蜀、吴三国中以曹魏的中央官制最为完备和典型。曹操建立了以丞相为首的外朝台阁制。丞相下设东曹、西曹、法曹等。

两晋时期，丞相废置。丞相之下设有八公，即太宰、太傅、太保、太尉、司徒、司空、大司马、大将军。

南朝宋、齐、梁、陈四个政权的中央官制大体承袭魏晋之旧制。

北朝北魏设官分职多沿晋代旧例。东魏、西魏以及北齐政权的中央官制都是仿照北魏而建立的。北周官制比较完备，设有太师、太傅、太保“三公”，配置少师、少傅、少保“三孤”，仿《周礼》六官之制，设置六卿。

2.地方官制

魏晋南北朝时期，地方行政制度比较混乱，没有形成整齐划一制度。但大体上来说仍旧是州、郡、县三级。

3.选官制度

魏晋南北朝主要的选官制度是九品中正制，也称九品官人法。各州郡置“中正”官负责考察本州人才，这是实施九品中正制的关键。“中正”官的选择标准是：本地德高望重的高级官员。除九品中正制以外，察举、征辟、考试等选官制度在魏晋南北朝时期仍旧存在，但不作为定制。

（四）隋唐时期官制

1.中央官制

隋代重新确立了三省六部制。隋代的三省包括尚书省、内史省、门下省。除三省之外，隋代还设有秘书省和内侍省以及御史台，御史台是隋代的监察机关。

唐代中央官制基本沿袭隋之旧制，但是更加完备和严密。三省包括中书省、门下省、尚书省。三省既有明确分工，又密切合作。

2.地方官制

隋初地方官制为州、郡、县三级。隋炀帝改州为郡，这样地方官制就变成了郡、县两级。除州（郡）县以外，隋代地方还有两类行政机构：一是行台省，统管所辖州县军政事务；二是总管府，掌管一州或数州军政事务。

唐初沿袭隋代旧制，地方官制基本是州、县两级制。

3.选官制度

隋唐时期选拔官吏的主要措施是科举制度。

（五）宋元时期官制

1.中央官制

宋代虽然设有三省六部，但已经不是实权部门，几乎形同虚设。国家中枢机构的实际权力归属于“二府三司”。二府是掌管国家行政事务的中书门下（东府）和掌管国家军事的枢密院（西府）。三司掌管着国家的财政大权。御史台是国家最高监察机构，下设察院、殿院、台院。皇帝还经常派遣转运使、观察使、按察使到各地监察。地方的通判是常设的监察官员。

元代遵用汉法，在中央设中书省统领全国行政，枢密院掌管军事，御史台负责监察。

2.地方官制

宋代地方行政机构分为三级，最高一级是路，路下设府、州、军、监（同级），其下是县。元代的地方官制分为行省、路、州、县四级。

3选官制度

宋元时期的选官制度主要是科举制度。

（六）明清时期官制

1.中央官制

明朝废除三省制和丞相，分相权于吏、户、礼、兵、刑、工六部，由皇帝直接统率六部。明朝建立了内阁制度，创设了前、后、左、中、右五军都督府，改御史台为都察院。明代中央还设有通政使司、翰林院、詹事府、国子监、六科、五寺等官僚机构。

清代中央官制如下：

① 内阁。清初设内三院，即内国史院、内秘书院、内弘文院。顺治十五年改三院为内阁。内阁办公的大学士称作殿阁大学士，下有协办大学士、学士和侍读学士等，内阁实际上是承旨出政的中央最高办事机构。

② 军机处。军机处是清代最重要的中央最高决策机构。军机处设有军机大臣若干人，大多由殿阁大学士、六部尚书充任。

③ 六部。清代，吏部为管理文职官员机关。户部掌管着全国疆土、田地、户籍、赋税、俸饷、财政等事宜。礼部掌管着全国的祀典、庆典、国礼、丧礼、学校、科举以及接待外宾等事宜，兵部下设武选、车驾、职方、武库四司。自军机处设立以后，凡用兵大事悉归皇帝直接领导下的军机处，这样兵部权力就变小了。刑部掌管全国的刑罚政令。工部主管工程建设。

④ 都察院。清代都察院设有左右都御史、左右副都御史等职官，和明代职能基本一样。

⑤ 理藩院。理藩院是专门管理西藏、新疆等少数民族地区政务的中央机构。

2.地方官制

明代废除行省，改设承宣布政使司，并将原来行省的权力一分为三，承宣布政使司掌管行政，都指挥使司掌管军事，提刑按察使司掌管司法，三司之间互不统属，全归中央管辖。承宣布政使司下设府、县两级。明代初年，改路为府。

清代，总督、巡抚统领省政作为一种制度确定下来。总督是兼管两省或三省政务的高级地方官，巡抚主管一省。清代每省除设巡抚以外，还设承宣布政使司（简称布政使司）和提刑按察使司（简称按察使司）。府是清代地方的第二级行政机构，府下设县。此外，清代还在新疆、西藏、青海、东北等地区建立了领队大臣、帮办大臣等官员，分理所辖地区军政事务。

3.选官制度

明清两代选拔官吏的主要制度都是科举制度。

二、古代科举制度

科举制度是中国封建时代选拔官吏的制度，确立于隋，完善于宋，延续至明清，直到1905年才被废止，前后经历1 300余年，是中国历史上延续时间最长的人才选拔制度，对中国封建社会产生了广泛而深远的影响。

（一）科举制度的产生与发展

隋朝建立以后，隋文帝废除九品中正制，规定采用考试的方法选拔官吏，由朝廷策试授官，这就是科举制的开始。科举制的实施是中国用人制度的一次历史性变革。

唐代继承发展和完善了隋代的科举制度。唐代的科举考试方式有两种：一种是常科；另一种是制科。州县的预试在秋季举行，称“秋闱”，又称“解试”“发解试”，第一名称“解元”。朝廷考试由尚书省的礼部主持，在春季举行，称“省试”或“礼部试”，又称“春闱”“礼闱”。考试合格初录取称为“及第”“登科”，第一名称“状元”。

宋代进一步完善科举制，主要包括以下两个方面：一是礼部的考试，主考官由皇帝直接任命，而不是由礼部侍郎担任，加强了皇帝对科举考试的控制。二是建立三级考试制，在唐代的解试、省试两级考试之外设立殿试，由皇帝亲自主持，并决定录取名次。殿试合格者授本科及第、出身、同出身等身份，北宋时殿试第一名称“榜首”，第二、三名称“榜眼”。南宋以后，专以第一名称“状元”，第二名称榜眼，第三名称“探花”。解试、省试、殿试都考第一，称“连中三元”。

元代科举考试，分乡试、会试、御试（殿试）三级，试题内容都出自朱熹的《四书章句集注》。

科举考试的完备阶段在明清两代。明清两代考试分院试、乡试、会试三级录取，另外加上殿试。考试内容以八股为主。明清的院试要经过三次考试，即县试、府试、院试，合称“童生试”。应试者无论年纪大小一律称“童生”。这三次考试及格以后就叫“生员”，俗称“秀才”。考中秀才享有免除赋税徭役、见官不跪的特权。乡试每三年一次，时间在秋八月，因此也称“秋闱”，在各省城贡院举行。考中者称“举人”，第一名称“解元”。会试是全国范围的考试，也是每三年一次，即于乡试第二年举行。时间在春三月，由礼部主持，因此也称“礼闱”或“春闱”，主考官由皇帝直接任命。会试考中后通称“贡士”，第一名叫“会元”。会试后是殿试，由皇帝主考，考中者称为“进士”。发榜时采用金榜，因此考中进士又叫“金榜题名”。殿试分三甲录取，第一甲取三名，分别称为状元、榜眼、探花。殿试之后还有一次考试，叫朝考或馆选，目的是分配官职。状元、榜眼、探花不参加朝考，按例状元授翰林院修撰，榜眼、探花授翰林院编修。

课堂互动3-2

请比较科举考试与今天的考试制度有何不同。

（二）科举制度的利弊

科举制度作为封建社会的人才选拔制度，对历史发展有一定的积极意义。科举制度打破了门阀制度的限制，给更多的出身中下层社会的人士提供了实现抱负的机会与渠道，保证了封建社会的长期稳定和发展。唐宋以来著名的政治家、思想家、文学家、史学家，如韩愈、柳宗元、白居易、范仲淹、欧阳修、王安石、朱熹、文天祥、王守仁、张居正、林则徐等，绝大多数是进士出身。科举制度使统治阶级内部成员不断更新，使国家机器保持了相对的活力，缓和了社会矛盾。科举制度还促进了古代文化的繁荣，由于科举与功名利禄相关联，客观上促进了古代教育的发展。此外，唐代取士重诗赋，宋代取士重策论经义，这对于唐诗、宋词的发展有举足轻重的影响。

科举制度虽然有积极的历史作用，但也伴随着钳制、束缚知识分子等消极作用，且越到后来越明显。科举制度把“学”与“仕”联系起来，强化了中国封建社会固有的权力至上的“官本位”意识，使读书应试、从政做官成为知识分子的必由之路。科举考试以儒家思想为内容和标准，没有其他学术思想的立足之地。尤其是到明清两代采用八股文取士，连文章格式都有严格规定，将知识分子的头脑嵌入官方既定模式，不允许有任何独立的思想，这就使中国古代知识分子成为政治权利的依附者，缺乏独立的社会地位和自我意识。

知识点3　中国古代称谓

一、姓氏称谓

姓氏是标志社会结构中某种血缘关系的符号。姓氏作为一种文化符号，它的内涵是非常丰富的；作为一种制度文化，它的综合性的文化特征又是非常明显的。

在线课堂
3-2
中国历史文化常识

（一）姓氏的产生与发展

中国姓氏的产生可以追溯到母系氏族社会。人们按母系血缘分成若干氏族，每个氏族都以图腾或居住地形成互相区别的族号，这个族号就是“姓”。姓表明女子世代相传的血统关系，所以上古人称姓，其重要作用在于“明血缘”“别婚姻”，实行“同姓不婚”，即族外婚。

氏是姓衍生的产物，即姓的支族。起源于父系氏族社会，盛行于周代的分封制度。随着一夫一妻制家庭形态的出现和私有制的产生，子女不仅知其母，也知其父，世系的计算改变为依据父亲，于是“男子称氏”。到了夏、商、周三代，姓氏带上了浓厚的阶级色彩，特别是氏，都是由统治者赐封而得到的。如果封邑、官职或居住地发生变化，氏也就跟着变化。氏不仅是部族、宗族的徽号，也是社会地位尊卑、贵贱的标志。这种以“氏”区别贵贱的风尚，在父系氏族社会到先秦时期这一历史阶段相当盛行，形成“同姓异氏，一姓多氏”社会格局。秦汉以来，姓氏合而为一，姓即氏，氏即姓。

价值引领3-2

中国姓氏文化历经了5 000多年始终延续和发展着。姓氏一直是代表中国传统的宗族观念的主要外在表现形式，其以一种血缘文化的特殊形式记录了中华民族的形成，在中华民族文化的同化和国家统一上起着独特的凝聚作用。

（二）姓氏的主要来源

姓氏的来源相当复杂，历史上有许多研究。这里概括为以下几类：

（1）最早产生的姓。它们多带女字旁，如姜、姬、姚、姒、嬴等。

（2）以国邑名为姓氏。如夏、商二代均封侯赐地，西周初年更是实行大封建，大大小小的诸侯国遍布九州，这些国名便成为其国子孙后代的氏，如程、房、杜、戈、雷、宋、郑、吴、秦等。

（3）以官职为姓氏。如西周的官职司徒、司马、司空后来均成为姓。

（4）以先人的字或名为姓氏。如周平王的庶子字林开，其后代姓林。

（5）以排行为姓氏。周代以孟（伯）、仲、叔、季为排行次序，其后代就可称孟氏、伯氏、仲氏、叔氏、季氏，如春秋鲁国有孟孙氏、叔孙氏和季孙氏。

（6）以爵号、谥号为氏。爵号中以王、侯二氏最为突出。以谥号为姓，如庄氏原为楚庄王之后，康氏原为周武王之弟康叔之后，又如文、武、简、闵、穆、宣等。

（7）以居住地为姓氏。如东郭、南郭、西郭、北郭、南宫、西门等。

（8）以职业、技艺为姓氏。如巫、卜、陶、甄、屠等。

（9）因皇帝赐姓、避讳而改姓。如明末郑成功被赐姓朱；又如唐玄宗李隆基即位，姬姓改为周姓等。

（10）由少数民族的称呼转化而来的姓氏，如慕容、尉迟、宇文、长孙、呼延等。

课堂互动3-3

中华儿女依据什么来“寻根”？为什么会出现“寻根祭祖”的热潮？

（三）名、字、号

1.名与字

《礼记》中云：“男子二十，冠而字；女子许嫁，笄而字。”说的是在古代，小孩子生下来3个月由父母命名，男子到了20岁，由父亲在宗庙主持冠礼，然后由身份高的老人根据男孩的名取字。女孩子到15岁举行笄礼，取字。自古以来，中国人对命名是比较讲究的，名字往往折射出不同时代的文化心理。如孔子的儿子出生时，鲁昭公送了一条鲤鱼，即命名孔鲤，字伯鱼。魏晋南北朝由于受天师道影响，人们取名喜欢用“之”字，如祖冲之、王羲之、顾恺之等，又因佛教盛行，取名多取佛语，如王僧辩、王僧智、柳生景、柳生习等。中国人的姓名虽十分繁杂，却总能从一个人的姓名中窥见其民族、家庭、身世、文化、教养、爱好等。

古人不但有名还有字。《颜氏家训》中云：“名以正体，字以表德。”“表”就是表达，所以字又叫表字。归纳起来就是，字是从名派生出来的，它的作用是表达名的意思。字与名的关系密切，如屈平，字原，广平曰原，意思相同；陆机，字士衡，机、衡都是北斗中的星名，互为辅助。

2.号

号也叫别字、别称、别号。号的流行在唐宋以后，明清盛行。号以明志，古人的号往往是其心境、心态的展现，大都能体现其思想、志趣、爱好、倾向等。如宋代大诗人、大书法家黄庭坚在安徽潜山时，因流连山谷风光而自号山谷道人，在贬谪涪州后，又号为涪翁。明代书法家黄道周自幼坐卧石室中读书养性，故号石斋。书画家陈洪绶在明亡后浪迹佛门，冷眼尘世，自号悔迟等。

二、帝王官僚及皇亲的特殊称谓

（一）谥号、庙号、年号、尊号

1.谥号

谥号是人死之后，后人给予评价的文字。长短字数不定，因官职地位而定。谥号始于西周，秦始皇废除，西汉建立之后又恢复了谥号。除了天子，诸侯、大臣也有谥号。

谥号初起时，只有“美谥”“平谥”，没有“恶谥”。善、恶“谥号”源自西周共和以后。最高的褒扬就是文、武，还有成、桓、昭、穆、景、明等也是褒字；厉、幽、炀都是贬字；冲、殇、愍、哀、悼等谥表示同情且兼有不同程度的贬义。谥号最初用一个字，后来有两个字的，被杀或被废的帝王多没有谥号。

2.庙号

庙号是皇帝于庙中被供奉时所称呼的名号，起源于商朝。庙号常用“祖”字或“宗”字。开国皇帝一般被称为“太祖”或“高祖”，如汉太祖、唐高祖、宋太祖；后面的皇帝一般称为“宗”，如汉太宗、唐太宗、宋太宗等。但是也有例外。“祖”之泛滥，始于曹魏。到十六国时期，后赵、前燕、后秦、西秦等小国，其帝王庙号几乎无不称祖。

3.年号

年号是封建皇帝即位后用于纪年的一种名号。第一个年号出现在西汉汉武帝时期，年号为建元（公元前140—前135年）。记录年代的开始之年称为“纪元”，改换年号称为“改元”。新皇帝即位必须改元，一般是在即位后第二年开始使用新年号，也有一些从本年年中算起，极个别的也有沿用旧年号的。同一皇帝在位时也可以改元。

4.尊号

尊号是指帝、后在世时臣下奉上的、表示尊崇颂扬的称号。它由大臣们议定后上奏，经皇帝批准并向全国臣民公开发布。其政治上的用意是对在位皇帝进行歌功颂德，赞美他的文治武功等业绩。也有个别是死后才奉上的。尊号是从唐朝武则天开始的。皇后、皇太后的尊号后来称为徽号，如清代同治帝生母叶赫那拉氏为圣母皇太后，上徽号为慈禧。皇帝几乎都有尊号，但帝后则多无徽号。

（二）帝王其他称谓

帝王常用的自称有：朕、孤、寡人等，具有自谦的意思。臣子不能直接称呼“皇帝”，而是采用别的称呼，常用的有：上、皇上、陛下、天子、万岁、万岁爷、九五之尊、大家、天家等。

（三）皇族与皇亲称谓

古代皇族或皇亲属特殊高级权贵，称谓也很复杂，主要有：太皇太后（皇帝的祖母）；皇太后（皇帝的母亲）；皇后（皇帝的正妻）；嫔妃（皇帝诸妾的通称，根据地位的高低有不同的称号）；皇太子（皇帝诸子中皇位的法定继承人，也称太子）；公主（帝王、诸侯之女的称号，汉代开始专指皇帝之女）；驸马（中国古代帝王女婿的称谓）。

在线课堂
3-3
中国哲学与文学

延伸阅读
3-1
《论语》经典语录

知识点4 中国古代思想文化及科技文化

一、中国古代思想文化

（一）儒家思想

儒家哲学的核心思想是“仁”。孔子把“仁”作为人的最高道德原则、道德标准和道德境界。孔子把整体的道德规范集于一体，形成了以“仁”为核心的伦理思想结构，包括孝、悌、忠、恕、礼、知、勇、恭、宽、信、敏、惠等内容，对后世产生了很大的影响。

“礼”是伴随“仁”产生的另一重要思想。孔子以仁释礼，提出“人而不仁，如礼何？”把不仁视为礼崩乐坏的主要原因。他提出“仁者爱人”的观点，用爱亲人之心推及他人就是仁，以血缘为纽带而又不拘守血缘的限制，从而突破了以血缘为基础的周礼，把礼推到了社会各阶层。孔子还把礼列为人人可学的对象，同求仁一样，不论门第出身、职位高低，谁能克己复礼，谁就是仁人，从而将治政的途径引向诲人自省的道德修养，形成了儒家政治思想的中心内容。

孔子要人们“知礼”“立于礼”。他说，“不知礼，无以立”，要人们“非礼勿视，非礼勿听，非礼勿动”。他将“仁者爱人”的精神融入“礼”之中，将“爱而无私，上下有章”称为“知礼”。他告诫统治者要依礼行事，对人民要“道之以德，齐之以礼”，使人民“有耻且格”，从而遵循礼的规则。所谓“以礼会时。夫民见其礼，则上下援，援则乐，乐斯毋忧，以此省怨而乱不作也”，从而达到和谐的“礼治”境界，即“至礼不让而天下治”。

课堂互动3-4

今天我们应该如何学习孔子，并从孔子的智慧中得到启示来完善自我。

（二）道家思想

道家哲学思想的核心是“道”。“道”是宇宙之本，万物之根，人类之始。《老子》开篇就说：“道可道，非常道。名可名，非常名。无名天地之始，有名万物之母。”老子还把“道”归结为天的生成原理，“道生一，一生二，二生三，三生万物”，这就是老子的“天下母”的思想。老子说：“天下有始，以为天下母。既得其母，以知其子。既知其子，复守其母，没身不殆。”归结起来，就是“天人合一”的哲学思想的来源。

道家主张顺其自然，无为而治。老子认为，“我无为，而民自化；我好静，而民自正；我无事，而民自富；我无欲，而民自朴”，而且一再强调无为才能无不为。所以“无为而治”并不是什么都不做，而是不过多干预、顺其自然，充分发挥万民的创造力，做到自我实现。

（三）墨家思想

墨家是东周时期主要哲学派别之一，与以孔子（儒家）、老子（道家）为代表的哲学体系形成了诸子百家争鸣的繁荣局面。墨家创始人为墨翟（墨子），《墨子》一书是由墨翟弟子及后学者编撰而成的，是墨家的代表著作。

墨家思想更多地代表了下层劳动者的利益诉求。墨子的基本思想包括“兼爱”“非攻”“尚贤”“尚同”“节葬”“节用”“非乐”“非命”“天志”“明鬼”十大主张。

价值引领3-3

墨家不仅在思想理论方面有贡献，在自然科学和形式逻辑方面也有突出成就。墨子第一个提出机械设计三大定律，以规范机械师的设计标准。墨子的著作中还对杠杆、斜面、滑车等机械原理进行了阐述。后期墨家对“故”“理”“类”等古代逻辑的基本范畴进行了明确的定义，区分了“达”“类”“私”三类概念，对判断、推理的形式也进行了研究，在中国古代逻辑史上占有重要地位。

（四）法家思想

法家是战国时代后起的一个学派，也是中国历史上具有重大影响的一个思想流派。法家的代表人物是韩非。韩非（约公元前280—前233年），韩国人，出身贵族，天生口吃，善写文章，与李斯同为荀子的学生，到秦国后被李斯所害，著有《韩非子》。

法家重视法律，他们认为，当时的新兴地主阶级反对贵族垄断经济和政治利益的世袭特权，要求土地私有和按功劳与才干授予官职，这是公平、正确的主张，维护贵族特权的礼制则是落后的、不公平的。法家反对保守的复古思想，主张锐意改革。

（五）汉代经学

经学是指中国古代研究儒家经典学说，并阐明其含义的学问，内容几乎涵盖了中国古代文化的一切领域，涉及中国传统社会的政治、经济、伦理、文学、教育、艺术、法律、史学、宗教等。经学从研究“六经”开始，一直发展到十三经。孔子晚年编订和整理了一些传统的文献，形成了《诗》《书》《礼》《易》《乐》《春秋》六经。

汉武帝即位后，为了适应大一统的政治局面和加强中央集权统治，实行了罢黜百家、独尊儒术，从此儒学独尊，由于《乐》已无书，《诗》《书》《礼》《易》《春秋》五经超出了一般典籍的地位，成为崇高的法定经典，也成为士子必读的经典。汉代儒生们即以传习、解释五经为主业。自此经学正式宣告诞生，可以将经学视为对先秦原初儒学的继承和发展。

汉代以董仲舒为代表，尊孔子为经学之祖，微言大义地阐发和说明孔子的思想，继承和发扬儒家学说，主要思想包括大一统、大居正、大复仇、通三统、统三世、更化改制、兴礼诛贼等，为大一统政治提供了完整的理论体系。今文经学深受汉朝皇帝的重视，始终在汉朝政治中处于主导地位，东汉郑玄成为经学的集大成者。

（六）魏晋玄学

玄学是魏晋时期出现的哲学思想与思潮，是对《老子》、《庄子》和《周易》的研究和解说，持续时间自汉末起至宋朝中叶结束。玄学是魏晋时期取代两汉经学思潮的思想主流，也是除了儒学外唯一被定为官学的学问。

东汉末年至两晋，是两百多年的乱世，士大夫纷纷寻找新的“安身立命”之地，醉心于形而上的哲学论辩。风雅名士聚在一起，谈论玄道，当时人称之为“清谈”或“玄谈”。

何晏、王弼等可以说是清谈之风的创始人，他们都是当时贵族名士，影响所及，便成一代风气。何晏、王弼主张“贵无论”，崇尚老子的无为而治。后来的阮籍与嵇康从道家自然无为思想出发，提出了“越名教而任自然”的主张，为玄学从老学向庄学的过渡起了承前启后的作用。

魏晋玄学在中国哲学发展史上占有重要的地位。它上承先秦两汉的道家思想，开创了糅合儒道学说的一个新的哲学时期，对佛学乃至宋明理学也产生了深远影响。它提出的“本末”“体用”等宇宙本体论思想，在理论思维上是一个很大进步。

（七）宋明理学

理学开创于北宋初期，宋代儒士解经，大都不顾旧有传注，往往抛弃传统的训诂义疏，直接从经书原文中阐释义理性命（即人的本性及其根源），因此被称为“性命义理之学”，简称为“理学”。

宋明理学的发展大致可以划分为三个主要阶段，即奠基阶段、发展阶段和瓦解阶段，代表人物有张载、朱熹和王阳明等。

张载的思想集中体现在《正蒙》一书里，他提出“心统性情”“天理人欲”“天地之性”“气质之性”“德性所知”等命题，为理学思想的建立起了基础的奠基作用。

朱熹把张载的“天理”与“人欲”之分、“天地之性”与“气质之性”之分、“德性所知”与“见闻之知”之分，以及道、气、形上、形下做了理论上更能自圆其说、贯彻到底的系统区分，对体用、中和、性情、静动、未发、已发等概念进行了明晰的区别，具有鲜明的二元体系特色。

王阳明的哲学思想阐发了“心”与“物”、“知”与“行”的关系，主张“致良知”“灭人欲”。他以“心”为本体，指出“心外无物”，主张“知行合一”。他和朱熹一样，极力宣扬“去人欲，存天理”，把个人私欲视为“天理”的对立物，要求人们绝对服从封建的纲常制度。他的“心学”思想，实际上是由认识论上的倒置而导致的主观唯心主义，是封建伦理制度下的特定产物。

（八）清代朴学

明末清初，在顾炎武、黄宗羲等学者的影响下，朴学在与宋明理学的对立和斗争中发展起来，注重资料的收集和证据的罗列，主张“无征不信”，以汉儒经说为宗，从语言文字训诂入手，主要从事审订文献、辨别真伪、校勘谬误、注疏和诠释文字、典章制度以及考证地理沿革等工作，少有理论的阐述及发挥，也不注重文采，因而被称作“朴学”或“考据学”，是清代学术思想的主流学派。针对理学的空疏而言，朴学又称考据学。朴学的成熟与鼎盛期在清代乾隆、嘉庆年间，因而又被称为“乾嘉学派”。清代朴学的影响力一直延续至当代，在保存和传递中国古代文化遗产方面具有积极的意义与重要的价值。

二、中国古代科技文化

在线课堂
3-4

中国古代科技文化

（一）天文与历法

1.天文

中国古代天文学是从天象观测开始。历代对天象的观测，积累了丰富的天文学资料，也留下了早于世界各国的天文学古迹。目前，世界上公认的关于太阳黑子的记录是汉成帝河平元年（公元前28年），“三月乙未，日出黄，有黑气大如钱，居日中央”（《汉书·五行志》）。这一记载，把太阳黑子的时间和位置叙述得很详尽，而欧洲记录黑子比中国晚8个世纪。《春秋》保存了世界上关于哈雷彗星的最早记录。书中记载鲁文公十四年（公元前613年）“秋七月，有星孛入于北斗”，这个记录比西方早600多年。哈雷彗星每76年回到太阳附近一次，而中国是唯一每一次都有记录的国家。此外，中国对新星、超新星的记录，也是世界上最早和资料最丰富的。

战国时期的《甘石星经》是世界上最早的天文学著作。《石氏星表》记载了120颗恒星的位置，比公元前2世纪希腊的希帕克编制的星表记载的恒星多1/3，体现了当时我国观测恒星的高水平。

2.历法

中国的历法是随着原始农业生产的发展而逐步建立起来的，因而在中国的历法里有二十四节气的安排。汉武帝时制定了“太初历”，形成了中国第一部完整的历法。到元代郭守敬创“授时历”，历法基本定型。

为了让历法更好地配合天象和自然季节，用以安排农业生产，古人还创制了“二十四节气”。从史料来看，中国最早出现的是“二分”与“二至”，即春分、秋分，冬至、夏至；《吕氏春秋》又出现了立春、立夏、立秋、立冬等节气；到西汉初年的《淮南子》，出现了全部的二十四节气。

（二）农学

考古证明，大约在距今7 000年前的新石器时代早期，中国已经有了比较发达的原始农业。在浙江余姚的“河姆渡遗址”中，就发现了世界上最早栽培的稻谷。在春秋时期，人们已部分使用铁器，并逐渐代替石器，从而大大提高了劳动生产率，促进了农业生产的快速发展。

北魏贾思勰所著的《齐民要术》，系统总结了黄河流域的农业生产经验，阐述了古代因地制宜、因时制宜的农学思想，提出了一系列精耕细作、保墒施肥的方法，是中国历史上最重要的农学著作之一。明朝徐光启所著的《农政全书》，内容涉及农业耕作、土地开垦、水利建设、食品制造、果树技艺等众多方面，尤以系统而集中地叙述了屯垦、水利工程和备荒为一大特色，是对宋代以来农桑经验和种植技术的全面总结。

价值引领3-4

农业是人类赖以生存的第一产业，是国家的经济基础。中国的农学研究着重解决农业生产中的实际问题，为全人类的生存与发展作出了巨大的贡献。

（三）算学

算学也称为“数学”，在我国的起源可以追溯到原始社会的新石器时代的结绳记事。大约在原始社会后期已发现了“十进制”的计数方法，并将其运用到生活和生产之中。西汉《周髀算经》有世界上关于勾股定理的最早记录，东汉《九章算术》记载了当时世界上最先进的四则运算和比例算法，对以后历代算学产生的深刻影响。南北朝时的大数学家祖冲之（公元429—500年）把圆周率精确到3.1415926至3.1415927之间，这在当时的世界上是最先进的，比西方要早1 000多年。

中国算学的一大特色计算法是“珠算”，于13世纪的元朝创造出来，很快得以普及应用并流传到日本、朝鲜。

（四）医学

我国的中医学在世界医学史上独树一帜，是中国传文化中最珍贵的遗产之一。它的最大特点就是诊断和治疗的整体观念，中医诊治强调“四诊”“八纲”。“四诊”即“望（望色）、闻（闻味）、问（问情）、切（切脉）”，“八纲”即“阴、阳、表、里、寒、热、虚、实”。医生在“四诊”的基础上，依照“八纲”之间相互对立统一的关系，对病人进行综合的辨证施治。

春秋战国时期的《黄帝内经》，全面奠定了中医理论的基础。汉代名医首推张仲景与华佗。张仲景写成医学巨著——《伤寒杂病论》。华佗首创中医外科，他发明的一种名叫“麻沸散”的中药，具有全身麻醉的作用。汉末成书的《神农本草经》，收载药物达360余种，大大推动了后世中药学的发展。

魏晋隋唐，中医中药在理论和实践上都有新的总结和提高。晋代王叔和在总结前代经验的基础上，编写《脉经》；晋代葛洪编撰《肘后备急方》，搜集了大量治疗有效的处方；唐代孙思邈耗毕生精力编成《千金要方》和《千金翼方》，被称为中医百科式的巨著。唐朝将《神农本草经》扩编为《新修本草》，这是我国第一部国家药典，也是世界上最早的国家药典。

金元四大家为主张用药首应泻火清热的刘完素，被称为“火热派”；主张脾胃为本，治法使用补气升阳的李东垣，被称为“补土派”；主张攻邪去病，反对滥用补药的张从正，被称为“攻邪派”；取三家之长，主张泻火养阴的朱丹溪，被称为“养阴派”。

明代医学的伟大成就是李时珍编定药典巨著——《本草纲目》，录入1 892种药物，为中国医学写下了光辉的篇章。

延伸阅读 3-2

让青蒿素更好地造福人类

中国医学的又一突出成就是针灸，它是世界上独一无二的疗法。西晋皇甫谧的《针灸甲乙经》，是世界上最早的针灸学专著；北宋针灸专家王惟一，为针灸疗法制造针灸铜人，作为针灸的样本，他又写成《铜人腧穴针灸图经》，进一步普及和规范了针灸疗法。明代杨继洲所著《针灸大成》，徐凤所著《针灸大全》，高武所著《针灸聚英》，被称为“明代三大针灸巨著”。

课堂互动3-5

谈谈中国古代名医及其成就。

（五）四大发明

四大发明即造纸术、指南针、火药及印刷术，是中国古代劳动人民的重要创造，对世界具有很大影响。

1.造纸术

早在西汉时期古人就用丝絮制成薄片，叫“絮纸”，标志着我国造纸的萌芽。东汉和帝元兴元年（公元105年），蔡伦在总结前人制造丝织经验的基础上，改进了造纸术，将造纸发展为一种独立的工艺，使纸成为人们普遍使用的书写材料。造纸术在7世纪经朝鲜传到日本，8世纪中叶传到阿拉伯，到12世纪，欧洲才仿效中国的方法开始设厂造纸。造纸术的发明和推广对世界科学、文化的传播产生了深刻的影响，对社会的进步和发展起着重大的作用。

2.指南针

指南针的始祖大约出现在战国时期，是用天然磁石制成的，古人称为“司南”。东汉时的王充在他的著作《论衡》中对司南的形状和用法做了明确的记录。明万历年间（1573—1620年），传教士来华，带来西方的指南针理论、地球学说以及相关科技知识。受其影响，中国学者开始从新的视角探讨指南针理论问题。

3.火药

火药的研究开始于古代道家炼丹术，古人为求长生不老而炼制丹药，最后发明了火药。唐朝时期就已将火药用于军事。唐末出现了火炮、火箭，宋时火器普遍用于战争。蒙古人从与宋、金作战中学会了制造火药、火器的方法，阿拉伯人从与蒙古人作战中学会了制造火器。欧洲人大约于13世纪后期，从阿拉伯人的书籍中获得了火药知识，到14世纪前期，学到了制造火药、使用火器的方法。火器在欧洲人反对君主专制的过程中发挥了巨大作用。

4.印刷术

印刷术被称为“文明之母”，是中国四大发明之一。中国人民在印章和石刻的启示下发明了雕版印刷术。公元9世纪时，我国用雕版印刷来印书已经相当普遍了。世界上现存最早的印刷物是唐咸通九年（868年）印制的《金刚经》。

11世纪中叶，北宋毕昇发明了活字印刷术，被认为是世界上最早的活字印刷技术，进一步提高了我国的印刷技术。中国的印刷术先后传到朝鲜、日本、中亚、西亚和欧洲地区。活字印刷术的发明是印刷史上一次伟大的技术革命。

价值引领3-5

造纸术、活字印刷术、指南针、火药是中国奉献给世界的伟大技术成果，对世界历史的进程产生了巨大影响。

造纸术的发明使人类有了纸，纸是人类离不开的生产资料、生活资料、书写资料。

活字印刷技术的发明是对印刷术的根本性改革，促进了人类文化、科学、艺术的巨大进步。

指南针（司南）的发明推动了航海业的大发展，使人类认识了世界，认识了地球，促进了各国之间的交往。

火药的发明使人类能开山架桥修路，极大地促进了生产力的发展。火药在军事领域广泛应用，极大地提高了战争的效率，有助于阻止冲突的发生。

导游实训

实训项目：中国历史文化知识及基本精神分享。

实训目的：掌握中国历史文化知识，发现并领悟其中蕴含的基本精神，提高对历史文化类旅游产品的认知能力。

实训步骤：

知识训练 3-1

扫码答题

1. 将班级同学组成若干“自主学习”训练团队，每队确定1人负责。
2. 各团队根据训练项目需要进行角色分工。
3. 通过校图书馆、资料室和互联网，查阅文献资料。
4. 将搜集的中国历史文化知识内容做成PPT分享。
5. 在班级展示交流各团队的资料。

项目四
中国旅游文学艺术

学习目标

知识目标：

• 了解游记的发展和民歌的艺术特点。

• 熟悉楹联的特点和类型，理解楹联在旅游中的价值。

• 掌握欣赏旅游诗词曲的方法。

• 掌握中国的书法、绘画艺术文化的相关知识。

• 掌握中国戏曲文化的相关知识。

技能目标：

能运用旅游文学艺术知识进行赏析。

素养目标：

• 提高学生的文学艺术鉴赏力和旅游审美能力。

• 培养学生的团队意识和合作精神。

知识导图

- 中国旅游文学艺术
  - 中国旅游诗词
    - 旅游诗词的发展轨迹
    - 旅游诗词的艺术特征
    - 旅游诗词名篇赏析
  - 中国旅游散文
    - 赋
    - 散文游记
    - 中国游记名篇赏析
  - 中国旅游楹联
    - 对联的历史演变
    - 对联的特点
    - 对联的分类
    - 常见对联的修辞方法
    - 中国旅游名联赏析
  - 中国主要传统艺术
    - 书法艺术
    - 绘画艺术
    - 雕塑艺术
    - 戏曲艺术

◎ 情境导入

导游小王需要接待一个成都两日文化之旅的旅游团，他需要做好哪些准备工作？应该设计怎样的旅游线路才能让游客更好体验成都文化呢？

知识点1　中国旅游诗词

旅游文学是以旅游景物、旅游者及其活动为对象的文学作品，主要有旅游诗词、散文、楹联等，它们从不同的角度和方面描绘和赞美了我国的自然风光和风土人情，表达了作者的思想、情感和审美情趣，是旅游资源中极其重要的组成部分。

一、旅游诗词的发展轨迹

我国第一部诗歌总集《诗经》中，就有不少涉及山水或以山水起兴的篇章或诗句。田园诗的最早代表作应该是《击壤歌》："日出而作，日入而息。凿井而饮，耕田而食。帝力于我何有哉。"战国时期的楚国诞生了伟大的浪漫主义诗人屈原，他描写景色的名句有《招魂》中的"皋兰被经兮，斯路渐。湛湛江水兮，上有枫。"汉代乐府诗亦有不少写景的佳句或片段，如乐府民歌《江南》："江南可采莲，莲叶何田田！鱼戏莲叶间……"写出了鱼在莲叶间嬉戏游动的情景，诗句轻松愉快。

中国山水田园诗以完整、独立的文学形式出现在文学史上，是在魏晋南北朝时期。这个时期出现的第一首完整的山水诗是曹操的《观沧海》，通过描写辽阔雄壮的沧海景色，表现了诗人开阔的胸怀和豪情壮志。这首诗在山水诗的发展史上具有里程碑的意义。第一个大量写作山水诗的著名诗人是谢灵运，他也被称为山水诗的鼻祖。田园诗的代表是陶渊明，在诗人笔下，淳朴、宁静的田园风光，既与现实生活息息相关，又是诗人舒畅精神、寄托情怀的对象，具有物我浑然交融的意象和平淡纯美的风格。

唐代是旅游山水诗的繁荣期，名家辈出，名作如星。初唐四杰与陈子昂、张若虚、张九龄等都创作了不少描绘山水胜景的佳句。孟浩然是唐代大量创作山水田园诗的著名诗人。他的山水诗名篇名句很多，写景如"八月湖水平，涵虚混太清。气蒸云梦泽，波撼岳阳城"（《望洞庭湖赠张丞相》），气势豪迈，笔力雄健；写山水情怀如"风鸣两岸叶，月照一孤舟"（《宿桐庐江寄广陵旧游》）、"荷风送香气，竹露滴清响"（《夏日南亭怀辛大》）等句，由于心情的孤寂，使山水也染上了一层冷清的色彩。王维是一个多才多艺的人，精通作诗、书画与音乐，40岁后隐居终南别业，生活优裕闲适。他为人所称道的《辋川集》，就有许多描摹山水的优美之作。他的山水田园诗题材多样，风格也多有变化，既有陶诗的平淡自然，又继承了谢诗的精工秀丽。如《山居秋暝》："空山新雨后，天气晚来秋。明月松间照，清泉石上流。竹喧归浣女，莲动下渔舟。随意春芳歇，王孙自可留。"景、物、人和谐地融合在一起，别具声色，好像一幅恬静优美、清雅娴丽的山水画。正如苏轼所评："品摩诘之诗，诗中有画；观摩诘之画，画中有诗。"李白一生过着漫游的生活，写下了无数优秀的山水诗篇，他酷爱自由、追求解放的独特性格，常常借这些诗篇表现出来，诗风豪放雄壮又有清新俊逸之感。他喜欢的山水往往不是宁静的丘壑、优雅的林泉，而是高峰绝壑、天外飞瀑、江河奔流、山川雄险。《梦游天姥吟留别》《蜀道难》当为这方面的代表作，《望庐山瀑布》二首、《庐山谣寄卢侍御虚舟》也是历来传诵的名篇。杜甫的山水诗也非常有名，他曾长期漫游，结交诗人无数，晚年漂泊，接触到祖国无比壮丽的山河，不仅充实了他的生活，也扩大了他的视野和胸襟。在景物描写中常常融入身世飘零之感和忧国忧民之情，这是杜甫山水诗的最大特色。他的名篇如《望岳》《登岳阳楼》等，诗句气势磅礴，表现了景物的宏大之美。

延伸阅读
4-1
杜甫草堂
博物馆

中唐时期的著名诗人白居易也创作了大量的山水诗。如《钱塘湖春行》：“孤山寺北贾亭西，水面初平云脚低。几处早莺争暖树，谁家新燕啄春泥。乱花渐欲迷人眼，浅草才能没马蹄。最爱湖东行不足，绿杨阴里白沙堤。”其紧扣环境和季节特征，描绘了西湖生机盎然的早春景象，即景寓情，把诗人愉悦的心情与自然之美表现得真切、熨帖。

晚唐诗人杜牧的山水诗多描摹江南风光，也极具特色。如《江南春》：“千里莺啼绿映红，水村山郭酒旗风。南朝四百八十寺，多少楼台烟雨中。”《山行》：“远上寒山石径斜，白云生处有人家。停车坐爱枫林晚，霜叶红于二月花。”全诗构思新颖，意境幽深，写景而能寓情于景。此外，贾岛、孟郊、李商隐、李贺、韩愈、温庭筠、韦应物等也有出色的山水诗作。

边塞诗以描写边塞风光、军旅生活及渴望建功立业的胸怀为主要内容。其杰出代表人物是高适和岑参。王之涣、王昌龄、李颀、王翰等也留下了许多名句名篇。高适两次出塞，边塞诗最负盛名，著名诗篇有《燕歌行》《别董大》《营州歌》等。《燕歌行》创作于开元二十六年的梁州，以错综交织的笔触，写绝漠荒凉、战斗之烈、士兵之思，风格悲壮淋漓、雄厚深广。《营州歌》：“营州少年厌原野，狐裘蒙茸猎城下。虏酒千钟不醉人，胡儿十岁能骑马。”诗歌反映了塞上少数民族的风尚习俗。岑参的边塞诗常描写西域边境雄奇壮丽的风光，茫茫戈壁、漠漠风沙、巍巍天山、皑皑白雪，境界空前开阔，爱好新奇事物的性格使他的创作在边塞困苦的环境中独具绚丽之美、浪漫之色。其代表作有《走马川行奉送封大夫出师西征》《白雪歌送武判官归京》《轮台歌奉送封大夫出师西征》等。

咏史怀古诗就是以史事或古迹为主题，触景生情、抒写抱负的诗。咏史怀古诗一般与山水景物有关联，又不落于山水景物之窠臼，而能放眼宇宙，纵观古今，或抨击时事之弊端，或感怀身世之不遇，使山水古迹平添历史的厚重之感。这类诗历代皆有，唐代更是大量创作的时期。

初唐的陈子昂，纵横任侠，以国家安危、民生疾苦为重，多感时怀古之作，其诗作“前不见古人，后不见来者。念天地之悠悠，独怆然而涕下！”（《登幽州台歌》）成为千古绝唱。

中唐诗人刘禹锡亦有不少咏史怀古诗作，且见解独到。著名的诗篇有《西塞山怀古》：“王濬楼船下益州，金陵王气黯然收。千寻铁锁沉江底，一片降幡出石头。人世几回伤往事，山形依旧枕寒流。今逢四海为家日，故垒萧萧芦荻秋。”全诗在感叹中深寓历史教训。《乌衣巷》：“朱雀桥边野草花，乌衣巷口夕阳斜。旧时王谢堂前燕，飞入寻常百姓家。”沧海桑田的变化，仿佛只是静静的一瞬间，无声无息之中旧日的华堂已换成百姓人家的陋室，使人对现实和历史都产生了无限感慨，沉重之至。

晚唐诗人杜牧的山水诗与咏史怀古诗都独标风姿，议论精辟，寓意精深，含蓄隽永，极有特色。《过华清宫绝句三首》借唐玄宗、杨贵妃的故事，含蓄地讽刺了晚唐统治者的荒淫享乐。《赤壁》："折戟沉沙铁未销，自将磨洗认前朝。东风不与周郎便，铜雀春深锁二乔。"全诗见微知著，有史论特色。

宋词中有相当一部分作品与旅游有关，这些词或抒羁旅之愁，或状自然之景，都很有欣赏价值。

柳永是北宋著名词人，《雨霖铃·寒蝉凄切》《夜半乐·冻云黯淡天气》《满江红·暮雨初收》等写旅途所见所感，深婉曲折，极富艺术感染力。其中名句有"杨柳岸，晓风残月""断鸿声远长天暮""桐江好，烟漠漠。波似染，山如削。绕严陵滩畔，鹭飞鱼跃"等。

范仲淹镇守陕西，生活经历不同，他的词写边塞生活，给人以境界开阔、格调苍凉之感，其中《渔家傲·秋思》《苏幕遮·怀旧》都是脍炙人口的词作，给宋初词坛注入了一股新鲜血液。

秦观的《踏莎行·郴州旅舍》，是他谪官郴州后所作。景则迷离、情则感伤，刻画细腻，意境凄婉，是宋代羁旅词的典范。

苏轼作为词的革新家，极力打破诗词境界，把艺术的笔触伸向了广阔的现实生活和个人极其丰富的内心世界。他扩大了词的题材，提高了词的意境，丰富了词的表现手法，使词成为独立的抒情诗体。这就是所谓的"以诗为词"。苏轼的词达到了"无意不可入，无事不可言"的境界。他用词来写景、抒情、怀古、感旧、游记，甚至说理谈禅，高歌入云、逸怀浩气，都有很高的艺术成就，给宋词带来了新气象，启迪了南宋豪放词派的诞生。其作品既有山水之作，亦有田园之风。

李清照描写自然景物的词，有轻灵之气、典雅之态。早年的一首小令《如梦令》："常记溪亭日暮，沉醉不知归路。兴尽晚归舟，误入藕花深处。争渡争渡，惊起一滩鸥鹭。"用描白手法，将春日郊游写得率真活泼。

南宋陆游有不少描写农村风光、啸咏山水之作。"山重水复疑无路，柳暗花明又一村"是其传颂千古的名句。范成大以田园诗著称，有《四时田园杂兴》六十首，写尽田园之况味。杨万里的《晓出净慈寺送林子方》、王安石的《泊船瓜州》、陈师道的《十七日观潮》等，都是不可多得的优秀旅游诗作。

辛弃疾也有一些描写农村风光的词，格调轻快，大有诗情画意。如《清平调·村居》："茅檐低小，溪上青青草。醉里吴音相媚好，白发谁家翁媪？大儿锄豆溪东，中儿正织鸡笼。最喜小儿亡赖，溪头卧剥莲蓬。"其能于日常所见，发觉诗意而引人入胜。虽有闲适之趣，但联系辛弃疾平生以抗金为事业，便能品味其中悲辛。其登临怀古之词最为突出。如《永遇乐·京口北固亭怀古》《南乡子·登京口北固亭有怀》等，气魄宏大，苍凉悲壮。

元曲中的散曲，无论山水抑或咏史怀古，颇多佳作。如马致远的《寿阳曲·潇湘夜雨》及《天净沙·秋思》，张养浩的《山坡羊·潼关怀古》，都有其独到之处。

明清两代，旅游诗词也很丰富。明代高启、杨基、李东阳、何景明、杨慎都有许多佳作。如杨基的《岳阳楼》、杨慎的《滇海曲》（十二首）都很有名。

清代纳兰性德的词感情真挚，他曾多次出入古北口，又从康熙西征，多有塞上之作。《长相思》写征战西域、雪夜露营的景象，寄意遥深，大有唐人边塞诗的风格，很受词家赞赏。《浣溪沙·谁念西风独自凉》则写梅雨江南，山水如画，自然清婉。

清中期的袁枚，曾漫游各地，性喜登山临水，寻幽探胜，诗作率真自然，别有灵性，如《同舍十一沛恩游栖霞寺望桂林诸山》《登华山》等。

近代魏源也擅长山水诗，其代表作有《湘江舟行》（六首）、《天台石梁雨后观瀑歌》、《三湘棹歌·资湘》等。其诗充满力度，动人心魄。

康有为的山水诗，多寄景抒怀，其诗想象丰富奇特，用语瑰丽，名篇有《登万里长城》《庐山谣》《泛漓江到桂林》《将至桂林望诸石峰》等。

价值引领 4-1

党的二十大报告指出："中华优秀传统文化源远流长、博大精深，是中华文明的智慧结晶。"中国古代旅游诗词为我们5 000年的民族文化添上了浓墨重彩的一笔，旅游诗词不仅可以滋养现代人浮躁的精神世界，彰显出人生的真善美；更可以为现代高速发展的物质世界增添文化内涵，推动世界文化大发展，展示中华文明独特的文化魅力。

二、旅游诗词的艺术特征

（一）描景状物逼真

旅游诗词的景物描写，如同绘画一般，使我国的山川景色跃然纸上，栩栩如生。如王维的"大漠孤烟直，长河落日圆"，孟浩然的"野旷天低树，江清月近人"，在异常开阔的远景的背景之上，是清幽的近景，衬托出月下的孤寂。

（二）意境诗情深远

中国的文学有托物寄情的传统，讲究意外之旨、弦外之音。因而特别注意对意境的营造，同时又注意意境与诗情画意的融合。如唐代张继的《枫桥夜泊》："月落乌啼霜满天，江枫渔火对愁眠。姑苏城外寒山寺，夜半钟声到客船。"诗中夜空、落月、寒霜、渔火、枫树、客船等无声之景，营造出优美而凄清的意境，加上乌啼、钟声更添羁旅之苦，成为千古绝唱。其他如陶渊明的"采菊东篱下，悠然见南山"、柳宗元的"孤舟蓑笠翁，独钓寒江雪"、崔颢的"日暮乡关何处是，烟波江上使人愁"，于深邃隽永含蓄之外，还有难以言说的悠悠情怀，未尽之意令人久久回味。

课堂互动 4-1

以张若虚《春江花月夜》为例谈谈古诗词的意境美。

（三）景物哲理交融

中国诗歌到成熟阶段，在写景时，很少为了写景而写景，总是力求通过诗歌传达自己的感悟和认知，这也符合中国文人提倡的"文以载道""以诗言志"的传统。这类诗词俯拾皆是，如王焕之的"欲穷千里目，更上一层楼"、杜甫的"会当凌绝顶，一览众山小"、辛弃疾的"青山遮不住，毕竟东流去"等，都深得景理交融之妙。

（四）景、史结合

这类诗于咏史之外，加入自己对生活、生命的感悟，悼古伤今，借古喻今，借古讽今，使诗的境界得到了升华。苏轼《念奴娇·赤壁怀古》中“大江东去，浪淘尽，千古风流人物”一句，时空的背景十分壮阔而又深远，无论什么样的盖世英雄，最终仍不免随着千古奔流不息的大江而湮灭在历史的风烟之中，这是苏轼对生命无奈的喟叹。整首词气魄宏大，声韵高亢，表面看是羡慕周瑜，表明自己怀才不遇、壮志难酬的感慨，而字里行间又透露出作者渴望建功立业的豪迈情怀。张养浩《山坡羊·潼关怀古》中云：“峰峦如聚，波涛如怒，山河表里潼关路。望西都，意踌躇，伤心秦汉经行处，宫阙万间都做了土。兴，百姓苦；亡，百姓苦。”全诗把史和景有机地交织在一起，表达了作者关注现实、关注人民的思想。

三、旅游诗词名篇赏析

观沧海

（东汉）曹操

东临碣石，以观沧海。水何澹澹，山岛竦峙。树木丛生，百草丰茂。秋风萧瑟，洪波涌起。日月之行，若出其中；星汉灿烂，若出其里。幸甚至哉，歌以咏志。

【赏析】这是曹操北征乌桓胜利班师途中登临碣石山时所作。这首四言诗借诗人登山望海所见到的自然景物，描绘了祖国河山的雄伟壮丽，既刻画了高山大海的动人形象，也表达了诗人豪迈乐观的进取精神。《观沧海》是建安时代描写自然景物的名篇，也是我国古典写景诗中出现较早的名作之一。全篇写景，其中并无直抒胸臆的感慨之词，但是诵读全诗，仍能令人感到诗人所寄托的情怀。通过诗人对波涛汹涌、吞吐日月的大海的生动描绘，我们仿佛看到了曹操奋发进取、立志统一国家的伟大抱负和壮阔胸襟，触摸到了作为一个诗人、政治家、军事家的曹操，在一种典型的环境中思想感情的流动。全诗语言质朴、想象丰富、气势磅礴、苍凉悲壮，为历代读者所激赏。沈德潜在《古诗源》中评价此诗“有吞吐宇宙气象”，这是很恰当的。

秋登兰山寄张五

（唐）孟浩然

北山白云里，隐者自怡悦。相望试登高，心随雁飞灭。愁因薄暮起，兴是清秋发。时见归村人，沙行渡头歇。天边树若荠，江畔洲如月。何当载酒来，共醉重阳节。

【赏析】这是一首临秋登高望远、怀念旧友的诗。开头四句，先点自悦，然后登山望张五；五、六句点名秋天节气；七、八句写登山望见山下之人；九、十句写望远所见，最后两句写自己的希望。全诗情随景生，以景烘情，情景交融，浑然一体。“情飘逸而真挚，景情淡而优美。”诗人怀故友而登高，望飞燕而孤寂，临薄暮而惆怅，处清秋而发兴，自然希望挚友到来一起共度佳节。“愁因薄暮起，兴是清秋发”，“天边树若荠，江畔洲如月”，细细品尝，耐人玩味。

念奴娇·过洞庭

（宋）张孝祥

洞庭青草，近中秋，更无一点风色。玉鉴琼田三万顷，着我扁舟一叶。素月分辉，明河共影，表里俱澄澈。悠然心会，妙处难与君说。

应念岭海经年，孤光自照，肝胆皆冰雪。短发萧骚襟袖冷，稳泛沧浪空阔。尽挹西江，细斟北斗，万象为宾客。扣舷独啸，不知今夕何夕。

【赏析】此词为月夜泛舟洞庭的写景抒情之作。上片描写广阔清静、上下澄明的湖光水色，表现作者光明磊落、胸无点尘的高尚人格；下片抒发豪爽坦荡的志士胸怀，表现了大无畏的英雄气概。“肝胆皆冰雪”可谓一切志士仁人的共同品性，是人类最宝贵的品格。结尾几句以西江北斗、宾客万象的奇思妙想和伟大气魄，表现他淋漓的兴致和凌云的气度及对宇宙奥秘、人生哲理的深深领悟，达到了一种超越时空的极高的精神境界。全词将清奇壮美的景色，与词人的主体人格相一致，达到一种宠辱皆忘、物我浑然不分的境界，充满了浪漫主义色彩。

知识点2 中国旅游散文

一、赋

赋是我国古代的一种文体，盛行于汉魏六朝，是一种韵文和散文的综合体，通常用来写景叙事，代表了汉代文学的最具特征的成就。

杜笃的《首阳山赋》所谓“长松落落，卉木蒙蒙”，描绘了苍莽山野郁郁葱葱的景象。班固《两都赋》虽然落脚点在批西都之奢靡，赞东都政治清明、社会和谐，但文中对两都的建筑都进行了详细的描述，让我们从中窥见两都的繁华富丽。贾谊的《吊屈原赋》，叙屈原之不幸，实写自己之不逢时，可以看作咏史类的文学形式之开篇。

汉赋对自然景物、人文景物的审美兴趣，为魏晋南北朝文学的勃兴和成熟，奠定了良好的基础，也为后世旅游山水文学拓宽了题材，并对后世写景抒情言志有深远影响。

魏晋南北朝的赋，形式多样，题材范围广。在这个时期出现了大量登临览胜的景物抒情赋，都与旅游有关。如王粲的《登楼赋》，运用景物来衬托作者心情，达到了情景交融、合一的境界，可以说借景抒情之赋始于此赋，后世对此赋多有推崇。阮籍的《首阳山赋》，寄托遥深，主旨深远。左思的《三都赋》描写魏、蜀、吴三国首都，其实也是对三个国家作一总结，也算是咏史的作品。文笔与意识都为同时代人敬佩，以致洛阳纸贵。陶渊明的《归去来兮辞》，表达了作者辞官回到田园后的愉快生活，有松、有菊、有幼、有室、有酒、有樽，差足自慰，这是真正的隐者之乐，抒发了诗人乐天安命的情怀，文风淡远潇洒。

唐朝以后，赋体文学逐渐衰落，多为律赋，讲究四六骈俪偶对。著名的有唐代王勃的《滕王阁序》，宋代欧阳修的《秋声赋》及苏轼的《前赤壁赋》《后赤壁赋》等。

二、散文游记

我国的旅游散文出现较早，可谓源远流长。先秦成书的《山海经》《穆天子传》，就具有游记的雏形，从《论语》和《庄子》中，也可以看到古代游记的端倪。两汉时，文学作品中的旅游成分更多了。光武帝刘秀封禅泰山，马第伯为之撰写了《封禅仪记》，描写了泰山的险峻、登山的艰难和途中所见景色的壮丽，是今存记述攀登泰山的最早文字，具体而生动，使人有如临其境、如见其险之感。从这里也可看到，游览及所见所闻构成的文字，已经独立成章，不再于居于附庸的地位。

魏晋南北朝时，游记作品正式产生，如谢灵运的《游名山志》、袁崧的《宜都记》等。这些游记从内容到形式虽然还很不成熟，但在整个游记发展史上，却是十分珍贵的资料。陶弘景的《答谢中书书》，描写山水有动有静，色彩明丽；吴均的《与朱元思书》以“风烟俱净，天山共色”起笔，描绘了富阳至桐庐一带奇峭、清幽、秀丽的山川景色，文辞清丽，文情俱茂，传送千古，深得人们喜爱。这些片段往往文字清隽、笔触生动，极具表现力，对后世文学创作产生了一定的影响。

唐代初期，游记延续南朝文风，多用骈俪之文，如王勃的《滕王阁序》、王维的《山中与裴秀才迪书》，既是写景，亦是抒情，抒孤寂之情怀。

元结在唐代游记文学中起着承先启后的桥梁作用。他的《右溪记》笔致凝练，新颖工巧。借右溪之景美却无人游赏，写己怀才不遇之感触，实开唐代古文之端绪，也成为柳宗元及后世游记之滥觞。

游记散文的完整出现，始于柳宗元。柳宗元是中国文学史上第一个大量和精心写作的游记散文的作家，写有《永州八记》等20多篇游记，不仅数量多，更以其卓越的艺术特色为后人津津乐道，被公认为集大成的模山范水的能手。柳宗元把游记散文这种文学体裁发展到一个崭新的阶段，从而确立了游记散文在中国史上的地位。此外，韩愈的《燕喜亭记》、白居易的《冷泉亭记》和《庐山草堂记》等，都各具特色，风致嫣然。

宋代的游记更趋繁盛，硕果累累，无论内容还是形式都臻于完善，作家个性突出，风格各异，富于创新。一些著名的大家及作品，更是名传千古。如欧阳修的《醉翁亭记》、王禹偁的《黄冈竹楼记》、范仲淹的《岳阳楼记》、苏轼的《游沙湖》和《记承天寺夜游》、苏辙的《黄州快哉亭记》、曾巩的《墨池记》、周密的《观潮》等。王安石的《游褒禅山记》，不以游为重点，而是以游山所见谈感受、发议论，意在说明无论研求高深的学问，还是创立宏伟的事业，都必须勇往直前、百折不挠的道理。苏轼的《石钟山记》描写了山中巨石的森然耸立，山水之间的各种声音，写景状物绘声绘色，给人一种如临绝壁、如泊深潭之感，进而揭示了一个深刻的哲理，即凡事都应该进行实际的考察而不应该主观臆断。全文把形象的描写和理性的分析巧妙地融合起来，洋溢着一种理趣。

延伸阅读
4-2
唐宋八大家

明清两代，游记散文空前繁荣，游记中山水、古迹之记叙，往往寄托遥深，抒写情怀，艺术风格鲜明独特。明初，宋濂、刘基、高启鼎足三分，作品分别有《游钟山记》《松风阁记》《游天平山记》。明中期“公安派”的袁宗道、袁宏道、袁中道，“竟陵派”的钟惺、谭元春等作家，都以各具特色的游记为整个游记文学增辉添彩。其中，袁宏道的游记直率自然、文笔清逸，极善表现山水之神韵。他的游记不写政治寄托，也很少有历史感慨，纯是对山水景物的欣赏、点评，且能独具匠心，以山水自适，别有情趣。晚明张岱的《陶庵梦忆》，文笔清雅、意境新奇，不限于写自然之景而能出入人文景观，其《西湖七月半》《湖心亭看雪》皆属妙品。徐宏祖的《徐霞客游记》最为杰出，他游历30多年，东渡普陀，北历燕冀，南涉闽粤，西南至云贵边陲，西北直攀太华之巅，对祖国的名山大川进行了实地考察和记载，属科学与游记文学高度结合之作，自然景观、人文景观、风土人情、传闻逸事皆入卷中，大大拓宽了游记的题材，是游记散文创作的又一重要贡献。

袁枚是清中叶的性灵派作家，享有盛誉。他游览山水，寻幽访胜，所到之处，文必随之，纵横笔墨，骈、散皆工，清新流动，妙趣横生，感慨、议论启人深思，其代表作有《峡江寺飞泉亭记》《游黄山记》《游桂林诸山记》等。

姚鼐是桐城派代表作家。桐城派长于散文，尤其是游记虽多宣扬理学，但能于散文游记中寓山水之真趣，其中姚鼐成就最高。姚鼐的代表作《登泰山记》，记叙了从登临到坐观日出的情景，把泰山雪后初晴的瑰丽景象和日出的壮观场面真实动人地描绘出来。结构简单，笔致淡雅，记事切实，写景有神。

清朝后期的龚自珍，才气横溢，诗文自成一家。其游记多议论、感慨之词，政论性很强，并具有深刻的现实意义，可谓杂感性游记。其《己亥六月重过扬州记》记述了自己重过扬州时所见所遇所感，揭露了士大夫的庸俗堕落，对现实做了深刻的针砭，明显呈现出与一般游记不同的风貌，颇有开创性意义。

价值引领4-2

古代游记散文是中国文学史上的重要组成部分，它们不仅具有文学价值，而且记录了古代的历史和文化，对我们了解古代社会、文化和人文精神，以及推动旅游业的发展，具有重要的文化意义和时代价值。

文学价值：古代游记散文作品大多数是以文学形式呈现的，作者通过对旅途中所见所闻、所感所想的描述，展示了他们的文学才能和艺术魅力。

历史价值：古代游记散文记录了古代人们的旅行经历和见闻，反映了当时的社会、文化、经济、政治等方面的状况，对于我们了解古代社会历史和文化具有重要的价值。

旅游价值：古代游记散文中的旅游胜地和景观，不仅是当时的旅游目的地，也是现代旅游业的重要资源。这些古代旅游景点吸引着越来越多的人前往参观、学习。

人文价值：古代游记散文中的作者，通过对旅途中遇到的人和事的描写，展现了人们的情感和人文精神。这些故事和人物成为文化传承中的重要元素，对于弘扬中华优秀传统文化、传承人文精神有着重要的意义。

三、中国游记名篇赏析

岳阳楼记

（宋）范仲淹

庆历四年春，滕子京谪守巴陵郡。越明年，政通人和，百废具兴，乃重修岳阳楼，增其旧制，刻唐贤今人诗赋于其上，属予作文以记之。

予观夫巴陵胜状，在洞庭一湖。衔远山，吞长江，浩浩汤汤，横无际涯，朝晖夕阴，气象万千，此则岳阳楼之大观也，前人之述备矣。然则北通巫峡，南极潇湘，迁客骚人，多会于此，览物之情，得无异乎？

若夫淫雨霏霏，连月不开，阴风怒号，浊浪排空，日星隐曜，山岳潜形，商旅不行，樯倾楫摧，薄暮冥冥，虎啸猿啼。登斯楼也，则有去国怀乡，忧谗畏讥，满目萧然，感极而悲者矣。

至若春和景明，波澜不惊，上下天光，一碧万顷，沙鸥翔集，锦鳞游泳，岸芷汀兰，郁郁青青。而或长烟一空，皓月千里，浮光跃金，静影沉璧，渔歌互答，此乐何极！登斯楼也，则有心旷神怡，宠辱偕忘，把酒临风，其喜洋洋者矣。

嗟夫！予尝求古仁人之心，或异二者之为，何哉？不以物喜，不以己悲，居庙堂之高则忧其民，处江湖之远则忧其君。是进亦忧，退亦忧。然则何时而乐耶？其必曰“先天下之忧而忧，后天下之乐而乐”乎！噫！微斯人，吾谁与归？

时六年九月十五日。

【赏析】范仲淹（989—1052年），字希文，吴县（今属江苏苏州）人，宋真宗朝进士。庆历三年（1043年），授参知政事，主持庆历改革，因守旧派阻挠而未果。次年罢政，自请外任，历知邓州、杭州、青州等地。卒谥文正。他是北宋著名的政治家、军事家，文学成就粲然可观，著有《范文正公集》。

岳阳楼，位于湖南岳阳市古城西门城楼，下临洞庭湖。岳阳楼始建于唐代，主楼三层，与滕王阁、黄鹤楼并称为江南三大名楼。有“洞庭天下水，岳阳天下楼”之誉，以其悠久的历史、美妙的传说和雄伟的气势享誉中外。

本文是千古名文，作者用简练优美的语言描绘了洞庭湖的四时阴晴之景色，并通过“览物之情，得无异乎”一问，从而引出迁客骚人因己而悲、因物而喜的两段文字，将迁客骚人的情怀与“古仁人之心”作对比，自然引出议论，表达自己虽被贬谪却心胸开阔，体现出一种豁达磊落的心境和乐观向上的处世态度，抒发了“先天下之忧而忧，后天下之乐而乐”的政治抱负。

赤壁赋

（宋）苏轼

壬戌之秋，七月既望，苏子与客泛舟游于赤壁之下。清风徐来，水波不兴。举酒属客，诵明月之诗，歌窈窕之章。少焉，月出于东山之上，徘徊于斗牛之间。白露横江，水光接天。纵一苇之所如，凌万顷之茫然。浩浩乎如冯虚御风，而不知其所止；飘飘乎如遗世独立，羽化而登仙。

于是饮酒乐甚，扣舷而歌之。歌曰：“桂棹兮兰桨，击空明兮溯流光。渺渺兮予怀，望美人兮天一方。”客有吹洞箫者，倚歌而和之。其声呜呜然，如怨如慕，如泣如诉；余音袅袅，不绝如缕。舞幽壑之潜蛟，泣孤舟之嫠妇。

苏子愀然，正襟危坐而问客曰：“何为其然也？”客曰：“月明星稀，乌鹊南飞，此非曹孟德之诗乎？西望夏口，东望武昌，山川相缪，郁乎苍苍，此非孟德之困于周郎者乎？方其破荆州，下江陵，顺流而东也，舳舻千里，旌旗蔽空，酾酒临江，横槊赋诗，固一世之雄也，而今安在哉？况吾与子渔樵于江渚之上，侣鱼虾而友麋鹿，驾一叶之扁舟，举匏樽以相属。寄蜉蝣于天地，渺沧海之一粟。哀吾生之须臾，羡长江之无穷。挟飞仙以遨游，抱明月而长终。知不可乎骤得，托遗响于悲风。”

苏子曰：“客亦知夫水与月乎？逝者如斯，而未尝往也；盈虚者如彼，而卒莫消长也。盖将自其变者而观之，则天地曾不能以一瞬；自其不变者而观之，则物与我皆无尽也，而又何羡乎！且夫天地之间，物各有主，苟非吾之所有，虽一毫而莫取。惟江上之清风，与山间之明月，耳得之而为声，目遇之而成色，取之无禁，用之不竭。

是造物者之无尽藏也，而吾与子之所共适。”

客喜而笑，洗盏更酌。肴核既尽，杯盘狼藉。相与枕藉乎舟中，不知东方之既白。

【赏析】《赤壁赋》写于苏轼一生最为困难的时期之一——被贬谪黄州期间。宋神宗元丰二年（1079年），因被诬作诗“谤讪朝廷”，遭御史弹劾，被捕入狱，史称“乌台诗案”。苏轼因写下《湖州谢上表》被扣上诽谤朝廷的罪名，被捕入狱。“几经重辟”，惨遭折磨。后经多方营救，于当年十二月被释放，被贬为黄州团练副使，但“不得签署公事，不得擅去安置所”，是一种“半犯人”式的管制生活。苏轼曾于七月十六和十月十五两次泛游赤壁，写下了两篇以赤壁为题的赋，后人因称第一篇为《赤壁赋》或《前赤壁赋》，第二篇为《后赤壁赋》。

此赋通过月夜泛舟、饮酒赋诗引出主客对话的描写，既从客之口中说出了吊古伤今之情感，也从苏子所言中听到矢志不移之情怀，全赋情韵深致、理意透辟，实是文赋中之佳作。

第一段，写夜游赤壁的情景。作者“与客泛舟游于赤壁之下”，投入大自然怀抱之中，尽情领略其间的清风、白露、高山、流水、月色、天光之美，兴之所至，信口吟诵《诗经·月出》首章：“月出皎兮，佼人僚兮。舒窈纠兮，劳心悄兮。”把明月比喻成体态娇好的美人，期盼着她的冉冉升起。与《月出》诗相对应：“少焉，月出于东山之上，徘徊于斗牛之间。”同时，引出下文作者所自作的歌云：“望美人兮天一方。”情感、文气一贯。“徘徊”二字，生动、形象地描绘出柔和的月光似对游人极为依恋和脉脉含情。在皎洁的月光照耀下白茫茫的雾气笼罩江面，天光、水色连成一片，正所谓“秋水共长天一色”（王勃《滕王阁序》）。游人此时心胸开阔舒畅、无拘无束，因而“纵一苇之所如，凌万顷之茫然”，乘着一叶扁舟，在“水波不兴”浩瀚无涯的江面上，随波漂荡，悠悠忽忽地离开世间，超然独立。浩瀚的江水与洒脱的胸怀，在作者的笔下腾跃而出，泛舟而游之乐，溢于言表。这是此文正面描写“泛舟”游赏景物的一段，以景抒情，融情入景，情景俱佳。

第二段，写作者饮酒放歌的欢乐和友人悲凉的箫声。作者饮酒乐极，扣舷而歌，以抒发其思“美人”而不得见的怅惘、失意的胸怀。这里所说的“美人”实际上乃是作者的理想和一切美好事物的化身。歌曰：“桂棹兮兰桨，击空明兮溯流光。渺渺兮予怀，望美人兮天一方。”这段歌词全是化用《九歌·少司命》中“望美人兮未来，临风怳兮浩歌”之意，并将上文“诵明月之诗，歌窈窕之章”的内容具体化了。由于想见美人而不得见，已流露出失意和哀伤情绪，加之客吹洞箫，依其歌而和之，箫的音调悲凉、幽怨，“如怨如慕，如泣如诉；余音袅袅，不绝如缕”，竟引得潜藏在沟壑里的蛟龙起舞，使独处在孤舟中的寡妇悲泣。一曲洞箫，凄切婉转，其悲咽低回的音调感人至深，致使作者的感情骤然变化，由欢乐转入悲凉，文章也因之波澜起伏，文气一振。

第三段，写友人对人生短促无常的感叹。此段由赋赤壁的自然景物，转而赋赤壁的历史古迹。主人以“何为其然也”设问，友人以赤壁的历史古迹作答，文理转折自然。但文章并不是直陈其事，而是连用了两个问句。首先以曹操的《短歌行》问道：“此非曹孟德之诗乎？”又以眼前的山川形胜问道：“此非孟德之困于周郎者乎？”两次发问使文章又泛起波澜。接着，追溯了曹操破荆州、迫使刘琮投降的往事。当年，浩浩荡荡的曹军从江陵沿江而下，战船千里相连，战旗遮天蔽日。曹操志得意满，趾高气扬，在船头对江饮酒，横槊赋诗，可谓“一世之雄”。如今他在哪里呢？曹操这类英雄人物，也只是显赫一时，何况是自己，因而如今只能感叹自己生命的短暂，羡慕江水的长流不息，希望与神仙相交，与明月同在。但那都是不切实际的幻想，所以才把悲伤愁苦“托遗响于悲风”，通过箫声传达出来。友人的回答表现了一种虚无主义思想和消极的人生观，这是苏轼借友人之口流露出自己思想的一个方面。

第四段，是苏轼针对友人之人生无常的感慨陈述自己的见解，以宽解对方。客曾“羡长江之无穷”，愿“抱明月而长终”。苏轼即以江水、明月为喻，提出“逝者如斯，而未尝往也；盈虚者如彼，而卒莫消长也”的认识。如果从事物变化的角度看，天地的存在不过是转瞬之间；如果从不变的角度看，则事物和人类都是无穷无尽的，不必羡慕江水、明月和天地。自然也就不必“哀吾生之须臾”了。这表现了苏轼豁达的宇宙观和人生观，他赞成从多角度看问题，而不同意把问题绝对化，因此他在身处逆境中也能保持豁达、超脱、乐观和随缘自适的精神状态，并能从人生无常的怅惘中解脱出来，理性地对待生活。而后，作者又从天地间万物各有其主、个人不能强求予以进一步说明。江上的清风有声，山间的明月有色，江山无穷，风月长存，天地无私，声色娱人，作者恰恰可以徘徊其间而自得其乐。此情此景乃缘于李白的《襄阳歌》“清风朗月不用一钱买，玉山自倒非人推”，进而深化之。

第五段，写友人听了作者的一番谈话后，转悲为喜，开怀畅饮，“相与枕藉乎舟中，不知东方之既白”。照应开头，极写游赏之乐，而至于忘怀得失、超然物外的境界。

这篇赋在艺术手法上有如下特点：“情、景、理”融合。全文不论抒情还是议论，始终不离江上风光和赤壁故事，形成了情、景、理的融合。通篇以景来贯穿，风和月是主景，山和水辅之。文章分三层来表现作者复杂矛盾的内心世界：首先写月夜泛舟大江，饮酒赋诗，使人沉浸在美好景色之中而忘怀世俗的快乐心情；然后凭吊历史人物的兴亡，感到人生短促，变动不居，因而跌入现实的苦闷；最后阐发变与不变的哲理，申述人类和万物同样是永久地存在，表现了旷达乐观的人生态度，写景、抒情、说理达到了水乳交融的程度。

兰亭集序

（东晋）王羲之

永和九年，岁在癸丑，暮春之初，会于会稽山阴之兰亭，修禊事也。群贤毕至，少长咸集。此地有崇山峻岭，茂林修竹，又有清流激湍，映带左右，引以为流觞曲水，列坐其次。虽无丝竹管弦之盛，一觞一咏，亦足以畅叙幽情。

是日也，天朗气清，惠风和畅。仰观宇宙之大，俯察品类之盛，所以游目骋怀，足以极视听之娱，信可乐也。

夫人之相与，俯仰一世。或取诸怀抱，悟言一室之内；或因寄所托，放浪形骸之外。虽趣舍万殊，静躁不同，当其欣于所遇，暂得于己，快然自足，不知老之将至；及其所之既倦，情随事迁，感慨系之矣。向之所欣，俯仰之间，已为陈迹，犹不能不以之兴怀，况修短随化，终期于尽。古人云：“死生亦大矣。”岂不痛哉！

每览昔人兴感之由，若合一契，未尝不临文嗟悼，不能喻之于怀。固知一死生为虚诞，齐彭殇为妄作。后之视今，亦犹今之视昔，悲夫！故列叙时人，录其所述，虽世殊事异，所以兴怀，其致一也。后之览者，亦将有感于斯文。

【赏析】王羲之（303—361年，一作321—379年），东晋时期著名书法家，有“书圣”之称。祖籍琅琊（今属山东临沂），后迁无锡，晚年隐居金庭（今属浙江）。历任秘书郎、宁远将军、江州刺史。后为会稽内史，右军将军。其书法兼善隶、草、楷、行各体，精研体势，心摹手追，博采众长，备精诸体，冶于一炉，摆脱了汉魏笔风，自成一家，影响深远。风格平和自然，笔势委婉含蓄，遒美健秀。代表作《兰亭集序》被誉为“天下第一行书”。在书法史上，他与其子王献之合称“二王”。

《兰亭集序》，又题为《临河序》《禊帖》《三月三日兰亭诗序》等。晋穆帝永和九年（353年）三月初三，时任会稽内史的王羲之与友人谢安、孙绰等41人会聚兰亭，赋诗饮酒。王羲之将诸人名句及所赋诗作编成一集，并作序一篇，记述流觞曲水一事，并抒写由此而引发的内心感慨。这篇序文就是《兰亭集序》。《兰亭集序》受石崇《金谷诗序》影响很大，其成就又远在《金谷诗序》之上。

《兰亭集序》首先记述了集会的时间、地点及与会人物，言简意赅。接着描绘兰亭所处的自然环境和周围景物，语言简洁而层次井然；描写景物，从大处落笔，由远及近，转而由近及远，推向无限；先写崇山峻岭，次写清流激湍，再顺流而下转写人物活动及其情态，动静结合。然后补自然物色，由晴朗的碧空和轻扬的春风，自然地推向寥廓的宇宙及大千世界中的万物，意境清丽淡雅，情调欢快畅达。兰亭宴集，真可谓“四美具，二难并”。

知识点3　中国旅游楹联

一、对联的历史演变

中国最早的对联是春联，而春联最初是写在桃符上的。早在秦汉以前，我国民间就有悬挂桃符的习俗。五代后蜀主孟昶“新年纳馀庆，嘉节号长春”，是我国最早出现的春联。

宋代以后，民间新年悬挂春联已经相当普遍，王安石诗中“千门万户曈曈日，总把新桃换旧符”之句，就是当时盛况的真实写照。由于春联的出现和桃符有密切的关系，所以古人又称春联为“桃符”。到了南宋，楹帖盛行。朱熹所做《朱子全集》中，撰有明伦堂联、书舍联、读书处联、格言联、赠联。元代大书法家赵孟頫以书联兼美，闻名朝野。

真正把楹联推广到民间的是明太祖朱元璋。朱元璋定都金陵后，除夕前，曾命公卿士庶家门须加春联一副，并亲自微服出巡，挨门观赏取乐。尔后，文人学士无不把题联作对视为雅事。入清以后，对联曾鼎盛一时，出现了不少脍炙人口的名联佳对。

于是，除夕书春联，成为民俗，流传至今。

价值引领4-3

对联是我国一种独特的文学艺术形式，要求对仗工整，平仄协调，上联尾字仄声，下联尾字平声。对联无论是咏物言志，还是写景抒情，都要求作者有较高的概括力与驾驭文字的本领，这样才可能以寥寥数语，做到文情并茂，神形兼备，给人以美的感受。

二、对联的特点

1.字数相等

这是对联的基本要求，也是对联形式工整的前提。一般要求对联最少要四个字，如果字数过少，就难以达到艺术韵律美。

2.断句一致，词性相对

上联的一个字对应下联的一个字，上联的一个词对应下联的一个词，上联的一个短语对应下联的一个短语。同时，对应位置上的字词应具有相同的词性，即名词对名词、动词对动词、形容词对形容词、副词对副词等。

在这方面，一般分工对、宽对、借对。工对即对仗时上下联词性完全一样，对得十分工整、严谨、妥帖。宽对则是词性相近或主词相对，修饰词可能有出入，即半对半不对。借对则是借字音或字义互用。如读音用字音，意思用字意，或正好相反。

3.语义相关

上下联所表达的含义要互相关联，上下联内容合起来要表达了一个完美的语义，可以分为正对、反对、流水对。

正对是上下联内容并列，意思可以互补，表现共同主题。如济南大明湖对联："四面荷花三面柳，一城山色半城湖"。荷花、柳、山、湖共同构成大明湖独特的景观。

反对是上下联一正一反，互相映衬。古人也说："反对为优，正对为劣。"如杨应琚题罗浮山酥醪观楼联："小楼容我静，大地任人忙。"小与大、静与忙相对比，写出了罗浮山的幽静与清旷。

流水对也叫串对，特别注重动感，注意上下联的呼应，上下联内容上有一种递进、转折、条件、因果等关系，拆开意思便不完整。如"若有灵机能悟道，何愁妙笔不生金"，上句说的是因，下句说的是果，因果结合，自然阐述。

4.仄起平落，平仄相合

上联的最后一个字用仄声，下联的最后一个字用平声。除此以外，上下联对应位置上的字要尽可能平仄相反，使对联读起来抑扬顿挫，优美动听。

三、对联的分类

按内容用途，对联可分为：春联、喜联、寿联、挽联、胜迹联、述志联、格言联、述事联、状景联、抒情联、晓理联、评论联、趣联等。春联又可分为通用联、行业联、生肖联等。趣联又可分为回文联、地名联、叠字联、重字联、嵌字联、同旁联、双关联、顶真联、绕口联、隐字联、谜联等。

按联语出处，有集句联、集字联、摘句联和创作联等。

按贴（刻、挂）的位置，对联可分为门联、堂联、楹联（楹是厅堂前部的柱子，贴在楹上的对联称为楹联）。

按字数的多少，对联可分为短联和长联。也有把单句式对联称为短联，双句式及多句式对联称为长联。

四、常见对联的修辞方法

1.比喻法

“墙上芦苇，头重脚轻根底浅；山间竹笋，嘴尖皮厚腹中空。”这是一副对仗工整、形象鲜明的好联。它用来比喻一些没有真才实学、夸夸其谈的人，生动而贴切。这样的比喻手法，就是描述一个为人们熟知的事物或现象，显示这种事物的性质，启发人们去思考，或者把一些较为抽象的名词概念变为具体的形象去感染人。

2.拟人法

不但诗歌、漫画有拟人的修辞手法，对联也有。如“烛问灯云，靠汝遮光作门面；鼓对锣曰，亏侬空腹受拳头”。这是在封建制度下，某地元宵节的一副民间的庆灯对联。烛、灯、锣、鼓，都是常见物，但经此摆布，似是人们的一席对话。烛燃着发光，毕竟是在灯里面，只有依傍灯笼作门面，才吸引人“欣赏”；鼓则诉说因空腹遭受拳头之苦。彼此处境不同，感受各异。这一席对话的内容，恰好体现了当时社会人与人之间的关系。

3.问答法

由于对联有着排偶的特点，上下两联之间互为相关，因此采用一唱一和的问答法较为方便。

4.衬托法

对联写作的衬托法，通常有两种：一是侧面衬托；二是反面衬托。所谓侧面衬托，是对主题不做正面描写，而是通过其他有关事物显示出来，使主题思想含蓄，耐人寻味。如描写民族英雄郑成功的一副对联：

东海望澎台，风景不殊，举目有河山之异；

南天留祠宇，雄图虽渺，称名则妇孺皆知。

作者并不正面叙述郑成功当年如何反抗侵略，如何收复台湾，只是用“澎台风景”作示意，接着以“不殊”和“之异”作对立面，衬托上句。这样，人们很自然地就联想到这位民族英雄当年的光辉伟绩。

5.对比法

运用对比法来写对联，亦算常见。如郭沫若少年时代戏对“昨日偷桃，钻狗洞不知是谁；他年攀桂，登月宫必定有我”，不同的年纪，将有不同的作为。这个对比形象鲜明，词意概括。

6.集句法

集句法是对联写作的手法之一。古今以来，集句成联的范围很广，如集诗句、词句、贴句、俗语、成语、格言等。在古代对联中，集句联占有很大的分量。如“好雨好山兼好客，宜烟宜雨复宜晴”，这是用于广东惠州西湖晴雨亭的对联，都是集自唐诗，既切合亭名，又适宜描绘亭榭风光。

有些集句联，不是完全集自原句，而是带有借意性质的。有人撰江西九江琵琶亭联：“灯影幢幢，凄绝暗风吹雨夜；荻花瑟瑟，魂销明月绕船时。”上联是采自唐代元稹诗句中词意，自然显得贴切。

课堂互动4-2

试列举你所知道的旅游楹联并进行解析。

五、中国旅游名联赏析

温州江心屿江心寺联

（南宋）王十朋

云朝朝朝朝朝朝朝朝散

潮长长长长长长长长消

【赏析】王十朋（1112—1171年），字龟龄，号梅溪，温州乐清人，1157年举进士第一。曾任国史院编修等职，以龙图阁学士致仕，于宋金对峙之时力主抗敌，颇负时誉，卒谥忠文。工诗文，有《梅溪集》。此联利用汉字一字多音、一字多义的特点，叠音叠义，描绘了潮涨潮落、云聚云消的自然景象，显示了自然界变幻多姿的景象。联语寓意深刻，读后令人深思，耐人寻味。

昆明滇池大观楼联

（清）孙髯

五百里滇池，奔来眼底，披襟岸帻，喜茫茫空阔无边。看：东骧神骏，西翥灵仪，北走蜿蜒，南翔缟素。高人韵士，何妨选胜登临。趁蟹屿螺洲，梳裹就风鬟雾鬓；更苹天苇地，点缀些翠羽丹霞，莫辜负：四围香稻，万顷晴沙，九夏芙蓉，三春杨柳。

数千年往事，注到心头，把酒凌虚，叹滚滚英雄谁在？想：汉习楼船，唐标铁柱，宋挥玉斧，元跨革囊。伟烈丰功，费尽移山心力。尽珠帘画栋，卷不及暮雨朝云；便断碣残碑，都付与苍烟落照。只赢得：几杵疏钟，半江渔火，两行秋雁，一枕清霜。

【赏析】孙髯（1711—1773年），字髯翁，号颐庵，自号蛟台老人。清代著名民间学者、古滇名士。此联共180个字，堪称“古今天下第一联”。上联写尽滇池及其周边的自然风光，下联追忆云南的人文历史，历数汉、唐、宋、元对云南的文治武功，揭示封建王朝灭亡的规律，写景、叙事、抒情、议论浑然一体，对仗工整，情景交融，意境深远。

岳阳楼联

（清）窦垿

一楼何奇？杜少陵五言绝唱，范希文两字关情，滕子京百废俱兴，吕纯阳三过必醉。诗耶？儒耶？吏耶？仙耶？前不见古人，使我怆然涕下。

诸君试看，洞庭湖南极潇湘，扬子江北通巫峡，巴陵山西来爽气，岳州城东道岩疆。潴者，流者，峙者，镇者，此中有真意，问谁领会得来。

【赏析】窦垿（1804—865年），字于坫，号兰泉，云南人，于道光五年（1829年）中解元。上联从千古的诗人、儒者、郡吏、神仙落迹于岳阳楼的盛况，说明岳阳楼所经历的人事变化；下联则极力渲染岳阳楼的地理势、山水胜景。对联虽长，但层次鲜明，上下联各用首句引领下文，按照时间、方位的顺序一一写出，结句都化用古人诗意，表达今人情怀。全联感情起伏跌宕，对仗工整，用典贴切，风格豪逸，堪称长联中的杰作，读来心胸为之坦荡开朗。

苏州寒山寺联

（清）邹福保

尘劫历一千余年，重复旧观，幸有名贤来作主；

诗人题二十八字，长留胜迹，可知佳句不须多。

【赏析】这副对联把长留人世的寒山寺与脍炙人口的《枫桥夜泊》互为因果地紧紧结合在一起，既推崇了佳句，又赞颂了胜迹。全联无一字直写寒山寺，而又字字离不开寒山寺，别具匠心。

广州越秀山镇海楼联

（清）李棣华

万千劫，危楼尚存，问谁摘斗摩霄，目空今古；

五百年，故侯安在，使我倚栏看剑，泪洒英雄。

【赏析】本联并未写越秀山自然景色之美，而全是吊古抒怀，感叹世事变幻，自己空负壮志，世无知己，其调悲壮已极，令人读之不禁感慨叹息。“问谁”是上联领词，领起“摘斗摩霄，目空今古”；“使我”是下联领词，领起“凭栏看剑，泪洒英雄”。

知识点4 中国主要传统艺术

在线课堂 4-1

中国书画艺术

一、书法艺术

（一）中国书法艺术概述

书法是中国古代文化的重要组成部分，具有3 000多年的悠久历史，我们的汉字从图画、符号到创造、定型，由古文大篆到小篆，由篆而隶、楷、行、草，逐渐形成各种形体。在书写应用汉字的过程中，我国逐渐形成了世界上独一无二、自成门类的书法艺术。书法比较集中地体现了中国艺术的基本特征，因此书法被誉为“无言的诗，无形的舞，无图的画，无声的乐”。

（二）汉字的起源与演变

说起书法，就不得不提到汉字，“书法是依附于汉字，以汉字为载体的”，有了汉字才能有书法。汉字是汉族的祖先经过长期社会实践而创造出来的一种文字符号系统，也是世界上历史最悠久的文字体系。

1.汉字的起源

关于汉字的起源，中国古代文献上有种种说法，如“结绳”“八卦”“图画”“刻契”等，其中以“仓颉造字说”影响最大，流传最广。实际上，汉字是广大劳动人民根据实际生产生活需要，经过长期的社会实践慢慢丰富和发展而来的。

（1）仓颉造字说。据说仓颉是古代中原部落联盟领袖黄帝的史官。由于当时社会已经进入较大规模的部落联盟阶段，联盟之间交往日益频繁，迫切需要建立一套各联盟共用的交际符号。因此，史官仓颉便承担了搜集及整理共用文字的工作。

（2）结绳说。学者据《周易·系辞下》“上古结绳而治，后世圣人易之以书契，百官以治，万民以察”的论说，推断“文字起源于结绳”。

（3）八卦说。孔安国《尚书》（虽系伪作，但年代久远）序中说：“古者庖牺氏之王天下也，始画八卦，造书契，以代结绳之政，由是文籍生焉。”

（4）图画说。现代学者认为，汉字真正起源于原始图画。一些出土文物上刻画的图形，很可能与文字有渊源。

（5）刻契说。所谓刻契，就是在木条上或竹条上刻上刻痕。这种刻契具有记事记数的作用，可以作为契约的凭证，也可以用来传递信息。宋末元初戴侗提出“书始于契，契以记数”而“各如其数”，认为“刻识其数”的契刻是原始文字的一个源头。

2.汉字字体的演变过程

中国书法是一门古老的艺术，从甲骨文、金文演变为大篆、小篆、隶书，至定型于东汉、魏晋的草书、楷书、行书诸体，书法一直散发着艺术的魅力。

（1）甲骨文。甲骨文是中国书法艺术的开端，因为甲骨文已经具备了中国书法的三个基本要素：线条、结体、章法。

① 线条：甲骨文的线条犀利挺直、瘦劲峭拔。这些高度抽象的、有意义的线条将书法与绘画区别开来。

② 结体：甲骨文字形偏于瘦长，字体一方面具有均衡对称之美和一字多形的变化美，另一方面又具有方圆结合、开合揖让等结构形式，为以后篆书、楷书的结体提供了有益的启示。

③ 章法：甲骨文行款严谨，大多为竖行排列，与后世的书写行款基本相同，但却不顾及横列的平直，字形大小不一。

（2）金文。西周是金文的鼎盛时期，在书法艺术上，西周金文超越商代甲骨文，迅速走向成熟，构成书法发展的主流形态。这时期的金文上承甲骨文传统、下开小篆新风，是大篆书体鼎盛时期的杰出代表。

东周金文地域文化的风格类型主要包括三种形态：齐系文字、楚系文字、秦系文字。三种地域风格在差异中又表现出线条匀称化、结体规整化、章法严谨化的统一趋势。

（3）大篆。大篆是西周时期普遍采用的字体。大篆有两个特点：一是线条化，早期粗细不匀的线条变得均匀柔和了，线条十分简练生动；二是规范化，字形结构趋向整齐，逐渐离开了图画的原形，奠定了方块字的基础。其缺点是字体繁复，书写不方便。

（4）小篆。小篆又称秦篆，是在秦始皇统一六国后，由丞相李斯负责，在秦国大篆的基础上，删繁就简创制而成的文字。小篆比大篆更加美观、规范，给人以刚柔并济、圆浑挺健的感觉，对汉字的规范化起了很大的作用。

（5）隶书。隶书是小篆的简便写法，最早流行于秦代下层人物中间，相传为御史程邈整理成的一种新字体。到了汉代隶书逐渐成熟，占据了主要地位，而且文字的易读性和书写速度都大大提高。隶书第一次确定了横平竖直的汉字笔画形体和四四方方、结构整齐匀称的整字形体，为现代汉字的形成奠定了基础。

（6）草书。草书又称破草、今草，草书源于章草，章草带有比较浓厚的隶书味道，因其多用于奏章而得名。章草进一步发展而成为“今草”，今草较章草及行书更趋于简洁。到了唐朝，又有了抒发情怀、寄情于笔端而表现的“狂草”。草书给予观者豪放不羁、流畅之感。

（7）楷书。楷书又称真书，是融合隶书和草书而成一体的字体。三国时期的钟繇在楷书的加工整理上有巨大贡献。唐代出现了一批擅长写楷书的名家，如欧阳询、虞世南、褚遂良、颜真卿、柳公权等。我们今天所用的印刷体，就是由楷书变化而来的。

（8）行书。行书是介于楷、草之间的一种字体，它书写流畅，用笔灵活，生动巧致，产生于东汉之末，真正繁荣是在东晋时期。“书圣”王羲之的《兰亭集序》被誉为“天下第一行书”。行书的书写比楷书更为便利，又不像草书那样难认，所以直到今天仍是最常用的字体。

中国文字的演变，大体经历了甲骨文—大篆—小篆—隶书—草书—楷书—行书几个阶段，这是符合文字的发展由繁到简、由不规范到规范的规律的。各个历史时期所形成的各种字体，有着各自鲜明的艺术特征。如篆书古朴典雅，隶书静中有动、富有装饰性，草书风驰电掣、结构紧凑，楷书工整秀丽，行书易识好写、实用性强，且风格多样、个性各异。篆、隶、楷、行、草构成了中国书法的五种字体。

（三）中国古代书法发展简史

书法的历史源远流长，书法从殷商到今天，经历了发展、成熟和繁荣三个阶段。

殷商到西汉是书法艺术的发展期。在这一阶段，由于文字的使用和书写都是为贵族服务的，所以使用面非常狭小。书法在当时还完全属于一种政治或生活的实用工具，作为独立审美艺术的书法还没有诞生。甲骨文、金文和篆书虽然书写工具不同，字体也略有差异，但是书法特征基本相同：一是结体繁复，字形带有较重的象形意味；二是线条单纯，没有明显的粗细变化和形式区别。

东汉到唐代前期是我国书法艺术的成熟期。书法在承担政治工具、生活工具的同时，产生了“纯艺术”的倾向，但此时的书法作品还不是为“艺术而艺术”的自觉创作。

盛唐以后，我国的书法艺术进入了繁荣期。这一时期，字体的发展已经终结，书法艺术主要朝着书体多样化的方向发展，力求在同一字体上通过点画和结体的变化，创造出各种各样的风格面貌，形成形式多样的书体。以唐代楷书为例，就有欧（欧阳询）体、虞（虞世南）体、褚（褚遂良）体、李（李邕）体、颜（颜真卿）体、柳（柳公权）体等。行草书写起来更自由、变化更多，更能充分表达作者的思想感情和审美趣味，因此书体也就更多了。它们有的沉雄毫健，气如幽燕老将；有的和婉清丽，形同绝代佳人；有的浑穆苍古，神似山村野老；有的端庄凝重，貌似谦谦君子。其多姿多彩的造型，堪称姹紫嫣红、百花争艳。

从宋代开始，书法家在书法史中引入了“伦理”“道德”的概念。苏轼认为：书法的形式从某种程度上说可以展现君子、小人之性。而宋代另一位大书法家黄庭坚在书法品论中反复强调：人的品格决定书法的品格，书法家必须将“读书”“修身”“养德”作为书法的后盾，只有品格高尚才能克服书法中的“俗气”，拥有高雅美妙的书法艺术的“灵”韵。就这样，宋人把书法艺术引入了伦理学。

元代书法家赵孟頫，明代书法家祝允明、文徵明、董其昌等都以自己鲜明的书法造诣驰骋书坛。

清代是我国书法历史上书道中兴的时代，出现了一些群体书法家，如“扬州八怪”。郑板桥宣称：“凡作文者，当作主子文章，不可作奴才文章。”他的诗、书、画并称板桥“三绝”，因为有“三真”：真气、真意、真趣。

（四）书法与旅游

我国旅游和书法是紧密相连的，书法已成为旅游的重要资源。书法作品、书写工具、书法景观已成为旅游场所中引人注目的内容之一。

1. 专项书法展览精品纷呈

综合性博物馆无一不收藏中国书法作品，而专题博物馆，如中国美术馆、荣宝斋、上海书画出版社、杭州西泠印社等都有数千或数万件书法珍品。这些珍品的作品和收藏保存的动人故事就是开展旅游活动的有形或无形的资源。

课堂互动 4–3

中国书画艺术博大精深，但也有一些游客不喜欢参观书画博物馆，在参观时不断闲聊嬉笑，这时候导游应该怎样应对呢？

2. 对联匾额是景区建筑重要的饰品

中国厅堂在布置时，室内的中堂条幅、立柱上的楹联抱柱、堂上悬挂的匾额都是书法作品。比如故宫博物院的乾清宫，中间“正大光明”匾是清朝顺治皇帝御笔所书；颐和园中“留佳”“寄澜”“秋水”“清遥”等匾额，皆是慈禧太后亲书，再做成金字匾额的。可以说这些对联匾额都是古今名人此地彼时写成的书法作品，是点睛之笔。

3. 摩崖石刻与碑林

我国的旅游景观中碑林的人文价值多是通过碑刻实现的，而摩崖石刻借助高山丘陵的石壁，将名人的书法刻于其上。

我国的碑林很多，秦汉时即有刻石记功、记事的习俗，其后大体有三种情况：一是专题性碑林，如山东曲阜孔庙内的历代碑石；二是以内容丰富多彩取胜的碑林，如西安碑林；三是园林中的书条石碑刻，如苏州园林中的一方方书条石。

4. 书法名人故地

我国一些人文景观专为书法名人而设，原因是这些景点与名人的经历和书法有自然的联系，而后人凭吊活动多是围绕名人书法展开的。书法名人故地追求书法的清新、雅淡、中和之美，这种内蕴的美使景观的生命之树常青。

价值引领 4–4

我国是四大文明古国之一。在漫长的生产和生活实践中，我们的祖先留下了极其丰富、光辉灿烂的文化遗产。独具特色的书法艺术是其中的重要组成部分，至今仍在人类文化的宝库中熠熠生辉。它主要通过汉字的用笔用墨、点画结构、行次章法等造型来表现人的气质、品格和情操，从而达到美学境界。世界上拥有书法艺术的民族屈指可数，中国的书法具有悠久的历史，具有浓厚的文化底蕴，凝结了中国古代人民的智慧，是中华民族的瑰宝。

二、绘画艺术

中国绘画在古代无确定名称，一般称为丹青，主要指的是在绢、纸上作画并加以装裱的卷轴画。近现代以来为区别于西方输入的油画（又称西洋画）等外国绘画而称为中国画，简称国画，包括水墨画、墨笔画、彩墨画、工笔重彩画、白描画等。中国绘画的历史最早可追溯到原始社会新石器时代的彩陶纹饰和岩画、原始漆器、青铜器纹饰、楚帛画等，都已达到较高的绘画水平。

秦汉时期，绘画艺术空前发展与繁荣。尤其是汉代盛行厚葬之风，墓室壁画、画像砖及画像石以及随葬帛画，生动塑造了现实、历史、神话人物形象，具有动态性、情节性，在反映现实生活方面具有重要参考价值。

魏晋南北朝时期战争频繁，佛教艺术勃然兴起。甘肃麦积山石窟、敦煌莫高窟都保存了大量的该时期壁画，艺术造诣极高。这一时期玄学流行，文人崇尚飘逸通脱，画史画论等著作开始出现，山水画、花鸟画开始萌芽，以文学为题材的绘画日趋流行。

隋唐时国家统一，经济繁荣，对外交流活跃，给绘画艺术注入了新的生机。在人物画方面，虽然佛教壁画中西域画风仍在流行，但吴道子等人具有鲜明中原画风的作品占了绝对优势，展子虔、李思训、王维、张璪等人的山水画、花鸟画工整富丽，取得了较高的成就。

两宋时期，中国绘画艺术进入了一个鼎盛时期。朝廷设置画院，宫廷绘画盛极一时。文人学士亦把绘画视作雅事，并提出了鲜明的审美标准，故画家辈出，佳作纷呈。此时风俗画兴起，张择端的《清明上河图》是举世闻名的杰作。

元明清时期的绘画，在题材上，山水画、花鸟画占据了绝对的地位。文人画兴起，借绘画以示高雅，表现闲情逸趣，强调人品、画品的统一，并且注重将笔墨情趣与诗、书、印有机融为一体，形成了独特的绘画样式，涌现了众多的杰出画家、画派，如元代以赵孟頫代表的“元四家”，以唐寅为代表的“吴门四家”，以石涛、八大山人为代表的“四大名僧”，以王时敏为代表的“四王”山水画，以金农、郑燮为代表的“扬州八怪”。

（一）中国绘画的分类

按装裱形式，可分为手卷、册页、中堂、条幅、屏条、扇面等。

按画面内容，可分为人物画、山水画、花卉画、禽鸟走兽虫鱼画等。

按画的形式或颜色，可分为水墨、青绿、金碧、浅绛等。

按画的技巧可分为粗笔（泼墨）、细（工）笔、写生、写意、白描、指头画等。

按画的时代可分为古画、新画、近代画、现代画等。

（二）中国绘画艺术的特征

传统的中国画具有悠久的历史，适应中国的文化土壤而生根开花，在立意、构图、技法和程式化的表现等方面，都有自己的特点。

1. 首重立意、胸有成竹——中国画的构思

中国画创作，以立意为先，许多绘画理论家都首先强调这一点，不管是画山水、画人物，还是画花鸟。立意在先，画中才能有奇态、有奇意。

2. 以线造型、以形传神——中国画的造型规律

中国画是以线存型的，通过线勾出轮廓、质感、体积来。中国画无论对山水的破

线还是衣服的纹线，都积累了非常丰富的线形，巧妙地描绘着各种形象。“以形写神”是晋代画家顾恺之的一句名言，他确立了中国艺术神高于形的美学观，在这一理论指导下，历代出现了许多传神写照的佳作。

3.多点透视、计白当黑——中国画的构图法则

中国画既用焦点透视法，也用散点透视法，既有严守真实的画面空间和布白；也有打破真实按构图需要而平列的空间和布白，这样就使物象可以按实物在画面上的艺术需要，伸长或缩短变化其形象，更换其位置。

中国画在空白处尤其注意经营，常常借用书法上的计白当黑，即没有画面的部位要像有画面的部位一样进行认真推敲和处理。

4.随类赋彩、色彩相和——中国画的色彩法则

中国画的色彩，不拘泥于光源冷暖色调的局限，比较重视物体本身的固有色，而不去强调在特殊光线下的条件色。画哪一件物品，就赋予哪一件物品基本色，从而达到色与物、色与线、色与墨、色与色的调和。

5.情景相生、气韵生动——中国画的意境

中国画要求笔与墨合、情与景合。画家以强烈的形象感染力，激起描绘这些景象的激情，于是作品作为情景相生的复写，使情景交融在一起。

气韵生动，即画家所创造的艺术灵境，应富有生气、新鲜活泼，有诗一般的韵味，使观者无限神往。

6.诗、书、画、印、纸、笔——中国画的独特形式

只有中国画，才有题字盖印的做法，不仅文人画可以显示其诗、书、画三绝之长，即使一般的画作，也要题字盖印，这样才有传统艺术的浓厚风味。中国画的工具和材料之性能，也决定着中国画的特色。中国画是运用绢和纸作画，生宣纸的出现更加发挥了笔趣和墨彩。宣纸的渗透性和笔锋的无穷变化合作产生奇妙的效果，同时形成了各种效法和描法、画法和笔法。

（三）绘画与旅游

旅游与绘画是紧密相连的，绘画已成为旅游的重要资源，绘画作品和绘画景观是旅游景观中独具魅力的内容之一。

1.专项绘画展览

凡综合性的博物馆都有名人绘画作为镇馆之宝，许多专题博物馆，如中国美术馆、荣宝斋、上海书画出版社、杭州西泠印社等，都有大量的绘画作品。故宫博物院的绘画馆，以皇极殿西庑房为馆址，常年分期、分批、分类展出明清两代书画，每年10月还会展出晋、隋、唐、宋、元的书法绘画精品。

2.条幅字画是景点厅堂重要饰品

我国古典园林室内布置绘画是不可缺少的，它是厅堂的点睛之笔，彰显着厅堂的品位及主人的喜好志趣，是镇景之宝。如山东曲阜孔府，有大量的名贵字画，多为历代名家的书画珍品。

3.寺观壁画

宗教绘画艺术是人类宝贵的艺术财富。寺观壁画早期多为洞窟壁画，晚期多为殿观壁画。我国现存的古代壁画较多，如敦煌莫高窟壁画有45 000多平方米，麦积山石

窟壁画也有1 000多平方米。

4.汉代画像石

画像石是一种特殊的画作，原是墓葬石室绘画，因埋于地下而至今鲜亮明晰如初。其上石刻内容有飨宴会饮、车骑出行、博弈游戏、乐舞百戏、射御比武，几乎无所不包，是最真实的汉代生活全景图。汉代画像石在中国美术史上占有承前启后的重要地位。

5.摩崖壁画

我国人民一直有摩崖壁刻的传统，因此摩崖壁画遗存众多，是旅游的重要景观。如江苏连云港孔望山摩崖造像，按自然山势凿成，画面东西长17米、高8米，105尊人像大小不一，姿态各异。专家考证为东汉晚期的遗存，是我国最早的佛教摩崖造像，早于敦煌石窟200年，被称为“九州第一窟”。

6.绘画名人故居

我国绘画名人的故居很多，如四川眉山的三苏祠、绍兴的青藤书屋、兴化的板桥故居、扬州的金农故居等。

价值引领4-5

中国画是中华民族灿烂文化的重要组成部分，在世界美术艺苑中独树一帜。中国画融诗、书、画、印于一体，代表了一个国家、一个民族的文化修养和内涵，是我们中华民族的瑰宝和骄傲。

三、雕塑艺术

中国古代雕塑在题材内容、形式风格、雕塑技法以及所使用的材质上都具有鲜明浓郁的民族特色和时代特色。中国古代雕塑充满了写意传神的特点，由外在形象引出独特的感觉、意境，引发人们一连串的遐想。

（一）中国古代雕塑发展概况

雕塑，是雕、刻、塑三种创制方法的总称，是造型艺术的一种，指用各种可塑材料（如石膏、树脂、黏土等）或可雕、可刻的硬质材料（如竹木、金属、玉石等），创造出具有一定空间的可视、可触的艺术形象，借以反映社会生活，表达艺术家的审美感受、审美情感、审美理想的艺术。雕塑的产生和发展与人类的生产活动紧密相关，同时又受到各个时代宗教、哲学等社会意识形态的直接影响。

1.史前雕塑

旧石器时代晚期已出现雕刻艺术品，如河北出土的带有水波纹及斜格纹的鹿角化石，刻纹清晰优美，是旧石器时代晚期骨雕艺术的珍贵实例。进入新石器时代后，陶塑与泥塑成为当时最流行的雕塑品种，此外还有玉雕、骨雕、牙雕、木雕等品种。

2.夏商周雕塑

夏商周时期，青铜雕塑的成就最为突出。该时期已出现圆雕和装饰性浮雕，兼具庄重典雅和神秘瑰奇的风格。战国时期突破了这种程式，向着生动活泼的方向发展。

3.秦汉雕塑

秦汉时期雕塑艺术得到蓬勃发展。秦汉时期的雕塑以拙重、粗犷为特色，缺乏细腻感。这种阳刚之美成为秦汉时代积极进取、刚健有为的文化精神的象征。该时期的泥塑代表作有秦始皇陵兵马俑，石雕代表作有西汉霍去病墓石雕，包括马踏匈奴、跃马等大型作品。

4.魏晋南北朝雕塑

魏晋之后，南北对峙，北部混战，南朝受玄学影响，崇尚虚静无为。在这种背景下，该时代的雕塑由秦汉时代的阳刚之美分裂为南方风格与北方风格，即阴柔之美与阳刚之美。该时期佛教兴盛，佛教造像之风极盛。南朝佛像俊逸秀丽。北朝佛像面相雄健、躯体粗壮，代表作有北魏时期云冈石窟的“昙曜五窟”、敦煌莫高窟、天水麦积山石窟等。

5.隋唐五代雕塑

隋唐五代是中国雕塑艺术的鼎盛时期。疆土的统一促成了雕塑风格的统一，即南方的阴柔之美与北方的阳刚之美的融合。这一时期的雕塑风格被看成中国雕塑史上的“理想的风格”。

在佛教雕塑上，唐代造像有中国化与世俗化倾向，如敦煌莫高窟第45窟的菩萨躯体呈“S”形。在陵墓雕塑上，内容的丰富及墓葬制度的完善，为后世开创了典型。“昭陵六骏”是唐代陵墓雕塑中的经典作品。在明器雕塑上，唐代墓俑表现的社会气息浓郁，在中国明器雕塑的历史上是空前绝后的。

6.宋辽金元雕塑

这一时期，中国雕塑由“理想风格”开始向“愉快风格”过渡。其中，宋代雕塑最具代表性，倾向于对个性化情感意志的表现。

这一倾向在雕塑中的具体表现是：佛教雕塑世俗化，如四川大足宝顶山摩崖造像，出现大量反映世俗生活情节的雕刻；陵墓雕塑人物拘谨，动物温驯，如宋太宗永熙陵和宋真宗永定陵的雕塑；纪念性雕塑重视人物内心的刻画，如太原晋祠圣母殿宫女雕塑。

7.明清雕塑

明清是雕塑艺术更加世俗化并走向衰萎的时期。在这一时期，雕塑艺术缺失了精神的支柱，只能依靠华丽的外表取悦于人，其风格完全演变为“愉快的风格”。以石狮为例，汉代石狮凶猛，唐代石狮丰满，明清石狮则驯顺温良。

明清雕塑的成就主要体现在工艺性雕塑上，以其巧妙的构思、高超精致的工艺水平著称于世。著名遗例有明代福建德化窑的白瓷达摩立像、福州田黄石雕观音及弥勒佛等。清代的工艺雕刻，以大禹治水图玉山最为著名。晚清时期天津泥塑大师张明山所作《渔樵问答》《惜春作画》等泥塑作品，是案头雕刻佳作。

（二）中国古代雕塑的分类与特点

1.中国古代雕塑的分类

中国古代雕塑主要分为四大类：一是陵墓雕塑，包括陵墓表饰雕塑、墓室雕饰和明器艺术。陵墓雕塑的最高成就在地上，特别是陵墓门前和神道上的雕塑，如霍去病墓前的马踏匈奴、顺陵的石狮等。二是宗教雕塑，包括佛道寺庙和佛教石窟里的塑像、浮雕，如云冈石窟大佛塑像、敦煌彩塑菩萨等。三是建筑装饰，包括宫殿、民居、桥梁等建筑上的装饰性雕塑。四是工艺雕塑，包括工艺性的泥塑、瓷塑、木雕、石雕、玉雕、骨雕等。

2.中国古代雕塑的特点

（1）题材广泛性。中国雕塑的题材相当广泛，有人物、动物（包括想象、虚构的动物）、自然山水、历史神话等。这种取材根植于中国人的思想内涵，中国人认为人的精神品格需要通过现实社会体现。

（2）社会功利性。中国雕塑是用来满足人们的实际生活需要的，如工艺性雕塑、建筑装饰性雕塑。此外还与社会功利目的联系在一起，如宗教雕塑、墓葬雕塑。这一特点使雕塑的艺术性在中国被削弱甚至被遗忘，进而导致雕塑在古代中国的发展有限。

（3）缺乏独立性。在中国历史上，从事雕塑的是工匠，雕塑被视作“皂隶之事”。因此，古代雕塑不能在艺术上获得独立地位，并形成了古代中国重绘画、轻雕塑的传统。这一地位差异直接导致中国雕塑在古代没有出现完整系统的理论。

（4）与绘画的互通性。“塑绘不分”“塑容绘质”是中国雕塑的主要特点。中国雕塑与绘画的相融性表现在多方面。首先，在色彩上，中国古代雕塑一般都是上色的。其次，线条是中国雕塑中重要的表现手段之一。最后，中国雕塑的题材也受绘画题材的影响，如自然雕塑受山水画的影响，还有中国人物雕塑与绘画相同，也讲究以形写神。

（5）艺术写意性。中国雕像在艺术上的表现以写意取胜。写意是表现神韵的重要方式之一。这与中国古代美学讲究“传神”“以形写神”是一致的。中国雕塑不刻意追求表现对象外形上的酷肖，而是力求把握对象的内在精神，如汉代的《李冰像》《说唱俑》，成功表现出人物的神采和意蕴。

（6）多样性与灵活性。中国雕像在空间上灵活多样，如陵墓仪卫人物正面雕刻细致、背面则简略概括。此外，浮雕在中国中占有相当大的比重，如建筑装饰、工艺性雕塑等。有时为了更有助于体现艺术效果，人们将圆雕、浮雕、透雕、线刻等艺术方式混合使用，甚至将雕绘混合。

（7）儒道精神化。中国艺术精神主要受儒道两家思想影响，反映在风格上则或为崇高、庄严、壮丽，或为飘逸、淡泊、天真。中国雕塑具备这两个系统的风格特征，如佛教造像和陵墓仪卫雕刻，一般具备儒家风格，明器雕塑中的俑和动物多属道家风格。

四、戏曲艺术

（一）中国戏曲概述

中国戏曲与希腊悲喜剧和印度梵剧并称为世界三大古老的戏剧文化。

中国戏曲是集文学、音乐、舞蹈、武术、杂技、表演、舞台美术等多种艺术手段于一身的综合性舞台艺术。中国戏曲包括宋元南戏、元明杂剧、明清传奇以及近代影响很广的京剧和各种地方戏曲，统称中国传统戏剧文化。中国的戏曲起源于原始社会的歌舞，在12世纪才形成完整形态，走向成熟。中国戏曲经800多年推陈出新、繁荣发展至今，300多个戏曲剧种和数以万计的剧目仍在广袤的中华大地上演，呈现着旺盛的生命力和不衰的艺术感染力。

（二）中国戏曲的产生和发展

1.中国戏曲的孕育

早在原始社会时期，具有象征性与拟态性的歌舞之中已经具备了某些戏曲因素，可以说，在原始歌舞当中孕育着中国戏曲的雏形。

原始人为了表现自己对图腾的崇拜，经常举行祭祀活动。在这种活动当中，原始歌舞逐渐增强了自身的戏曲因素。随着祭祀仪式的不断发展，出现了专职的巫（女性）、觋（男性），从事侍奉天地鬼神和为人占卜、祈祷的工作。巫觋祀神的乐舞已经非常接近中国戏曲的初级形态，为中国戏曲的发展奠定了基础。

西周末年出现供贵族娱乐的“倡优”“俳优”，主要以歌唱、舞蹈、滑稽、杂技等供人取乐调笑，他们的表演具备了后代戏曲的种种因素，是戏曲艺术的萌芽，对后代戏曲艺术的发展有重要影响。

2.汉代至隋代的百戏、散乐

中国封建制度的建立，为戏曲的发展提供了广阔的天地。各地杂技幻术、装扮人物或动作的歌舞、简单的叙事表演等古代乐舞、杂技表演集成的“百戏”，在汉武帝时达到极盛。百戏当中最具戏曲因素的是角抵戏，其中最出色的节目是《东海黄公》，其演出具备了原始的戏曲形态，在中国戏曲史上具有重要意义。

南北朝以后，称百戏为“散乐”。其中，《代面》（又以故事内容名之《兰陵王》）、《踏谣娘》等以歌舞表演为主的歌舞小戏在演出形式（歌舞结合、唱白互用等）上和道具（面具、脸谱）的使用上对后世戏曲的发展产生了重大影响。隋代百戏重兴，隋炀帝时“总追四方散乐，大集东都”，戏场绵延八里，演出盛况空前。

3.唐代的歌舞参军戏

盛唐时期，南北文化空前融汇，中外文化大规模交流。歌舞戏随着《代面》《踏谣娘》等流传日臻精妙，戏曲效果十分强烈；由先秦俳优滑稽表演衍变发展而来的参军戏成为唐代最主要的戏曲样式。参军戏主要为讽刺贪官参军（官职名）而创作，有参军（被嘲弄者）、苍鹘（从旁戏弄者）两个角色，以表演科白为主，以后逐渐加进歌舞以及弦管鼓乐成分，并有女演员参加表演歌唱。参军戏在唐代流传非常广泛，唐代李商隐《骄儿诗》有“忽复学参军，按声唤苍鹘”。

4.勾栏瓦肆与宋杂剧、金院本

在宋代，“参军戏”和其他歌舞杂戏进一步发展融合产生了宋杂剧。宋杂剧虽仍是滑稽短剧，但所形成的戏曲结构、角色行当等都已经具备中国戏曲的雏形，更加接近成熟的戏曲。宋杂剧的出现不是偶然的。宋代都市里已经有了固定的大型游艺场所——勾栏瓦肆。勾栏瓦肆汇集各种民间技艺，吸引了一批“书会才人”与艺人们共同创造。在这样的条件下，宋杂剧应运而生，脱颖而出，成为当时非常盛行的戏曲艺术形式。

到了北方金国，宋杂剧发展成“金院本”。金院本体制与宋杂剧相同，是北方宋杂剧向元杂剧过渡的重要形式。

5.中国戏曲的第一个繁盛期——元杂剧

元代是中国戏曲史上的黄金时代。元代戏剧凭借北曲杂剧（元杂剧）和南曲戏文（南戏）呈现出的成熟戏曲艺术形态和涌现出的大量杰出戏曲作品，成为当时文学艺术发展的主流，为中国戏曲发展开启了新的天地。

（1）元杂剧概况。元杂剧有时也称元曲，它是金末元初在金院本和诸宫调的基础上广泛吸收多种词曲和技艺发展而成的戏曲艺术。它产生、兴盛于中国北方，元灭南宋以后逐渐流传到南方，在元代后期趋于衰落。北杂剧之文学以质朴自然取胜，后世戏曲文学无有出其右者。著名作家有被称为“元曲四大家”的关汉卿、马致远、白朴、郑光祖，以及王实甫等。优秀作品有《窦娥冤》《西厢记》《赵氏孤儿》《李逵负荆》《倩女离魂》等，多方面反映了当时的社会生活，对后来的戏曲艺术和戏曲文学具有深远的影响，在中国戏曲艺术和文学史上占有相当重要的地位。

（2）南戏概况。南戏是“南曲戏文”的简称，是中国戏曲最早的表现形式。因其最早产生浙江温州（旧称永嘉）一带的民间，故名“杂剧”“永嘉杂剧”等。南戏兴起于两宋之交，盛行于南宋至元末。南戏广泛吸收各种歌舞音乐、说唱艺术的营养，形成包括歌唱、念白、科诨等组成的综合艺术，通过人物的表演来表现复杂而完整的故事，成为中国最早成熟的戏曲样式。明代成化、弘治以后，南戏进一步发展演变为传奇，对明清两代的戏曲影响很大。

南戏的代表作是《琵琶记》《荆钗记》《刘知远白兔记》《杀狗记》《拜月亭记》五大传奇。其中，元末高明所作《琵琶记》，是中国戏曲史上第一部闪烁启蒙思想光辉的剧作，是元末明初南戏振兴的标志之一，被称为“南戏中兴之祖”，对中国戏曲发展具有深远的影响，后世有不少剧种将其改编演出。

6.中国戏曲的第二个繁盛期——明清传奇

明清时期，传奇继承了元代戏曲艺术成就，尤其是沿着南戏的发展脉络，占领明代初年至清代后期近400年的戏曲舞台。

传奇是指明清时期以演唱南曲为主的篇幅较长的戏曲。其剧本文学曲词典雅，体制庞大，名篇佳作不胜枚举，表演上日趋成熟，多用昆曲演唱，代表作有明代汤显祖的《牡丹亭》，清代洪昇的《长生殿》、孔尚任的《桃花扇》等。

7.中国戏曲的转型期——地方戏的兴起

清代戏曲历来有“花”“雅”之分。雅部，即昆曲；花部，指除昆曲以外的所有戏曲声腔。昆曲从清代中叶起渐渐衰落，植根于民间的“花部”诸声腔争放异彩。

（1）徽班进京与京剧形成。乾隆五十五年（1790年），为庆祝乾隆的八十寿辰，三庆徽班进京献艺，带来了一种与昆曲截然不同的地方曲调——徽调，给京城观众以耳目一新之感。道光时期，又有四喜、和春、春台三个徽班陆续来京，合称“四大徽班”。四大徽班逐渐形成了各自不同的艺术风格，表现为：三庆的轴子（指三庆班以连演整体大戏见长）；四喜的曲子（指四喜班以演唱昆曲戏著称）；和春的把子（指以擅演武戏取胜）；春台的孩子（指以童伶出色）。四大徽班演员阵容整齐，拥有程长庚、张二奎、余三胜等著名艺人。四大徽班进京，被视为京剧诞生的前奏。

继徽班进京之后，嘉庆、道光年间，湖北汉调进京，形成了“徽汉合流”的局面。徽班艺人以徽调中的“二黄”和汉调中的“西皮”为基础，吸收京腔、昆腔、秦腔以及其他地方戏和民间曲调的营养，经过数十年的发展，终于在1840年前后形成了一种独具北方特色的皮黄腔京剧。京剧拥有雄厚的群众基础，也得到统治者的大力扶持，使其成为剧坛魁首。

（2）新兴地方戏的产生——越剧、评剧、黄梅戏等。20世纪初，一批新兴地方戏开始在各地戏曲舞台上出现，包括越剧、评剧、黄梅戏等。它们均由民间小戏发展而来，具有极为浓郁的民间乡土气息，进入城市后，它们吸收京剧、梆子等老剧种的艺术营养，表演上得以成熟。

课堂互动 4-4

导游带领游客观看戏曲演出、领略戏曲文化的时候，应该怎样让游客真切感受到戏曲文化的艺术所在？导游要怎样才能讲解出戏曲文化的精髓和魅力？

（三）中国戏曲的主要特征

中国传统戏曲的主要特征包括综合性、程式性和虚拟性。

1.综合性

中国戏曲是一门综合艺术，是时间艺术和空间艺术的综合。这种综合性不仅表现在它融汇各个艺术门类（诸如舞蹈、杂技等）而出以新意方面，而且体现在它精湛深厚的表演艺术方面。唱、念、做、打在演员身上的有机构成，便是戏曲的综合性的最集中、最突出的体现。这四种表演技法有时相互衔接，有时相互交叉，构成方式视剧情需要而定，但都统一为综合整体，体现出和谐之美。

2.程式性

中国戏曲另一个艺术特征是它的程式性。程式是指对生活动作的规范化、舞蹈化表演并被重复使用。戏曲表演中的关门、推窗、上马、登舟、上楼等，皆有固定的程式。除了表演程式外，戏曲从剧本形式、角色行当、音乐唱腔、化妆服装等各个方面，也都有一定的程式。

3.虚拟性

中国戏曲中最重要的一个特征是虚拟性。它是指以演员的表演，用一种变形的方式来比拟现实环境或对象，借以表现生活。中国戏曲的虚拟性首先表现为对舞台时间和空间处理的灵活性方面，所谓“三五步行遍天下，六七人百万雄兵”“顷刻间千秋事业，方丈地万里江山”“眨眼间数年光阴，寸炷香千秋万代”。其次是在具体的舞台气氛调度和演员对某些生活动作的模拟方面，如刮风下雨、船行马步、穿针引线等，更集中、鲜明地体现出戏曲的虚拟性。中国戏曲的虚拟性，是一种美的创造，它极大地解放了作家、舞台艺术家的创造力和观众的艺术想象力，使戏曲的审美价值获得了极大的提高。

综合性、程式性、虚拟性是中国戏曲的主要艺术特征。这些特征凝聚着中国传统文化的美学思想精髓，构成了独特的戏曲观，使中国戏曲在世界戏曲文化的大舞台上闪耀着独特的艺术光辉。

（四）中国戏曲剧种简介

近半个世纪以来，我国流传和分布最广泛、观众群最多的剧种有京剧、评剧、豫剧、越剧、黄梅戏，它们也被称为“五大剧种”。

1.京剧

京剧又称“京戏”“平剧”，是中国的“国粹”，也是中国最大的戏曲剧种。从四大徽班进京算起，京剧已有200多年的发展史。京剧的剧目之丰富、表演艺术家之多、剧团之多、观众之多、影响之深均为全国之冠。京剧的唱腔属板式变化体，以二黄、西皮为主要声腔。京剧伴奏分文场和武场两大类，文场以胡琴为主奏乐器，武场以打击乐伴奏为主（鼓板、大锣、铙钹、小锣）。国家非常重视非物质文化遗产的保护，2006年5月20日，京剧经国务院批准列入第一批国家级非物质文化遗产名录。2010年，京剧被列入联合国教科文组织人类非物质文化遗产代表作名录。

2.评剧

评剧是我国北方地区的一种地方戏，在华北、东北及其他一些地区流行很广，俗称蹦蹦戏、落子戏，又称平腔梆子。1910年前后形成于河北唐山一带。评剧女腔是由月明珠等人创造的，男腔是由倪俊生等人创造的。评剧在现代戏的创作演出方面影响很大，如中华人民共和国成立初期小白玉霜演出的《九尾狐》《小女婿》，新凤霞演出的《刘巧儿》《祥林嫂》《小二黑结婚》《艺海深仇》等。

著名评剧表演艺术家有李金顺、刘翠霞、爱莲君、喜彩莲、白玉霜、刘小楼、喜彩苓、韩少云、小俊亭、花淑兰，以及北京评剧界的小白玉霜、新凤霞、李忆兰、花月仙、马泰等。

3.豫剧

豫剧也称河南梆子、河南高调，是河南省的主要剧种之一。豫剧产生于明末清初，初时以清唱为主，深受老百姓的喜爱，因而发展非常迅速。豫剧在国内外的影响仅次于京剧。

豫剧代表剧目有《对花枪》《三上轿》《提寇》《铡美案》《十二寡妇征西》等。豫剧的代表人物有常香玉、陈素真、崔兰田、马金凤、阎立品、桑振君，他们被称为"豫剧六大名旦"。小生赵义庭、王素君，须生唐喜成、刘忠河和刘新民，黑脸李斯忠，丑角牛得草也是各具特色的著名豫剧演员。

4.越剧

越剧是中国传统戏曲形式，发源于浙江绍兴地区嵊县一带的农村，被称为中国第二大剧种。越剧有很多优秀剧目，如《梁山伯与祝英台》《红楼梦》《追鱼》《碧玉簪》《柳毅传书》《打金枝》《西厢记》《玉堂春》《琵琶记》《孔雀东南飞》等。著名越剧演员有袁雪芬、傅全香、戚雅仙、范瑞娟、徐玉兰、尹桂芳、王文娟、张桂凤等。

5.黄梅戏

黄梅戏是安徽的主要地方戏曲剧种，原名"黄梅调"或"采茶戏"。黄梅戏用安庆语言念唱，唱腔纯朴流畅，以明快抒情见长，具有丰富的表现力；表演质朴细致，以真实活泼著称。黄梅戏来自民间，雅俗共赏、怡情悦性，以浓郁的生活气息和清新的乡土风味感染观众。

中华人民共和国成立以后，先后整理改编了《天仙配》《女驸马》《罗帕记》《赵桂英》《慈母泪》等一批传统剧目。其中，《天仙配》《女驸马》相继搬上银幕，在国内外产生了较大影响。严凤英、王少舫、吴琼、马兰是著名黄梅戏演员。

导游实训

实训项目：中国旅游文学艺术知识分享。

实训目的：培养学生"自主学习"的通用能力。

实训步骤：

1.将班级同学组成若干"自主学习"训练团队，每队确定1人负责。

2.各团队根据训练项目需要进行角色分工。

3.通过校图书馆、资料室和互联网，查阅文献资料。

4.综合和整理"中国旅游文学艺术"，以PPT或者短视频等形式分享。

5.在班级展示交流各团队的资料。

知识训练
4-1
扫码答题

项目五

中国古代建筑艺术

学习目标

知识目标：

- 了解中国古代建筑的发展历程和基本特点。
- 熟悉中国古代建筑的主要形式和代表性建筑。
- 掌握中国古代建筑的结构。
- 掌握中国古代建筑的主要类型和各自的特点。

技能目标：

- 能运用建筑文化知识，阐释各主要建筑形式的特点、功能及旅游价值。
- 能运用建筑文化知识和理论，对现存的中外建筑精品进行鉴赏和讲解。

素养目标：

- 提升学生对中国古代建筑的审美能力，提高文化修养。
- 增强学生的民族自豪感和爱国情怀。
- 培养学生的团队意识和合作精神。

知识导图

- 中国古代建筑艺术
  - 中国古代建筑概述
    - 中国古代建筑的发展历程
    - 中国古代建筑的主要特点
    - 中国古代建筑的结构
  - 中国古代城市与长城
    - 中国占代城市
    - 长城
  - 中国古代宫殿与坛庙建筑
    - 中国古代宫殿
    - 中国古代坛庙
  - 中国古代陵寝
    - 封土的沿革
    - 中国帝王陵墓的建筑布局
    - 墓室结构
    - 中国现存著名的古代陵墓
  - 其他著名古代建筑
    - 楼
    - 书院
    - 亭
    - 古代水利工程

◎ 情境导入

导游小王将接待一个北京3日游旅游团，主要景点包括北京故宫、长城、天安门、明十三陵和北京胡同游等。小王需要做好哪些方面的知识和技能准备，才能做好此次讲解接待工作呢？

知识点1 中国古代建筑概述

一、中国古代建筑的发展历程

中国古代建筑历经几千年，作为世界三大建筑体系之一，与西方建筑、伊斯兰建筑并列于世界文化之林。

（一）中国古建筑体系形成时期——从远古到汉代

人类最初居住在天然洞穴中，到了原始社会晚期，我们的祖先开始利用木架和草泥建造简单的房子，很少有人工装饰，原始而质朴。夏、商、周及春秋时期是古代建筑发展的一次飞跃，灿烂的青铜文化为木构技术及板筑技术提供了发展基础。尤其是在西周，筑城和宫室的技术日趋完善，四合院民居形成已经较完整。至战国秦汉时期，人们已掌握夯土技术、烧制砖瓦技术，木架建筑渐趋成熟，砖石建筑和拱券结构有了很大发展。直棂窗、人字拱等已广泛使用，建筑形制上出现了庑殿、悬山、折线式歇山、攒尖、囤顶五种基本形式。

（二）中国古建筑体系发展时期——魏晋南北朝

这个时期，由于战乱、国家分裂等，社会生产的发展比较缓慢，在建筑上也不及两汉时期有那么多生动的创造和革新。同时，佛教的传入促进了佛教建筑的发展，出现了高层佛塔，并带来了印度、中亚一带的雕刻、绘画艺术，不仅使我国的石窟、佛像、壁画等有了巨大的发展，而且影响到建筑艺术，使汉代比较质朴的建筑风格变得更为成熟。

（三）中国古建筑体系成熟时期——隋唐五代

建筑在形制艺术上更趋成熟，在施工技术和组织管理上也愈加严密完善。

隋朝建筑主要是兴建都城——大兴城和东都洛阳城，以及大规模的宫殿和苑囿，并开凿南北大运河、修长城等，著名的建筑如河北赵县安济桥（又称赵州桥）。

唐朝社会经济繁荣，建筑技术和艺术也有巨大发展和提高，主要特点有：规模宏大，规划严整；建筑群处理愈趋成熟；木建筑解决了大面积、大体量的技术问题，并已定型化；设计与施工水平有所提高；砖石建筑有进一步发展；建筑艺术加工更加真实和成熟。

（四）中国古建筑体系大转变时期——宋元时期

两宋手工业与商业的发达，使建筑水平也达到了新高度，出现了各种形式复杂的殿阁楼台，有了建筑理论著作《营造法式》。

其转变表现在城市结构和布局有了根本变化；木架建筑采用了古典的模数制；在

建筑组合方面，在总平面上加强了进深方向的空间层次，以便衬托出主体建筑；建筑装修与色彩有很大发展；砖石建筑的水平达到新高度；园林建筑兴盛。

元朝由于统治者崇信宗教，使宗教建筑异常兴盛。尤其是藏传佛教得到元朝统治者提倡后，佛教寺院获得大发展，规模巨大，规划完整。

（五）中国古建筑体系的高峰时期——明清时期

明清时期在建筑上进一步发展了木构架艺术技术，装修陈设上也留下许多砖石、琉璃、硬木等不朽之作，建筑类型得到进一步分化，并留下了大量可供参考的建筑实体。鸦片战争以后，由于大量接受西方文化，部分建筑出现了中西合璧的新形象，园林里也常有西洋门面、西洋栏杆、西洋花样等，明清时期成为我国建筑演进过程的一个重要阶段。

二、中国古代建筑的主要特点

（一）使用木材作为主要建筑材料

独特的木结构形式，既可以达到实际功能要求，又能够创造出优美的建筑形体以及相应的建筑风格。

（二）保持构架制原则

以立柱和纵横梁坊组合成各种形式的梁架，使建筑物上部荷载经由梁架、立柱传递至地基。墙壁只起围护、分隔的作用，不承受荷载。

（三）创造斗拱结构形式

用纵横相叠的短木和斗形方木相叠而成的向外挑悬的斗拱，不仅是立柱和横梁间的过渡构件，而且逐渐发展成为上下层柱网之间或柱网与屋顶梁架之间的整体构造层，这是中国古代木结构构造的巧妙形式。

（四）实行单体建筑标准化

中国古代的宫殿、寺庙、住宅等，往往是由若干单体建筑结合配置成组群。无论单体建筑规模如何，其外观轮廓均由阶基、屋身、屋顶三部分组成：下面是由砖石砌筑的阶基，承托着整座房屋；立在阶基上的是屋身，安装门窗隔扇；上面是用木结构屋架造成的屋顶，覆盖着青灰色砖或琉璃瓦。单体建筑的平面通常都是长方形，在有特殊用途的情况下，也有方形、八角形、圆形等；园林中观赏用的建筑，则可以采取扇形、字形、套环形等平面造型。屋顶有庑殿顶、歇山顶、卷棚顶、悬山顶、硬山顶、攒尖顶等形式，每种形式又有单檐、重檐之分，进而又可组合成更多的形式。

（五）重视建筑组群平面布局

建筑组群平面布局的原则是内向含蓄，多层次，力求均衡对称。除特定的建筑物如城楼、钟鼓楼等外，单体建筑很少露出全部轮廓。每个建筑组群少则有一个庭院，多则有几个或几十个庭院，组合多样，层次丰富，弥补了单体建筑定型化的不足。平面布局取左右对称的原则，房屋在四周，中心为庭院，组合形式均根据中轴线发展。唯有园林的平面布局，采用自由变化的原则。

（六）灵活安排空间布局

室内间隔采用隔扇、门、罩、屏等便于安装、拆卸的活动构筑物，能任意划分，随时改变。庭院是室内空间相互为用的统一体，又为建筑创造小自然环境准备条件，可栽培树木花卉，可叠山辟地，可搭凉棚花架，有的还建有走廊，作为室内和室外空间的过渡，以增添生活情趣。

（七）运用色彩装饰手段

木结构建筑的梁柱框架，需要在木材表面施加油漆等防腐措施，由此发展成中国特有的建筑油饰、彩画。常用青、绿、朱等矿物颜料绘成色彩绚丽的图案，以增加建筑物的美感。以木材构成的装修构件，加上着色的浮雕装饰的平棊贴花和用木条拼镶成各种菱花格子，是实用兼装饰的杰作。北魏以后出现的五彩缤纷的琉璃屋顶、牌坊、照壁等，使建筑灿烂多彩、晶莹辉煌。

延伸阅读 5-1

山西长治古建风韵

课堂互动 5-1

体会中国古代建筑的艺术特色和人文景观的旅游价值。

三、中国古代建筑的结构

（一）台基

台基属于古建筑基本结构部分，也称基座。精美古建筑的基座，常常饰有精美花纹的石雕，还有与台基有连带关系的石栏、石基、辇道等。如故宫太和殿的台基前后各有三座石阶，中间石阶用巨大的石料雕刻出的蟠龙，衬托着以海浪和流云构成的石阶“御路”，十分壮观。

（二）木构架结构

台基上的结构主要是木架构成。这是我国古建筑（城垣、佛塔、桥梁等不在此列）重要的特征之一，也就是说，一座古建筑，除屋顶和台基使用瓦和砖石等外，其他主要骨干部分，如柱、梁、枋等完全使用木材。如故宫太和殿面阔十一间，进深五间，外有廊柱一列，殿内外立有大柱 72 根。建筑面积 2 300 多平方米，通高 35.05 米，是全国最大的木架大殿。有的宫殿建筑使用名贵木材，如天安门东侧的太庙，其主要梁柱外包沉香木，其余构件均为金丝楠木。

（三）大屋顶

古代建筑上的“大屋顶”也可看成扩张出檐部分呈现向上的仰翻曲线现象，其作用有两点：一是防止雨水下流之急剧；二是避免因檐深而阻碍光线射入。至于屋顶出檐部分组成四角之檐，除实用价值以外，还有美观的需要。其四角之檐的仰翻曲度犹如裙角展开，给人一种自然轻快的感觉。

中国古代建筑最常用的屋顶有六种，其中以重檐庑殿顶、重檐歇山顶级别最高，其次为单檐庑殿顶、单檐歇山顶。

1. 庑顶殿

庑顶殿四面斜坡，有一条正脊和四条斜脊，屋面稍有弧度，又称四阿顶。庑殿顶分为单檐和重檐两种。其中，重檐庑殿顶是在庑殿顶之下又有短檐，四角各有一条短垂脊，共九脊。

2. 歇山顶

歇山顶是庑殿顶和硬山顶的结合，即四面斜坡的屋面上部转折成垂直的三角形墙面。歇山顶由一条正脊、四条垂脊、四条戗脊组成，所以又称九脊顶。歇山顶主要分为单檐和重檐两种。重檐歇山顶的第二檐与庑殿顶的第二檐基本相同，在等级上仅次于重檐庑殿顶。

3.悬山顶

悬山顶屋面双坡，两侧伸出山墙之外，屋面上有一条正脊和四条垂脊，又称挑山顶。

4.硬山顶

硬山顶屋面双坡，两侧山墙同屋面齐平，或略高于屋面。

5.攒尖顶

攒尖顶平面为圆形或多边形，上为锥形的屋顶，没有正脊，有若干屋脊交于上端。一般亭、阁、塔常用此式屋顶。

6.卷棚顶

屋面双坡，没有明显正脊，即前后坡相接处不用脊而砌成弧形曲面。

课堂互动5-2

中国古代建筑的屋顶有什么特点和作用？

知识点2 中国古代城市与长城

在线课堂 5-1

古城、古镇

一、中国古代城市

（一）中国古代城市的形成

“城”和“市”最初是两个不同的概念，正是它们的有机结合，才产生了完美意义的城市。古汉语中“城”是指在一定地域上用作防卫而围起来的垣，是当时的军事设施和统治中心；“市”则是指进行交易的场所，是古代商品流通中心。在生产力发展的驱动下，商品交换日趋频繁，客观上要求为这种交换提供一个安全、通达、固定的环境，于是“城”和“市”相互结合，并最终走向统一。在我国西周时期，城市形态已很完备，城市建设也已制度化，反映在城市规划上，已形成了一套十分严谨的规划理论。

（二）中国古代城市规划的特点

1.城郭分明

中国古代上至天子王侯，下至县郡治所都建有城和郭。城在内，郭包在城的外围，有“内之有城，外之有郭”之说，统称城郭。从内到外依次是宫城、皇城、外城（即郭）。明代的南京城和北京城较为特殊，筑有四道城墙。

2.防御体系严密

古代城市有着十分严密的防御体系，大都筑有高大的城墙，矮者4～5米，高者可达10余米，厚约12米，坚固异常。城墙之上建有雉堞、女墙、门楼、角楼、马面等防御设施。城墙之外建有护城河（称为“城池”），水面宽度可达30米，深3～5米。护城河上设有吊桥。城墙的四面都设有数量不等的城门，城门之外往往加筑瓮城、罗城、箭楼等。

3.棋盘状的街区结构

中国古代城市的道路结构多为棋盘状的结构。《周礼·考工记》中记载，古代都城的规制是“匠人营国，方九里，旁三门。国中九经九纬，经涂九轨”，即都城九里见方，每边开有三门，东西南北各有九条道路，南北道路宽为车轨的9倍。这种整齐划一的方格形道路交通网，不仅便于交通，而且便于在街坊内建造各种建筑。千百年来形成的棋盘状街区结构对现代城市建设影响较大。我国各主要大、中城市的道路交通管网至今都保持着这种基本的格局。

4.中轴对称的平面布局

中国古代城市采用中轴对称的平面布局。城市建设或以宫殿，或以官衙，或以钟楼等公共建筑为中心进行规划，反映了统治阶级严格的等级观念。

5.基础设施完善

基础设施完善，具有完备的城市功能。中国古城设有“市”，供百姓们交换和采购。如北京城的市场和店铺共有132行，分布于皇城四周的大街小巷之中，形成东单、西四牌楼、正阳门、鼓楼四个商业中心。其他的城市设施，如绿化、饮水、排水、防火、报时、报警灯，一应俱全，极为完善。

（三）城的防御意义

城，就是在都邑四周用作防御的城垣。一般有两重：里面的称城，外面的称郭，城郭外的护城河称池，下至州都府县衙的治所，以及一些镇、乡等都有城墙和护城河。城墙上有城楼、角楼、垛口等防御工事，构成一整套坚固的防御体系，而且在建筑艺术上也有很高的成就。坚固的城墙、高耸的城楼、宽广的护城河，显示出雄伟森严的气势。

1.门楼

门楼是权力的象征，也是一个城的重要标志，所以一般门楼建得比较高大雄伟。门楼在平时供瞭望守卫、储备粮食武器之用，战时则是作战指挥中心和守卫要地。

2.角楼

角楼位于城之四角，因为它双向迎敌，所以是城防中的薄弱点，需要加强防卫。战时，角楼中一般集中较多的兵力和武器。

3.敌台

敌台又称“马面”，敌台的防御作用是很大的，因城墙正面不便俯射，将士若探身伸头射杀敌人，容易遭到对方的射击，有了突出的城台，进逼城墙脚下的登城者，就会遭到左右敌台上的射击，而使登城无法进行。所以，敌台的距离一般在两个敌台能够控制的射程之内。

4.敌楼

敌楼骑墙而筑，高出城墙之上，有的两层，有的三层，是供储备粮草、军械、火药和士兵居住、躲风避雨以及作战之用。

5.垛口

垛口筑在城墙迎敌面的顶部，呈上下凹凸状，凹进去部分称为垛口。垛口中有上下两孔：其上为望眼，用以瞭望来犯之敌；下为射孔，用以射击敌人。垛口的作用很大，它既能隐身防敌，又便于射击敌人，使自己始终处于不败之地。

6.城墙

城墙顶部是军队防御活动的通道，迎敌一面筑有2米高的垛口，另一面筑有1米左右用以护身的女墙，墙顶通道一般较宽，可五马并骑，十人排行而走。地势陡峭处，路面筑成阶梯形的梯道。为了排除下雨时的积水，墙顶还有排水沟等设施。在墙体内侧隔一定距离开有石砌或砖砌的拱形券门，中修磴道，直通墙顶，以便战士们上下通行。

7.瓮城

瓮城呈长方形或圆弧形，加筑在迎敌的城门之外，以使城门增加一道有力的防线，其迎敌的城台上还筑有箭楼。

8.箭楼

箭楼往往雄峙在瓮城之迎敌城台上，与门楼遥遥相对，迎敌三面都开有一排排多层的箭孔，当敌人来犯时，可形成密集的射击点，给敌人以毁灭性的打击。

9.护城河

护城河即紧接城墙外面深阔的城壕，它一正一负构成了双重防御体系，在城门处往往还设置吊桥。

10.钟鼓楼

古时，为“晨钟暮鼓”的报时以及报警之需，凡是重镇城内多建有钟鼓楼。如果四边的城门都开在中央，南、北、东、西四门相对，城内的街道便呈十字形，一般钟鼓楼就坐落在这个十字路口附近，西安市内的钟鼓楼便是如此。

课堂互动5-3

如何深层次掌握中国古建筑的文化内涵，让游客通过参观中国古建筑来增强对中华优秀传统文化的热爱。

（四）现存古城介绍

1.南京明城墙

南京是中国七大古都之一，曾为东吴、东晋、宋、齐、梁、陈、南唐、明、太平天国以及“中华民国”的都城。南京明城墙包括明朝京师应天府（南京）的宫城、皇城、京城和外郭城四重城墙，今多指保存完好的京城城墙。这也是世界最长、规模最大、保存原真性最好的古代城垣。

明太祖朱元璋于洪武元年（1368年）在元代府城的基础上，建明朝都城应天府城，洪武二十三年（1390年）又增筑外廓。明成祖朱棣迁都北京，在营建北京城时许多地方就是以南京为蓝本的。

明南京城规划突破了方正对称的传统都城形制，城墙根据地理条件和军事防守的需要而建，基本保留和利用旧城的同时又增辟了新区，把建康城、石头城、南唐江宁城旧址和富贵山、覆舟山、鸡笼山、狮子山、清凉山等都包括在城内，使城市和道路呈不规则形状。全部城墙为砖石结构，共设城门13座，其中聚宝（中华）、石城、神策、清凉四门保持至今。外廊略呈圆形，周长60千米，多为土筑，现已辟为环城公路。

2.西安明城墙

西安明城墙建于1370—1378年，是我国现存规模最大、保存最完整的古代城垣，是全国重点文物保护单位。城墙用黄土分层夯筑，城墙周长13.74千米，高12米，城内面积近12平方千米。四面正中辟门，每座门外设箭楼，以利射击，内筑城楼，两楼之间建瓮城。城墙里面建有马道六处，外面建有敌台，城垣外围护城河宽20余米、深10米。

3.平遥古城

平遥古城自古为平遥县治所，也是我国保存较完整的汉民族地区县治所古城，坐落在黄土高原东缘晋中盆地中部山西省晋中市平遥县。现存古城重建于明洪武三年（1370年）。城内街道、市楼、衙署、商号、寺观、民居等均保留原有形制，其建筑风格极具山西地方特色。平遥古城墙马面多、造型美观、防御设施齐备，为中国历代建城史仅有的，并以筑城手法古拙、工料精良著称于世，是研究明代县城建制的实物资料。平遥古城1997年被列入《世界遗产名录》。

4.兴城古城

兴城古城是我国现存最为完善的四座明代古城之一。古城背依辽西丘陵，南临渤海，雄踞辽西走廊中部咽喉之地，是辽东地区通往中原的交通要道。辽圣宗统和八年（990年）始称兴城，明称宁远卫城，清称辽远州城，1914年重新启用“兴城”之名，并沿用至今。

兴城古城始建于明宣德五年（1430年），呈正方形。城的四面有城门，城门外筑有半圆形瓮城，四角设角台，东南角台上建有魁星楼。城内东西、南北街十字相交，钟鼓楼端局正中。城内有明代祖师史坊和文庙等古迹。

二、长城

长城是中华文明的瑰宝，是世界文化遗产之一、中华民族的象征。在2 000多年前，中国古代劳动人民用血肉之躯修筑了万里长城。

在线课堂 5-2
古长城

春秋战国时期，各国诸侯为了防御别国入侵，修筑烽火台，并用城墙连接起来，形成最早的长城。此后历代君王几乎都加固、增修长城。在冷兵器时代，长城防御体系的军事作用是卓有成效的。

根据历史文献记载，修建长城超过5 000千米的有三个朝代：一是秦始皇时修筑的西起临洮、东至辽东的万里长城；二是汉朝修筑的西起今新疆、东至辽东的内外长城和烽燧屏障，全长13 000千米；三是明朝修筑的西起嘉峪关、东到鸭绿江畔的长城，全长8 851.841千米。

在中国历史的漫长岁月中，许多封建王朝为了巩固自己的统治，都对长城进行过多次修筑。不论是巨龙似的城垣，还是扼居咽喉的关隘，都体现了当时设防的战争思想，而且标志着当时建筑技术的高度成就。

延伸阅读 5-2
嘉峪关长城：守护中华民族精神根脉生生不息

价值引领5-1

万里长城是一部悠久的古代中国文明史诗，也是封建社会最丰富最辉煌的篇章，封建社会重大的政治、经济、文化的历史事件都在长城身上都打下了烙印。万里长城身上蕴藏着中华民族光辉灿烂的文化艺术内涵。除了城墙、关城、镇城、烽火台等本身的建筑布局，以及造型、雕饰、绘画等建筑艺术之外，还有诗词歌赋、民间文学、戏曲说唱等。古往今来不知有多少帝王将相、戍边士卒、骚人墨客、诗词名家为长城留下了不朽的篇章。边塞诗词已成为古典文学中的一个重要流派。长城像一条矫健的巨龙，越群山，经绝壁，穿草原，跨沙漠，起伏在崇山峻岭之巅，绵延在黄河彼岸和渤海之滨。古今中外，凡到过长城的人无不惊叹它的磅礴气势、宏伟规模和艰巨工程。长城以它巍巍雄姿、坚强的体魄，象征着中华民族坚强不屈的精神、克服困难的毅力。长城是中华民族的骄傲，也是整个人类的骄傲。

在线课堂
5-3

古代宫殿

知识点3 中国古代宫殿与坛庙建筑

一、中国古代宫殿

宫殿在先秦时，是居住建筑的通用名，秦以后成为帝王居所的专用名。我国经历了漫长的封建社会，历代帝王为了满足其骄奢淫逸的生活和维护其统治的威严，往往大兴土木，聚集全国的能工巧匠，营建各种宫室殿堂。所以宫殿的建筑最能体现当时的建筑水平和建筑艺术。

我国宫殿建筑出现很早，商代已初具规模，以后越建越大。秦始皇统一六国后兴建的阿房宫，就已经到惊人的规模。西汉初年修建的未央宫，宫城周围达8 900米。汉高祖刘邦曾因这座宫殿建筑的奢华而动怒，主持这一工程规划的萧何说："天子以四海为家，非壮丽无以重威。"这说明统治阶级已经认识到，规模宏大的宫殿建筑也可以作为其巩固政权的一种工具。萧何的这个看法，促使以后历代帝王更加重视都城和宫殿建筑。所以，秦汉以后，宫殿建筑始终在中国古代建筑中占有重要的位置。

宫殿的建筑有严格的定制，即"内寝外朝，左祖右社"。内寝也称内廷，是皇帝和后妃们生活的寓所；外朝即皇帝召见群臣、处理政务的地方；宫殿左面（东侧）设祖庙，以祭祀黄帝的列祖列宗；右侧（西侧）设社稷坛，以供皇帝祭祀土地（社）五谷（稷）之神。宫殿建筑讲究中轴对称布局方式，中轴线上的建筑高大、华美，而两侧建筑则相对矮小。

宫殿建筑虽然豪华，但大多数都在王朝更替或内部争权夺利中被毁，如今所剩下的只有故宫博物院和沈阳故宫。

1.故宫博物院

故宫博物院是明清两朝的皇宫，呈长方形，占地面积约72万平方米。宫内有各类殿宇9 000余间，都是木结构、黄琉璃瓦顶、青白石底座，并饰以金碧辉煌的彩画。环绕紫禁城的城墙高约10米，城外还有一条长3 500米的护城河环绕，构成完整的防卫系统。

外朝部分是皇帝办理朝政大事、举行重大庆典的地方，以皇极殿（清代称太和殿，又称金銮殿）、中极殿（清代称中和殿）、建极殿（清代称保和殿）三大殿为中心，东西以文华殿、武英殿为两翼。其中，皇极殿是宫城中等级最高、最富丽堂皇的建筑，皇帝登基、大婚、册封、命将、出征等都在这里举行盛大的仪式或庆典，届时数千人"山呼万岁"，数百种礼器钟鼓齐鸣，极尽皇家气派。

内廷以乾清宫（皇帝卧室）、交泰殿、坤宁宫为中心，东西两翼有东六宫、西六宫（皇妃宫室），也就是人们常说的"三宫六院"，是皇帝处理日常政务及皇室居住、礼佛、读书和游玩的地方。坤宁宫后的御花园，是帝后游赏之处，园内建有亭阁、假山、花坛，还有钦安殿、养性斋，极富有皇家苑囿特色。出御花园往北为玄武门（清代改称神武门），是故宫的北门。

价值引领5-2

郑欣淼先生曾将故宫人的核心价值理念，即“故宫精神”的内涵概括为五个方面：典守珍护、敬业奉献、弘扬服务、开放创新、奋发和谐，其核心是“以国宝为生命”。一代代故宫人将这种“故宫精神”不断丰富、传承，无论是文物清理、古建修缮、藏品保护、科学研究、陈列展览、制度建设，还是安全保卫、观众服务、文化传播、国际合作、科学管理等，故宫人都在不断地解决各种困难、迎接新的挑战，为实现“把壮美的紫禁城完整地交给下一个600年”的宏伟梦想不懈努力，也让故宫人独特而深刻的“工匠精神”永续传承。

2.沈阳故宫

沈阳故宫位于沈阳旧城中心，占地面积超过6万平方米，共有建筑100余所、500余间，是清朝入关前清太祖努尔哈赤、清太宗皇太极建造的皇宫，又称盛京宫阙。清世祖福临在此即位称帝。

沈阳故宫按照建筑布局和建筑时间先后，可以分为三个部分：东路为努尔哈赤时期建造的大政殿和十王亭；中路为皇太极时期续建的大清门、崇政殿、凤凰楼以及清宁宫等；西路为乾隆时期增建的戏台、嘉荫堂、文溯阁等。

大政殿是一座八角重檐大木架构成的建筑，殿身八面都用木隔子门组成，以卯榫相接，可以任意开启。殿前排列十座方亭，为左右翼王和八旗旗主办公的地方。崇政殿为五间九檩硬山式，前后有出廊，围以石雕栏杆。此殿为皇太极日常处理军政要务和接见外国使臣、边疆少数民族代表之所。

文溯阁为西路的主体建筑，乾隆四十七年（1782年）兴建，专为庋藏《四库全书》之用，建筑形式仿浙江宁波天一阁。

沈阳故宫历经大规模修缮，现已辟为沈阳故宫博物院。

课堂互动5-4

沈阳故宫与故宫博物院的区别体现在哪些方面？

3.布达拉宫

布达拉宫位于西藏自治区首府拉萨市区西北的玛布日山上，“布达拉”是梵语音译，又译作“普陀”，原指观世音菩萨所居之岛。布达拉宫是一座规模宏大的宫堡式建筑群，始建于公元7世纪吐蕃赞普（藏王）松赞干布时期。17世纪重建。主体建筑分为白宫和红宫两大系统。白宫是达赖喇嘛日常生活起居、处理教务的地方，红宫主要是历代达赖喇嘛的灵塔殿和各类佛殿。布达拉宫以辉煌的艺术作品和珍贵文物而闻名。

二、中国古代坛庙

中国古代传统文化思想中，包含着浓重的对祖先的崇敬，对土地、粮食、天地、日月、各种神灵的崇拜。为了寄托这种崇敬和感恩的心情，产生和形成了许多坛庙建筑，也称为礼制建筑。

在线课堂
5-4
古代坛庙

（一）太庙与社稷坛

1.太庙

太庙位于天安门左侧，现为北京市劳动人民文化宫，过去是帝王祭祀祖宗的地方，包括戟门、正殿、两庑、寝宫、祧庙，有明显的中轴线，左右配殿严格对称。其位置也符合中国传统的“左祖右社”的规定。外有高大厚重的墙垣和树冠茂密的古柏，内有空敞宁静的庭园，庄严肃穆，静谧安宁。

2.社稷坛

社稷坛位于天安门西侧，为明、清两代的社稷坛，现为中山公园。中国传统的治国思想是“以农为本”，发展农业生产与土地密切相关，所以要祭祀土地神和粮食神。古代以“社稷”代称国家。按“五行”中五方五色的对应关系，中央为黄，东方为青，南方为红，西方为白，北方为黑，所以必须用五色土覆盖于坛面，以象征“普天之下，莫非王土”和祈求全国风调雨顺、五谷丰登。

由于祭祀社稷是由北向南设祭，所以其总体形制与太庙相反，即享殿、拜殿及正门均在北，沿正门、享殿、拜殿、五色土方坛为序，由北向南展开。神厨等附属建筑物在棂星门外。

（二）天坛、地坛、日坛、月坛

祭祀天、地、日、月、泰山神等活动，是历代帝王登基后的重要活动。

因为君权“受命于天”，且要秉承“天意”治理国家，所以皇帝必须亲自去天坛祭天。祭天在南郊，时间在冬至日。因为土地是国家的根本（繁体字国家的“国”，“口”中有“或”，“或”即“域”），所以皇帝必须亲自或派人前往地坛祭地。祭地在北郊，时间在夏至日。因为万物生长靠太阳，所以必须到日坛祭日，祭日于东郊。因为月亮是夜明之神，所以又必须到月坛祭月，祭月于西郊。因为祭天、地、日、月等活动都在郊外进行，所以统称为郊祭。

历史上许多皇帝，如秦始皇、汉武帝等，都要登五岳之首——泰山祭泰山神，称为封禅大典。

反映上述中国文化思想的旅游胜地主要有：

1.天坛

天坛位于北京，始建于明永乐十八年（1420年）。天坛是明清皇帝祭天和祈祷丰年的地方，是中国礼制建筑中规模最大、等级最高的建筑群。天坛由祭天的圜丘（圜丘坛呈圆形，由内外两重城墙环绕，南边围墙左右两角呈方形，北边围墙左右两角呈弧形，以象征古人“天圆地方”的观念），祈求丰收的祈年殿，皇帝斋宿的斋宫，贮放神牌的皇穹宇，以及演习祭祀礼乐的神乐署等组成。这些建筑以圜丘坛、祈年殿为主体，前者在南，后者在北，中间以丹陛桥相连，桥宽约30米、长360米；斋宫、神乐署在主轴线以西；周围广种柏树，有一种肃穆宁静的氛围。1998年，天坛被联合国教科文组织列入《世界遗产名录》。

2.地坛

地坛位于北京，始建于明嘉靖九年（1530年）。地坛与天坛相对应，坛呈正方形，象征古人“天圆地方”的观念，所以又名方泽坛。主体建筑为两层方台，上有皇祇室（供奉皇地祇牌位及五岳、五镇、五陵山、四海、四渎诸神位的殿室）、神库院、斋宫等建筑。地坛是我国现存最大的祭地之坛。

（三）曲阜孔庙

孔庙是祭祀我国古代著名的思想家、教育家、儒家学派的创始人孔子的场所。目前，全国各地保存的历代孔庙甚多，以孔子故乡山东曲阜的孔庙规模最大、年代最早，它与孔府、孔林并称“三孔”。

曲阜孔庙原为孔子故宅，鲁哀公时立庙，历代增修，至明中叶扩至现存规模。主要建筑有大成殿、奎文阁、碑亭等。整个建筑群以中轴线贯穿，左右对称、布局严谨。历代皇帝均在此举行隆重的祭孔活动。因其面积之大、时间之久、气魄之雄伟、保存之完好，被中国古建筑学家称为世界建筑史上“唯一的孤例”。孔庙不仅是儒家文化的载体，更是一座文化艺术殿堂。

知识点4　中国古代陵寝

一、封土的沿革

在线课堂
5-5

古代陵墓

封土是指墓上堆筑的土丘，形制即封土形式。大约从周代开始，出现“封土为坟”的做法。中国帝王陵墓封土的沿革主要有以下三个阶段：

（一）方上

方上是早期陵墓的封土形式，就是在地宫之上用黄土层层夯筑而成，使之成为一个上小下大的锥体。因其上部好像是被截去顶部的方形平顶，故名“方上”。方上在秦汉两代最为盛行。陕西秦始皇陵和汉代帝王陵墓均属此类。

（二）以山为陵

以山为陵即利用山峰作为陵墓坟头，这样既能体现帝王的浩大气魄，又可防止盗挖和水土流失，在唐代最为盛行。唐乾陵、昭陵就是这种封土形式。

（三）宝城和宝顶

宝城和宝顶是明、清时期采用的一种封土形式。在地宫上砌筑高大的砖城，在砖城内填土，使之高出城墙成一个圆顶。城墙上设垛口和女儿墙，宛如一座小城，即“宝城”；高出的圆顶，称为“宝顶”。宝城上建有明楼，楼内立石碑，刻着皇帝的庙号、谥号。南京明孝陵、北京明十三陵和河北清东陵、西陵为其典型代表。

二、中国帝王陵墓的建筑布局

中国帝王陵墓前往往都有规模宏大、富丽豪华的建筑物，主要用于祭祀、装饰、保护陵墓。中国帝王陵墓的建筑布局大致分为以下三部分：

（一）祭祀建筑区

祭祀建筑区的主要建筑是祭殿、献殿，是供帝王祭祀之用。两旁是配殿、廊庑等。

（二）神道

神道又称“御路”“甬路”等，是通向祭殿和宝城的引导大道。唐以前，神道并不长，在道旁置少数石刻，墓道的入口设阙门。到了唐朝，陵前的神道石刻有了很大的发展，大型的石像生仪仗队石刻已经形成。

（三）护陵监

护陵监是专门保护和管理陵园的机构。监外有城墙保护，内有衙署、市衙、住宅等建筑，好像一座小城。

三、墓室结构

（一）土穴墓室

在原始社会早期，墓穴形式很简单，只在地下挖一个土坑，土坑一般都小而浅，仅能容纳尸体，无棺椁，尸体也无特殊东西加以包裹。到新石器时代晚期开始出现葬具。在大汶口文化后期，少数墓坑面积很大，坑内沿四壁用天然木材垒筑，上面用天然木材铺盖。

（二）木椁墓室

从殷代开始一直到西汉时期，往往采用此种结构形式。早期为井干式结构，即用大木纵横交搭构成。到西汉时出现用大木枋密排构成的“黄肠题凑”形式，这是木椁墓室发展的顶峰。西汉帝王墓室就是木椁墓室。

（三）砖筑墓室

砖筑墓室是墓室结构的重要形式，分为空心砖砌筑和形砖砌筑两类。空心砖墓室始于战国末期，形砖墓室约始于西汉中期，南北朝和隋唐时期应用渐广。

（四）石筑墓室

石筑墓室多采用拱券结构。西汉晚期出现石筑墓室，墓室中雕刻着画像，故称“画像石墓”。明清陵墓墓室全部采用高级石料砌筑的拱券，各室相互贯通，形成一个地下宫殿。明万历皇帝的定陵地宫是最著名的石筑墓室。

四、中国现存著名的古代陵墓

（一）秦始皇陵

秦始皇陵位于陕西临潼骊山脚下。在历代单葬制的帝王陵墓中，秦始皇的陵墓是最大的。其陵园外垣为长方形，内垣近似方形。在陵园内，除方上陵丘外，其地上祭祀建筑已无存，现已发现地下有兵马俑陪葬坑、铜车马坑、铠甲坑、百戏俑坑、文官俑坑及陪葬墓等600余处。1974年发现的兵马俑一号坑，出土了与真人真马等大的6 000多个人俑与马俑，再现了2 000多年前的战阵军容。1980年，在陵西侧又挖掘出3 000多个由金、银、铜制作的铜车马部件，不仅工艺精湛，而且至今转动自如。铜车马的出土，使世界各国对中国2 000多年前的文明有了更深刻的认识。1987年，秦始皇陵及兵马俑坑被载入《世界遗产名录》。

价值引领5-3

秦始皇陵是世界上规模最大、结构最奇特、内涵最丰富的帝王陵墓之一，也是一座豪华的地下宫殿。秦俑坑不仅是中国，而且是世界考古史上的一次重大发现，是世界第八大奇迹，也是世界人类文化的宝贵财富。

（二）唐代乾陵

乾陵是唐高宗李治和女皇武则天的合葬陵，位于陕西乾县梁山。梁山三峰突起，挺拔俊秀。乾陵以其北部主峰为陵，南部两峰为阙，陵区仿长安城格局。神道两侧大型石雕达120多件，王公贵戚、功臣爱将的陪葬墓有17座。其宏伟的气势、庞大的陵墓群规模和以山为陵的设计思想是唐朝帝王诸陵之冠。从资料记载和考古发掘得知，乾陵可能是唯一没有被盗掘的唐朝帝王陵墓，至今地宫未开掘。在大型石雕中，有两个石雕因与众不同而著名：其一是无字碑，通体高达7.53米，为一完整巨石，初立无字。关于无字的原因有两种说法：一说是武则天认为自己的功过是非应让后人评价，所以无字；二说是武则天认为自己的功劳无法用文字表现。现在碑上的文字是后人游历此处时的题词，内容多是对李唐与武周那段历史的评价。其二是神道上的异域人物石像生。石像生采用原雕手法，残高在1.5米至1.77米之间，大小和真人差不多。

（三）明十三陵

明十三陵位于北京西北昌平区天寿山下的小盆地内，陵区面积约40平方千米，这里埋葬着明朝定都北京后的十三位皇帝和众多的后妃。十三座帝王陵如扇状分布在山前丘陵上。整个陵区由一条主神道和十二条分支延伸的辅神道构成，通向各陵墓的神道网。明永乐皇帝朱棣的长陵坐落在主神道的北端。各代皇帝陵墓依照辈分分布在主陵两侧。地宫封土为圆形的宝城宝顶，地宫前是安放帝王谥号碑牌的方城明楼。明楼前是三进院的祭祀建筑群。神道上的石像生等饰物均布置在神道两侧。陵墓旁设有“护陵监”看护、祭扫陵墓。明代陵墓地下墓室都有巨石发券，构成若干墓室相连的“地下宫殿”。十三陵以地面建筑宏伟的长城和唯一打开地宫的定陵闻名于世。

（四）清东陵、清西陵

清东陵位于河北遵化马兰峪西、昌瑞山下，占地面积约78平方千米。清西陵位于河北易县永宁山下，占地面积约800平方千米。清东陵埋葬着顺治、康熙、乾隆、咸丰、同治五帝，以及十五后和一百三十六位嫔妃。清西陵埋葬着雍正、嘉庆、道光、光绪四帝及其后妃等。清东陵、清西陵是我国现存规模宏大、建筑体系完整的皇家陵墓群。其建筑体系与明十三陵基本一致。2000年，清东陵、清西陵被列入《世界遗产名录》。

知识点5 其他著名古代建筑

一、楼

在我国建筑史上，楼是一种多功能的建筑物。中国古代最著名的三大楼为湖南岳阳的岳阳楼、湖北武汉的黄鹤楼、江西南昌的滕王阁。这三处楼阁景观皆有特色，是历代文人墨客吟咏作诗的理想之地。

（一）岳阳楼

岳阳楼坐落在湖南岳阳市西门城楼上，紧靠八百里洞庭湖，相传其前身是三国东吴都督鲁肃训练水兵的阅兵台。唐开元四年（716年），中书令张说谪守岳州，在此修楼，名“岳阳楼”。宋以后进行过多次重新修建。现在的主楼建于清光绪六年（1880年），楼阁采用三重檐盔顶式，是我国现存最大的盔顶建筑，黄色的琉璃瓦在阳光的照耀下辉煌闪烁。楼阁整体三层木结构，楼高约20米，楼内悬挂有《岳阳楼记》雕屏及诗文、对联等。也许因为有了这篇流传千古的文章而使岳阳楼更加有名，也许只是它本身独特的人文地理环境所独有的风格情调引人入胜。总之，不管是今日还是往昔，岳阳楼都以其特有的魅力闻名遐迩。

价值引领5-4

景因文而名，范仲淹的《岳阳楼记》通过描写岳阳楼的景色，以及阴雨和晴朗时带给人的不同感受，揭示了“不以物喜，不以己悲”的古仁人之心，也表达了作者“先天下之忧而忧，后天下之乐而乐”的爱国爱民情怀。

《岳阳楼记》超越了单纯写山水楼观的狭境，将自然界的晦明变化、风雨阴晴和“迁客骚人”的“览物之情”结合起来，将全文的重心放到了纵议政治理想方面，提高了文章的境界，岳阳楼也因此名闻天下。

（二）黄鹤楼

黄鹤楼雄踞于湖北武昌蛇山之巅，最早建于三国东吴黄武二年（223年）。当时用作军事瞭望哨，唐朝以后，逐渐成为观赏楼。自古以来，关于黄鹤楼有许多神奇的传说，一说古代仙人驾鹤经此，又有人说曾有道士在此地辛氏酒楼的墙上画了一只会跳舞的黄鹤，店家从此生意兴隆，黄鹤楼的楼名因此而得，黄鹤楼也因此蒙上了一层神秘的仙境色彩。

黄鹤楼屡建屡毁，现在我们看到的黄鹤楼是1985年建成的，因修建武汉长江大桥占用了旧址，重建的黄鹤楼便从原来的黄鹄矶移到了蛇山的高观山上。新建黄鹤楼以清代同治楼为蓝本，兼蓄宋楼雄浑、元楼堂皇、明楼隽永的神韵。楼阁为五层，每层都有回廊，分别表现出不同的主题：第一层主题为“神话”，第二层主题为“历史”，第三层主题为“人文”，第四层主题为“传统”，第五层主题为“永存”。全楼以黄色琉璃瓦覆盖，飞翘的檐角和稳定的楼身相得益彰。

（三）滕王阁

滕王阁位于江西南昌市西，赣江之滨，为江南胜迹，尤以王勃的《秋日登洪府滕王阁饯别序》（即《滕王阁序》）而闻名中外。被称为“瑰丽绝特”的滕王阁，为唐高祖的儿子滕王李元婴于唐永徽四年（653年）所建，历代重修约28次。如今我们所见到的滕王阁是在1989年重阳节落成开放的。

重修的滕王阁是根据我国著名古建筑学家梁思成所绘草图而建，整个建筑为钢筋混凝土方仿木结构。飞檐翘角、丹栋雕梁，保存了唐阁“层峦耸翠，上出重霄，飞阁流丹，下临无地”的雄伟气势。滕王阁内部共有七层，顶覆绿色琉璃瓦，阁四周有平座，回廊围绕，廊柱为红色，与顶部的绿色相映衬。内设序厅、人杰厅、古宴厅、地美厅、远眺厅、丹青厅、翰墨厅、古乐厅。“落霞与孤鹜齐飞，秋水共长天一色。”文因楼作，楼以文传，王勃的《滕王阁序》流传古今，使得滕王阁声名大振。“闲云潭影日悠悠，物换星移几度秋。阁中帝子今何在？槛外长江空自流。”虽然建阁的滕王已经不在，但他昔日的形象依然别具风采。

二、书院

中国传统的书院建筑始建于晚唐，延续到清末，共建立了千余所。世事沧桑，时过境迁，留存到现在的书院不是很多，但这些留存下来的书院却都具有很大的代表性和历史价值，足以彰显我国传统书院的真实面貌。

（一）岳麓书院

岳麓书院位于湖南长沙岳麓山东麓，始建于北宋开宝九年（976年），天禧二年（1018年）宋真宗赐以“岳麓书院”门额。南宋理学家朱熹曾在此讲学。该书院屡建屡毁，但始终是湖南的最高学府。现存建筑为清代重建。

岳麓书院古朴、清幽，流露出浓郁的文化气息，培养了一代又一代经世济民的人才。走进书院，迎面是为纪念朱熹而建的赫曦台，进门有一广庭，庭左右分别为半学斋和教学斋，后面为御书楼，这些建筑均位于中轴线上，左面是岳麓文庙，整体建筑为前讲学、后藏书、左供祀的格局。

岳麓书院的教育传统历史悠久，人文气息深厚，“人文以化成天下”的思想理念源远流长。岳麓书院很注重“义利之辨”的儒学伦理，它是书院教育原则和人文传统直接的体现，当然其中也不乏对爱国情操的培养。书院绵延千年，人才辈出，讲学、求学的人都为书院作出了贡献，虽然每个人都受到历史的局限和主观的影响，但他们的思想精华却影响着后人。清光绪二十九年（1903年），岳麓书院改为湖南高等学院，后又改为湖南高等师范学校，1926年定名为湖南大学，历史已逾千年，被当世学者誉为罕见的“千年学府”。

（二）白鹿洞书院

白鹿洞书院位于江西庐山五老峰下，始建于唐代，宋代扩为书院。屡经兴废，现存建筑为清道光年间所修。这里有些许多古碑刻、名人书法嵌于殿宇、临泉幽壑间，环境静谧优美，令游客流连忘返。

《白鹿洞志》中记载：“白鹿洞者，唐李渤读书处也。贞元中，渤与涉隐庐山。蓄一鹿甚驯，尝随之，人称白鹿先生。宝历中，渤为江州（今江西九江）刺史，就令书院地创台榭、引流植花，遂以白鹿名洞。南唐建庐山国学，后又有宋代朱熹在此创办白鹿洞书院，聘请名师、广集生徒，亲任洞主，亲自讲学。至此，白鹿洞书院达到了它的鼎盛时期，它与嵩阳、应天、岳麓书院并称为“四大书院”。

（三）石鼓书院

石鼓书院位于湖南衡阳的石鼓山。唐朝时李宽筑庐读书于此，宋至道三年（997年）立书院，明清时仍存在。抗日战争期间，园囿建筑物均毁于战火，今故址内尚有明、清碑刻多方及一人多高的石鼓一面。2006年，衡阳市人民政府重建石鼓书院，整个建筑群为白墙黛瓦深色柱，布局为中轴对称，院内布置了禹碑亭、山门、书舍、大观楼、合江亭等建筑。

（四）应天书院

应天书院原址在今天的河南商丘，商丘旧名睢阳，故书院又称睢阳书院。最初为五代的杨悫、戚同文讲学之地。宋真宗大中祥符二年（1009年），曹诚就其地筑学舍150间，藏书1 500余卷，广招学生。应天府知事晏殊请范仲淹来此任教。其后，因战乱院址荒废。

（五）晋溪书院

山西太原悬瓮山下有一座将儒、释、道文化结合在一起的奉祀祠庙，名为晋祠，现已成为一处优美的园林。在这里有一座晋溪书院，原为明朝大臣王琼的私人住宅，王琼被贬后，就在这里读书、吟诗，排遣苦闷，他去世后这里被改为书院。来这里读书的学生很多，乡试的时候还借用书院作为考场。

今天的晋溪书院是1992年重新修建的，在院内还建有王氏祠堂——子乔祠。院内建筑朴素典雅，周围风景清幽，与晋祠古建筑浑然一体。

三、亭

亭是一种富有魅力的建筑艺术形式，在中国古典建筑中显得意蕴隽永。它的用途广泛，建址也较灵活，在城镇乡村或园林风景中都可见到亭的踪迹。亭是对自然风光与人文景观的提炼，“亭借景扬名，景借亭增色”。中国的亭造型优美，形式多种多样，几乎包括了所有建筑屋顶的形式，亭以虚拟的内部空间与外部空间相联系，是一种整体环境美的体现。亭将历史文化内涵和意境美相结合，让人百看不厌。

（一）兰亭

兰亭位于浙江绍兴西南兰渚山下，因王羲之的《兰亭集序》而被世人所了解。《兰亭集序》记叙了永和九年三月初三王羲之与好友在此集会的盛况。现建筑和园林皆为依据明嘉靖时兰亭的旧址重修的。有小溪流经此处称曲水，临溪有流觞亭。亭西有王右军祠，祠中正殿有王羲之像。殿前有墨华池，池中建墨华亭，两廊墙上嵌古代碑刻。兰亭有三绝，分别是雕有康熙、乾隆手迹的“祖孙碑”，雕刻着“鹅池”两字的据说是王羲之、王献之手迹的“父子碑”，以及刻有“兰亭”二字的康熙御碑，这三块石碑都雕于清代。

兰亭八景即兰亭、鹅池、流觞曲水、流觞亭、御碑亭、王右军祠、墨池、墨华亭。“此地有崇山峻岭，茂林修竹，又有清流激湍，映带左右。”鹅池碑亭，传为佳话，曲水流觞，赋诗赏景。兰亭的美景无须争论，王羲之深怀哲理的诗文也让人叫绝。《兰亭集序》是一篇脍炙人口的优美文章，文采斐然，妙语连珠，不仅内容丰富生动，书法艺术也无人能及，每一个字都神采飞扬，具有极大的欣赏意义和观赏价值。

（二）醉翁亭

醉翁亭位于安徽滁州琅琊山中。北宋年间，欧阳修被贬任滁县太守时，常与宾客饮酒亭中，他自称“醉翁”，遂命此亭为醉翁亭，并撰写了脍炙人口的《醉翁亭记》。琅琊山风光秀丽，又有醉翁亭点缀其间，吸引了不少游客。

（三）陶然亭

陶然亭位于北京宣武区西南，清康熙三十四年（1695年）工部郎中江藻所建，初名“江亭”，后以唐代诗人白居易的名句“更待菊黄家酝熟，共君一醉一陶然”改名为陶然亭。

（四）爱晚亭

爱晚亭位于湖南长沙的岳麓山上，建于清代乾隆年间，后人取唐朝诗人杜牧的“停车坐爱枫林晚，霜叶红于二月花”的诗句，称爱晚亭。

四、古代水利工程

在人类创造文明的过程中，技术与科学的发展扮演了最重要的角色，修建水利工程就是一项伟大的科学成就。我国人口众多，因自古重农，举凡“水利灌溉、河防疏泛”历代无不列为首要工作。农业在国民经济发展中具有决定性意义，而水利是农业的命脉。在我国几千年文明史中，勤劳、勇敢、智慧的中国人民同江河湖海进行了艰苦卓绝的斗争，修建了无数大大小小的水利工程，有力地促进了农业生产。同时，水文知识也得到了相应的发展。

（一）灵渠

灵渠在广西壮族自治区兴安县境内，是世界上最古老的运河之一，有着“世界古代水利建筑明珠”的美誉。灵渠于公元前214年凿成通航，距今已2 200多年，仍然发挥着功用。

灵渠工程主体包括铧嘴、南渠、北渠、秦堤、陡门等，完整精巧，设计巧妙，通三江、贯五岭，沟通南北水路运输，与长城南北呼应，同为世界奇观。

灵渠除航运外，亦有灌溉之利，是中国古代水利工程中的一项瑰宝。

（二）都江堰

都江堰在四川成都市都江堰市城西。秦昭王时，蜀郡守李冰在蜀人治水经验的基础上，于成都平原顶点、岷江刚出山口的江心中“造堋雍水”，叠砌分水鱼嘴，把岷江一分为二。“外江”为岷江正流（南江），泄洪排沙；“内江”为灌溉水渠（北江），导水灌田，乃傍玉垒山脚人工开凿之渠道，由凿开坚硬岩石所成“宝瓶口”引水，以供航运灌溉之用。宝瓶口上游内外江之间则有“飞沙堰”，可以将拦阻在宝瓶口外的过量洪水和沙石泄入外江。都江堰的建成，使外江成为洪水和沙石的排泄信道，而内江水系范围内的政经中心成都不仅解除了旱涝之害，同时又引进水源，满足了灌溉、通航和漂木的需求，是古代综合水资源开发最成功的典范。

（三）京杭大运河

京杭大运河是沟通中国南北水路交通的大动脉，由多条运河组而成，可由南方的杭州北上直通北京，全长1 740千米，是世界上最长、最古老的一条大运河。

古时“东西为广，南北为运”，所以大运河是以人工沟渠连通天然水系，结合人力与自然条件修凿的一条南北向巨大输运航道。大运河北起北京，南迄杭州，纵贯冀、鲁、苏、浙，沟通海河、黄河、淮河、长江、钱塘江五大水系。开山凿渠，引水通漕，贯通南北，有灌溉通运两利。

价值引领 5-5

京杭大运河是世界上里程最长、工程最大的古代运河，也是最古老的运河之一，与长城、坎儿井并称为中国古代的三项伟大工程。京杭大运河开凿至今已有2 500多年的历史，是中国古代劳动人民中国古代劳动人民智慧的结晶，也是中国文化地位的象征之一。

2002年，京杭大运河被纳入了“南水北调”东线工程。2014年6月22日，第38届世界遗产大会宣布，京杭大运河成功入选《世界遗产名录》，成为中国第46个世界遗产项目。

导游实训

实训项目：运用中国古代建筑文化知识进行导游讲解。

实训目的：掌握中国古代建筑的文化内涵和特色，提高线路设计和导游讲解能

知识训练 5-1

扫码答题

力，增强对中华优秀传统文化的了解和热爱。

实训步骤：

1. 每组在设定线路后，进行任务安排，通过上网查阅相关资料，把行程中的主要景区名称、线路特色写出来，并介绍沿途景区中的主要景点。

2. 每组派1名代表以模拟导游的形式进行汇报，同时进行PPT展示。

3. 教师总结点评。

项目六
中国古典园林艺术

学习目标

知识目标：

- 了解中国古典园林的起源与发展。
- 熟悉中国古典园林的构园理念和构景要素。
- 掌握中国古典园林的分类方法和代表性园林。
- 掌握中国古典园林的构景方法。

技能目标：

能运用古典园林文化知识，对我国著名古典园林进行分析和讲解，展示园林的文化特性和旅游价值。

素养目标：

- 提升对园林的艺术鉴赏和审美能力，提高文化修养。
- 增强学生的民族自豪感和爱国情怀。
- 培养学生的团队合作意识。

知识导图

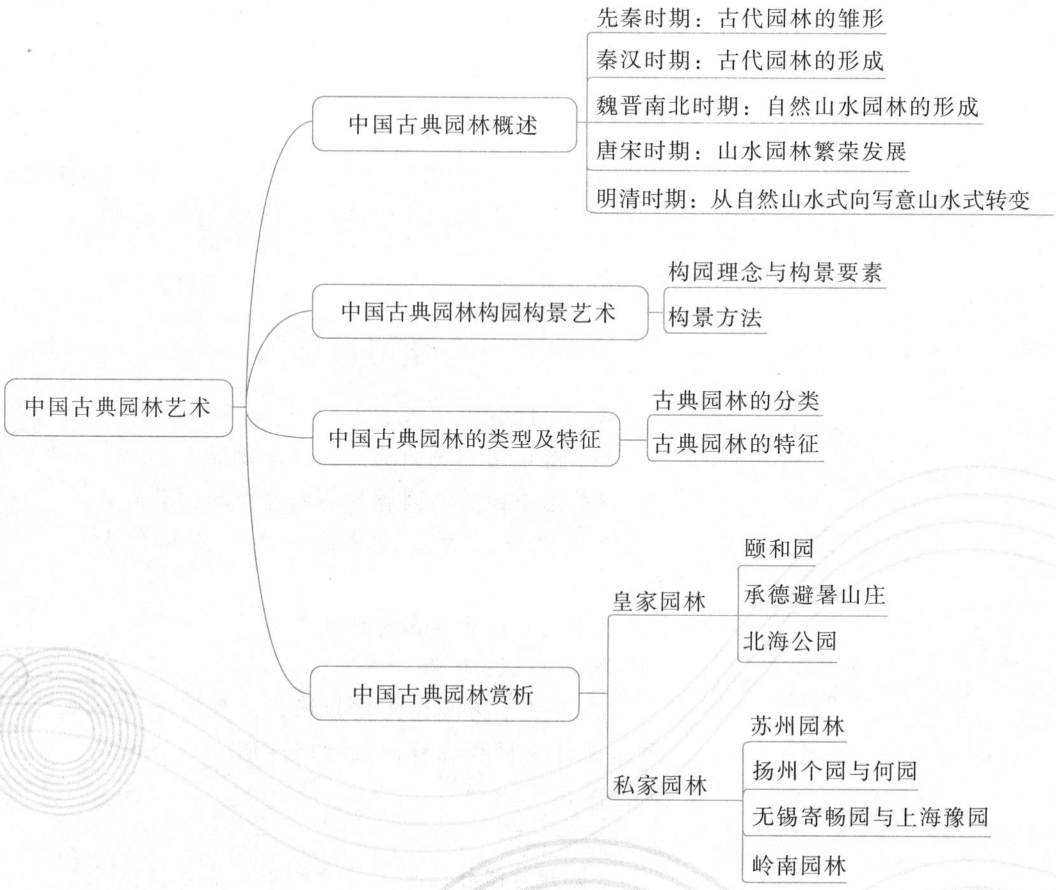
中国古典园林艺术
中国古典园林概述
先秦时期：古代园林的雏形
秦汉时期：古代园林的形成
魏晋南北时期：自然山水园林的形成
唐宋时期：山水园林繁荣发展
明清时期：从自然山水式向写意山水式转变
中国古典园林构园构景艺术
构园理念与构景要素
构景方法
中国古典园林的类型及特征
古典园林的分类
古典园林的特征
中国古典园林赏析
皇家园林
颐和园
承德避暑山庄
北海公园
私家园林
苏州园林
扬州个园与何园
无锡寄畅园与上海豫园
岭南园林

◎ 情境导入

游客就苏州相关景点进行线路咨询，各小组围绕游客提出的景点，进行旅游线路设计，并根据景点特色进行推销，阐述所提供旅游线路安排与亮点，达成合作意向。

知识点1　中国古典园林概述

一、先秦时期：古代园林的雏形

一般认为，中国古典园林与先秦的“台”“囿”“苑”“圃”等密切相关，它们是中国古典园林的雏形。从文献典籍记载来看，我国造园始于商、周，那时园林称为“囿”。“囿”内有巍峨的殿阁，高大的楼台，并饲养珍禽异兽，栽植名贵花木，主要供奴隶主、帝王游览观赏和放牧游猎。

在线课堂
6-1
中国古典园林概述

春秋战国时期，各诸侯国建台成风，如楚之章华台，吴之姑苏台等。但此时的“园林”是简陋的粗糙酌原始状态，面积广袤，蓄养禽兽，狩猎游乐，其间的建筑台榭与全苑面积相比，所占比重很少。大多用来祭天通神，或者登高临远。

二、秦汉时期：古代园林的形成

在秦汉时期，“囿”改称“苑”或“苑囿”，它是古代帝王的园林。与先秦相比，这一时期苑囿有了较大的发展，其规模较大，开始把自然景色引到“苑囿”中，使“苑囿”模仿自然、反映自然。

上林苑是这一时期皇家苑囿的典范。司马相如在《上林赋》中对上林苑做了淋漓尽致的描述：“独不闻天子之上林乎？左苍梧，右西极。丹水更其南，紫渊径其北。终始灞浐，出入泾渭……”“离宫别馆，弥山跨谷；高廊四注，重坐曲阁；华榱璧珰，辇道纚属……”文章可能过于夸饰，但不难想象上林苑的宏伟壮丽。建章宫是其中最大的宫殿，“其北治大池，渐台高二十馀丈，命曰太液池，中有蓬莱、方丈、瀛洲、壶梁”。这种“一池三山”的形式为后世皇家宫苑所承袭，称之为“秦汉典范”。

此外也有一些贵族、富豪所建的私园，如梁孝王刘武的梁园；茂陵富人袁广汉于北邙山筑园，构石为山。规模比宫苑小，内容不脱囿和苑的传统。虽然此时苑囿景色仍比较粗放，但人工雕琢的痕迹明显增多。

三、魏晋南北朝时期：自然山水园林的形成

魏晋南北朝时期是园林艺术发展的一个重要阶段，可以说是转折期。魏晋时期许多文人士大夫崇尚清谈，礼佛养性，寄情山水田园之中，大多扬弃了秦汉时代以宫室建筑为中心的构园方法，转为以山水为主体的园林。这一时期不仅在城市大造园林，同时也出现了我国早期的寺庙园林。由于佛教和文人的影响，造园中注重“蓄渠引水，穿池筑山”，人工山水成为造园的骨干。正统儒家思想被动摇，老庄思想流行，人的审美与自然审美合为一体，山水审美体系初步形成，山水诗、山水画、园林亦随之勃兴。整个社会上层将崇尚自然的审美意识视为“名士风流”。“静念园林好，人间良可辞”，反映在园林创作上就是再现山水，宛若自然，山水成为园林物质性建构的

主体，初步确立了园林的美学思想。

到了南北朝，建园之风更盛。一是皇家宫苑遍布都城及四郊；二是寺观园林大量出现；三是宅园或称私园大量出现，而且往往和寺观园林交错在一起。这个时期的园林是山水、植物、建筑相互结合组成的山水园林，大多采用写实手法再现山水，可称之为自然山水园或写实山水园，如东晋吴王修建的“华林园”，南齐文惠太子修建的“圃园”。这一时期对园林美学影响很大的当首推陶渊明，至今还有许多江南园林是取他的诗文之意来命名的。

四、唐宋时期：山水园林繁荣发展

隋唐结束了魏晋南北朝长期的战乱状态，社会经济一度繁荣。尤其是唐王朝的建立，开创了中国历史上一个意气风发、充满活力的全盛时代。园林的发展也相应地进入了它的兴盛期。至两宋，造园艺术臻于成熟。在唐代，皇家园林仍然未脱秦汉遗风，只是殿宇更显雄伟气魄，苑中山水的布局更加灵活。私家园林则进一步与文学和绘画联系起来。造园家与诗人、画家相结合，运用诗画传统表现手法，把诗画作品所描绘的意境情趣，引用到园景创作上，逐渐把我国造园艺术从自然山水阶段，推进到写意山水阶段。诗人王维的辋川别业、白居易的庐山草堂尤为著名。

到了宋代，造园艺术摹写山水达到成熟阶段，古典园林的风格基本定型。皇家园林以北宋徽宗所建的“寿山艮岳”为代表，规模宏大，造型奇特，布局合理，叠石堆山技巧达到很高水平，太湖石的地位和作用受到青睐。而南宋都城临安，依据吴自牧的《梦粱录》中记载：“西林桥即里湖内，俱是贵官园圃，凉堂画阁，高台危榭，花木奇秀，灿然可观”；西湖边园圃，“皆台榭亭阁，花木奇石，影映湖山。”与以往的皇家宫苑有别，它尽显人工营构之美，心智技艺之巧，却又能臻于天造地设、宛自天开的境地。这期间，在城市中修建宅第园池亦蔚然成风，而且大批文人、画家参与造园，进一步增强了写意山水园的创作意境。苏州园林的造园艺术此时已颇为精湛，叠石假山常常以假乱真，规划布局更富于诗情画意，充分展现了园主的内心情感与志趣。著名的沧浪亭就是宋代私家园林的杰作，也是写意山水园林在实践上趋于成熟的标志。

五、明清时期：从自然山水式向写意山水式转变

中国古典园林的造园艺术在明清时期达到顶峰，而且远超前代，同时还完成了我国古代最完整杰出的一部造园林艺术专著，即明末造园家计成所著的《园冶》。此书评述了造园艺术手法和经验，特别是在“借景”上进行了详细的阐述，有重要的美学价值。我们今天所见到的园林，基本上都是明清时代遗存下来的。现存皇家园林集中在北京和承德两地，著名的颐和园和避暑山庄是中国皇家园林的代表，是千百年来古典园林艺术集大成式的历史结晶，它们在质量上远远超过前代任何宫苑。被英法联军所毁的圆明园更是名震寰宇，被誉为“万园之园”，它不仅有效继承和集中了中国古典园林艺术的精华，而且大胆地吸收了西方园林美和建筑美的优点，是中外并容、东西结合而又处理较佳的辉煌艺术典范。

明清两代也是江南园林蔚然兴起时期，以苏州园林最多，有“江南园林甲天下，苏州园林甲江南”的说法。江南园林不再是简单模仿大自然，而是体现了自然美的内涵，集古代园林艺术之大成，逐渐形成了有我国民族特点的园林艺术。

私家园林多集中在江浙一带，这些地区经济繁荣、文化发达，南京、苏州、扬州、杭州、无锡等城市，宅园兴建盛极一时，造园水平亦冠绝一时。这些园林是在唐宋写意山水园的基础上发展起来的，强调主观意兴与心绪表达，重视掇山、叠石、理水等技巧，突出山水之美，注重园林的文学趣味，可称之为文人山水园。如苏州的拙政园、留园、网师园、扬州个园、无锡寄畅园、上海豫园等。

知识点2　中国古典园林构园构景艺术

一、构园理念与构景要素

中国古典园林在园景上主要是模仿自然，即用人工的力量来建造自然的景色，达到“虽由人作，宛自天开”的艺术境界。园林中除大量的建筑物外，还要凿池开山，栽花种树，用人工仿照自然山水风景，或利用古代山水画为蓝本，参以诗词的情调，构成许多如诗如画的景。所以，中国古典园林是建筑、山池、园艺、绘画、雕刻乃至诗文等多种艺术的综合体。

在线课堂
6-2

中国古典园林之造园艺术

中国古典园林是以自然山水为主题思想，以花木、水石、建筑等为手段，在有限的空间里创造出具有高度自然境界的环境。因此，中国古典园林主要有筑山、理水、植物、建筑和园林小品等构景要素。

（一）筑山

中国古典园林讲究无园不山，无山不石。山是园林中的第一景观要素。除了少数大型园林有真山外，多数园林主要靠堆叠假山来营造山林气氛。叠山是中国造园的独特传统，其形象构思取材于大自然中的真山。堆石为山，叠石为峰，垒土为岛，无不是模拟自然山石峰峦。峭立者取黄山之势，玲珑者取桂林之秀，使人有“虽在小天地，如临大自然”的感受。

假山分为土山、土石结合山、石山三种。土山出现最早，古代就有挖湖堆山的手法。但水土易流失，于是山脚用石块垒砌防护，这就是土石结合山的雏形。积土成一定高度的山要占很大的地盘，在面积有限的园林中很难做到，于是在土石结合山的基础上出现了叠石假山，即石山。用于石山的材质主要有两类：一是太湖石，此石多圆弧、孔洞，有艺术美、柔和美、空灵美的特点；二是浙江武康（今德清县）的黄石，此石多硬直，可垒高，有自然美、阳刚美、浑厚美的特点。假山所用石材中，以“瘦”“透”“漏”“皱”“丑”“清”“顽”“拙”为上品。

叠山的另一特殊表现形式是置石，即以单块石头陈设在园林的庭院之中。在水际、路边、墙角、草地和树林置上几块石头，运用得当的话，就会打破平庸的格局，产生不凡的艺术效果，别有情趣。

（二）理水

在中国古典园林中，水和山一样构成园林的骨干，是园林中不可缺少的第二要素，园林无水则枯，得水则活。古人把水纳入造园中称理水。水的理引，或是引用原有园址之水，或是引来园外之水，做成湖、池、塘、溪等各种水景。山、水再配以花木和建筑，使得虚实、明暗、形体、空间相互协调，给人以清澈、幽静、开朗的感觉，天光云影，碧波游鱼，荷花莲叶，无疑为园林增添了无限生机。

园林的理水方法有掩、隔、破三种。“掩”是指通过建筑或绿化的方法，将池岸加以掩映，使水好像从建筑下流出，或临水边制造出杂木迷离、菰蒲苇岸的景象，形成池水无边的视觉效果；“隔”是用筑堤、石板小桥、浮廊或水中点缀以步石等手法，将水面横断，用以增加景深和空间层次，产生幽深之感；“破”是以乱石为岸，怪石纵横，并配以植物、鱼藻，使很小的水面产生山野风情的美感。

古人理水讲究原则，如水源要活，水流要曲，水道宽窄相间（一区一水，一水一区，区区有水），水位要恰到好处等。

园林中水的形态有动静之别，静水的处理方法多变，小则聚，大则散，使一样的静水显示出不同的风貌。园林中动水以自然式瀑布为主，池中往往有矶石，以表现人工美化的自然。

（三）植物

植物是造山理水不可缺少的因素。园林中有山则显俊美，有水则显生机，有花木则显秀媚。植物犹如园林的毛发，能增添生气，制造气氛，引发联想。

中国古典园林对植物的配置以树木为主，附以花草。在选择花木上也是有标准的：一讲姿美，即树叶的形状、树枝的疏密曲直、树皮的质感、树冠的形态等，都要追求自然优美；二讲色美，即各种植物都要求有自然绚丽的色彩，如红色的枫叶、青翠的竹叶、紫色的紫薇、粉色的芍药等；三讲味香，即园林力求四季常有绿，月月有花香，花草树木散发的芳香，给人美的享受，如兰花的清香、桂花的幽香、茉莉的浓香，即使有些林木没有花香，但植物特有的清新也能沁人心脾，让人陶醉；四讲寓意，即讲究花木对园林的衬托作用的同时，还要表达某种寓意，植物的寓意又往往和园主追求的精神境界有关。我国历代文人、画家，常把植物人格化，并从植物的形象、姿态、明暗、色彩、声响、色香等进行直接联想、回味，在探求思索的广阔余地中，产生某种情绪和境界，趣味无穷。

古树名木对营造园林气氛非常重要，古木繁花可形成古朴幽深的意境。名园易造，古树难求，所以如果建筑物与古树名木矛盾时，宁可挪动建筑也要保住古树名木。除花木外，草皮也很重要，或平坦、或起伏、或曲折的草皮，也可令人陶醉其中。

课堂互动6-1

谈谈我国古典园林中常见的植物及其寓意。

（四）建筑

中国古典园林建筑的特点首先是因地制宜，力求与基址的地形、地势、地貌结合，做到总体布局上依形就势，并充分利用自然地形、地貌；其次是建筑体量宁小勿大，因为自然山水中，山水为主，建筑为从；最后是园林建筑在平面布局与空间处理上都力求活泼，富于变化。

中国古典园林在设计时采用了浓厚民族风格的各种建筑物，将建筑物与自然环境融为一体。因此，园林类型十分丰富，常见的建筑有厅、堂、楼、阁、馆、轩、斋、榭、舫、廊、亭、桥、墙、铺地等。

1.厅

厅是园林中最主要的建筑物，常为全园的构图中心，是全园精华之地，众景汇聚之所。依惯例，厅总是坐南朝北，其功能多作聚会、宴请、赏景之用，其建筑造型高大，空间宽敞，室内装修精美、陈设富丽，一般前后或四周都开设门窗。从厅内观景，通常是水池、叠山所组成的园林中最主要的景观面，山映月照，历历在目。厅有四面厅、鸳鸯厅之分，主要厅堂多采用四面厅，为了便于观景，四周往往不作封闭的墙体，而设大面积隔扇、落地长窗，并四周绕以回廊。鸳鸯厅是用屏风或罩将内部分成前后两部分，前后的装修、陈设也各具特色。

2.堂

堂往往建成封闭院落布局，只是正面开设门窗，它是园主人起居之所。一般来说，不同的堂具有不同的功能，有作会客之用的，有作宴请、看戏之用的，有的则是书房。因此，各堂的功能按具体情况而定，不尽相同。

3.楼、阁

楼是指两重以上的屋，所以有“重层曰楼”之说。在明代，楼的位置大多位于厅堂之后，在园林中一般用作卧室、书房或观赏风景。由于楼比较高，所以也常常成为园中的一景，在临水背山的情况下更是如此。

阁与楼近似，但较小巧。多为两层的建筑，平面为方形或多边形，四面开窗。一般用来藏书、观景，也可用来供奉大型佛像。

4.馆、轩、斋

馆、轩、斋有的属于厅堂，有的属于辅助用房，从单体造型上看，没有什么特殊。从布局方式及与环境的关系上看，馆、轩、斋表现出很大的灵活性，对组织园林空间、丰富园林景观起到了重要的作用。

馆，原为供人游览或客舍之用。江南园林中的馆一般是休息会客的场所。为便于赏景，馆多建于地势高处。建筑尺度一般不大，布置方式也比较灵活，和一小组建筑群连在一起。一般馆前有宽大的庭院，自成一体，形成清幽、安静的环境。

轩，有虚敞、高举之意。轩的特征是：前檐突起，出廊部分上有卷棚，即所谓“轩昂欲举”，后也有人把小的房舍称为轩，意在表示风雅。园林中的轩常傍山临水而建，在平面布置上建于高旷、幽静之处，周围环绕游廊与花墙。

斋，有斋戒之意。园林中的斋一般指书屋性质的建筑，是修身养性之所，常处于静谧、封闭的小庭院内，与外界隔离，相对独立。

5.榭

榭是临水建筑，多借周围景色构成，是指在水边筑平台，平台周围有矮栏杆，一般多开敞或设窗，屋顶通常用卷棚歇山式、檐角低平，显得十分简洁大方。榭的功用以观赏为主，又可作为休息的场所。

6.舫

舫是园林中类似船形的临水建筑，它是仿照船的造型，在园林的水面上建造起来的。舫不能移动，只供人游赏、饮宴及观景之用。舫与船的构造相似，分头、中、尾三部分。船头有眺台，作赏景之用；中间是下沉式，两侧有长窗，供休息和宴客之

延伸阅读
6-1
颐和园里品长廊彩画

用；尾部有楼梯，分作两层，可登高远望。舫是游览路线中最佳的景点，既能供人们游玩饮宴、观赏水景，也是构成景点最动人的建筑形式之一。

7.廊

屋檐下的过道及其延伸形成独立的、有顶的过道，称为廊。廊不仅是联系室内外的建筑，还常成为各个建筑之间的联系通道，是园林内游览路线的组成部分。它有遮阴避雨、休息、交通联系的功能，又起着组织景观、分隔空间、增加风景层次的作用。廊的形式多样，有双面空廊、单面空廊、复廊、双层廊等。按造型及所处环境分类，还有直廊、曲廊、回廊、爬山廊、桥廊等。

8.亭

亭是供游人休息和观景的园林建筑，其周围开敞、体量小，具有丰富多变的屋顶形象，轻巧、空灵的屋身以及随意布置的特点。亭很适合观景并有“点景”的功能。亭的形式千变万化，如果按平面的形状分，有三角亭、方亭、圆亭、矩形亭和八角亭；按屋顶的形式分，有攒尖亭、歇山亭、悬山亭等；按所处位置分，有桥亭、路亭、井亭、廊亭。

在规模较小的私家园林中，亭常常成为组景的主体和园林艺术构图的中心。在一些风景游览胜地，亭则成为增加自然山水美感的重要点缀。中国古典园林中规模最大的亭是颐和园十七孔桥东侧的廓如亭。

课堂互动6-2

探究我国古典园林中亭的类型及其作用。

9.桥

以表现自然美为宗旨的中国古典园林中，桥是必不可少的建筑。在园林中，桥不仅能供游人越水而行，还可以连接景点，点缀景观，增加自然情趣。常见的桥有平桥、曲桥、拱桥、廊桥等。

桥的规模与形状要和景观相协调。大水面架桥宜宏伟壮丽，小水面架桥宜轻盈质朴；水面宽广，桥常常较高并加栏杆；水面狭窄，桥往往较低并可不设栏杆；水陆高差相近，桥宜贴水，过桥有凌波信步、亲切自然之感；水体清澈明净，桥的轮廓往往考虑倒影；地形平坦，桥的轮廓常有起伏，以增加景观的变化。

北方皇家园林中有很多壮观的大桥，如颐和园昆明湖上的十七孔桥。南方私家园林中则以小巧、曲折、弧度较大的拱桥为主，因而南方的园林多为小桥流水式的园林。

10.墙

中国古典园林中的墙很美，它是被艺术化了的，足可以与廊争高下。按材料和构造分，墙可分为版筑墙、乱石墙、白粉墙等。分隔院落多用白粉墙，墙头配以青瓦。用白粉墙衬托山石、花木，犹如在白纸上绘制山水花卉，意境尤佳。

墙的设置多与地形结合，平坦的地形多建成平墙，坡地或山地则就势建成阶梯形墙，为了避免单调，有的还建成波浪形的云墙。

此外，在中国古典园林中，墙还通常设有洞门、洞窗、漏窗以及砖瓦花格进行装饰。

（五）园林小品

园林小品是中国古典园林的特点之一，在造园中起润饰景色、揭示意境的作用。园中恰到好处的园林小品，可以对景物起到画龙点睛的作用。园林小品主要包括题景、匾额、楹联、题刻、碑记、书画等。

园有园名，景有景名，题景能使人领悟到景致的意境。如苏州拙政园中的“秋香馆”，秋香就是稻谷飘香的意思，使游人即使置身于春季的园林中，也能感受到此园中秋的气息。

匾额横置于门头或是墙洞门上，多为景点的名称、主题或对景色的称颂，以三字、四字为多。

楹联往往与匾额相配，或竖立门旁，或悬挂于厅堂亭榭的楹柱上。匾额、楹联不但能点缀堂榭，装饰门墙，而且往往表达了造园者或园主的思想感情，还可以丰富景观，唤起联想，增加诗情画意，起到画龙点睛的作用。如苏州拙政园中的“与谁同坐轩”，表达了“与谁同坐？清风、明月、我”的孤芳自赏思想。拙政园中沧浪亭的“清风明月本无价，近水远山皆有情”，雪香云蔚亭的“蝉噪林逾静，鸟鸣山更幽”，都是写景、写情，引人遐想。

题刻、碑记的内容大多是园苑记文、景物题咏、名人逸事、诗赋图画，既是装饰也是史料，起到很好的导游作用。

书画主要运用于厅堂内的布置，笔情墨趣与园中景色浑然相融，使造园艺术更加典雅完美。

在线课堂 6-3

中国古典园林构景方法

二、构景方法

中国园林造园构景中往往运用多种手段来表现自然，以求得渐入佳境、小中见大、步移景异的理想境界，以及自然、淡泊、恬静、含蓄的艺术效果。构景手段主要有以下八种：

（1）山重水复疑无路，柳暗花明又一村——抑景。

（2）浓似春云淡似烟，参差绿到大江边——透景。

（3）接天莲叶无穷碧，映日荷花别样红——添景。

（4）疏影横斜水清浅，暗香浮动月黄昏——借景。

（5）最爱湖东行不足，绿杨阴里白沙堤——夹景。

（6）雷峰如老衲，保俶如美人——对景。

（7）窗含西岭千秋雪，门泊东吴万里船——框景。

（8）犹抱琵琶半遮面——漏景。

课堂互动 6–3

古典园林的构景方法有哪些？

1.抑景

中国传统艺术历来讲究含蓄，所以园林造景也忌讳“开门见山，一览无余”，抑景是中国园林中普遍采用的一种造园手法。所谓抑景，即先把园林中的景致隐藏起来，不使其被一览无余，然后逐渐展现在游人面前，先藏后露，欲扬先抑，以此提高风景的艺术感染力和层次感。

抑景的手法很多，如苏州园林中，用厅堂建筑或假山遮住主景，让游人穿堂逾室，通过光线较暗的廊道或假山洞口，才能窥见园中景物。抑景不限于园林的起始部分，园中处处都能灵活运用，给游人以“山重水复疑无路，柳暗花明又一村”的感觉，从而激发观光者的游兴。

2.透景

透景也是一种造园的常见手法。运用到观景中，就是游览园林时，在假山上观赏山下美景，或坐在亭中观赏远处山水、建筑时，应注意在阻挡视线的树木或其他高于游人视线的地上物中间寻找一条或数条观景线，把远景引入观景者的视线中来，从而取得理想的观赏效果。实际上，园林中的任何一个风景点，同时也是观景点，其四周阻挡观景视线的景物、建筑中，都蕴藏着一个或数个极好的观景视线或视角，这是我们观景、赏景取得美感的要点。

3.添景

当一个风景点在远方，或是自然的山，或是人文的塔，如没有其他景点在中间或近处作过渡，就显得虚空而没有层次；如果在中间或近处有乔木、花卉作为过渡景，景色就显得有层次美，这中间的乔木、近处的花卉，便称为添景。如当人们站在北京颐和园昆明湖南岸的垂柳下观赏万寿山远景时，万寿山因为有倒挂的柳丝作为装饰而生动起来。

4.借景

借景是将园外的景致，巧妙地收进园内游人的视野中来，与园内的景物融为一体，让游人的观赏能任意流动与收放。在中国园林造园中，借景占有极重要的位置。《园冶》中说：“园林巧于因借。”借景有远借、邻借、仰借、俯借、应时而借之分。借远方的山，叫远借；借邻近的大树，叫邻借；借空中的飞鸟，叫仰借；借池塘中的鱼，叫俯借；借四季花或其他自然景象，叫应时而借。借景不仅可以突破园内有限的空间，丰富园景的色调层次，而且可使园林具有象外之象、景外之景的艺术效果。

5.夹景

夹景是运用透视线、轴线突出对景物的欣赏的艺术手法。当并非全部景色都能引人入胜时，常用建筑物或植物把左右单调的风景屏障起来，只留中央充满画意的远景，从左右配景的夹道中透入游人的视线，以达到增强景深和掩丑显美的作用。如泛舟颐和园后湖，远方的苏州桥主景被两岸起伏的山石和美丽的林带所夹峙，构成了明媚动人的夹景。

6.对景

在园林中，能够互相观赏、互相烘托的构景手法称为对景。在园林中，游人可登上亭、台、楼、阁、榭去观赏堂、山、桥、树木，也可在堂、山、桥处观赏亭、台、楼、阁、榭。如在北京颐和园知春亭能观赏园内的万寿山、夕佳楼与园外的西山、玉泉山，在无锡寄畅园能观赏园内的和惠山、锡山。对景有近景：远景.近景对景，其所对之景为小空间近景，则其画面多为竹石、花木、叠石小景或靠壁山；远景对景，则多为自然山水和建筑，这种对景不但有峰峦丘壑、深溪绝涧、竹树云烟，还有亭、台、楼、阁等建筑。

7.框景

园林中建筑的门、窗、洞，或乔木树枝抱合成的景框，往往把远处的山水美景或人文景观包含其中，这便是框景。框景能使散漫的景色集中，使自然美升华为艺术美。

延伸阅读 6-2

古韵今风双面秀　文旅扮靓夜苏州

8.漏景

漏景是框景的发展，框景把自然美升华为艺术美，组成的是清晰明丽的画面。中国园林中，在围墙和穿廊的侧墙上，常常开辟许多美丽的漏窗来透视园外的风景。漏景以隐现为胜，常以漏窗、花墙、漏屏风、漏隔扇，甚至枝影横斜之呼取景。“春色满园关不住，一枝红杏出墙来”，一枝红杏即属漏景。

知识点3　中国古典园林的类型及特征

一、古典园林的分类

从不同的角度来看，中国古典园林可以有多种分类方法。

（一）按园林分布地域分类

由于中国地域辽阔，南北气候环境不同，经济和文化发展不一，中国古典园林可分为北方园林、江南园林、岭南园林、巴蜀园林等，其中以前三者为主。

1.北方园林

北方园林的代表大多集中于北京、西安、洛阳、开封等古都，尤以北京皇家园林和王侯府邸园林最为典型。北方地域宽广，因此园林面积广袤，建筑高大，装饰富丽堂皇；又因受自然条件局限，河川湖泊、园石及常绿树木都较少，所以其风格比较粗犷，多野趣，各种人工建筑厚重有余，委婉不足。当然也不乏仿效江南私家园林附巧之作，如颐和园中的谐趣园便是模仿无锡寄畅园的杰作。

2.江南园林

江南园林大多集中于南京、上海、无锡、苏州、杭州、扬州等地，其中尤以苏州最为典型。由于江南地区气候温润，自然风光秀丽，盛产叠山所需之湖石、黄石等，造园条件明显优于北方。而且自唐宋以来，江浙一带经济发达，商业繁荣，人口密集，文化昌盛，自古即以文人才子辈出著称。许多文人士大夫亲自参与园林的营造，使得江南园林成为典型的文人园林。

江南园林多属私园，以宅园为主。其规模较小但充分利用一切空间造景，即使墙角、路面也精心点缀，虽小而足供观赏。多奇石秀水，玲珑纤巧，轻盈秀丽，色调朴素淡雅，黑柱粉墙，灰砖青瓦，韵味隽永，富有田园情趣，身临其境舒适恬淡，称之为“城市山林”最为贴切。苏州、杭州、无锡、扬州、镇江以“城市山林”而闻名。苏州的沧浪亭、拙政园、狮子林和留园被誉为“四大名园”。江南园林的艺术造诣最高，常被作为中国园林的代表，成为后人效仿的范例。其影响渗透到各种类型、各种流派的园林之中。

3.岭南园林

岭南园林比江南园林面积更小，以宅园为主。其发展历史比较晚，曾师法北方与江南园林，因而风格在二者之间。其建筑物高而宽敞，色调艳丽多彩，纤巧繁缛。因地处珠江三角洲，受商业和外来文化的影响，在建筑和布局上显出某些外域色彩。建筑物也简洁、轻盈、秀雅，室内造景，内外呼应。广州一带皆有名园，如顺德清晖园、东莞可园、番禺余荫山房和佛山梁园被称为“岭南四大名园”。

课堂互动6-4

在故宫和景山公园游览中，如果有游客问导游一些建筑或园林方面的专业名词，而导游却不会时，导游应如何化解尴尬？

（二）按园林隶属关系分类

1.皇家园林

皇家园林是专供帝王休憩享乐的场所，同时也带有炫耀政权的色彩，因此常设在政治军事要地。皇家园林一般面积很大，保持自然景色，多有鸟兽。汉代以后人工建筑逐渐增多，以满足帝王起居、理事、观景的需要，但力求人工建筑与自然景观的和谐统一，因此进一步发展为利用自然条件，以人工建筑为主体。

传统皇家园林都力求在开阔的水面上形成“一池三山”的意境，表示帝王在园林中犹如身在神仙世界。为了满足政治活动的需要，常有局部的中轴线，如北京颐和园的排云门至佛香阁部分、承德避暑山庄中的澹泊敬诚殿部分等。其他部分同私家园林一样，也力求自然。因此，皇家园林的特点是规模巨大，景物众多，大量真山真水，并且园中建筑物的数量多、体型大、色彩浓烈、装饰富丽堂皇。

2.私家园林

如果说皇家园林是一曲繁复瑰丽的交响乐，私家园林就是一曲朴素恬淡的短小牧歌。它们为民间的贵族、官僚、缙绅等私有，是他们为了美化生活环境，在府邸宅院内特辟的富有艺术欣赏价值的园地。这种倾向随着城市的发展而日渐明显，唐、宋时期发展迅速，明代达到高峰。这种园林在古籍里大多称园、园墅、别墅、别业、山庄、草堂等。现存私家园林有北京恭王府，苏州拙政园、留园、网师园、沧浪亭，扬州个园、可园等。其特点是规模小，常用假山假水，建筑小巧玲珑，色彩淡雅，不尚雕饰，追求清水芙蓉、自然天真之美的艺术境界。

3.寺观园林

寺观园林即佛寺和道观的附属园林，也包括寺观内部庭院和外围地段的园林。其多选址于空旷处，以获得静穆优美的环境。总体布局最见匠心，并广植特定品种的树木（主要是松柏），以充分体现主体建筑所需要的特殊气氛。一般追求肃穆、庄严、神秘色彩，以达到对人产生强烈感应的目的，如常熟破山寺、昆明圆通寺、昆明西山三清阁等。

4.公共园林

一般来说，在古代凡是没有特定服务对象，带有公共游赏性质的园林，均可视为公共园林，如唐代长安的曲江池、杭州西湖等。

二、古典园林的特征

（一）指导思想：顺应自然

中国古典园林深受传统儒道思想自然审美观的影响，追求“天人合一”，即以表现大自然的天然山水景色为主旨，布局自由，源于自然、高于自然。在造园艺术上包含两层内容：一是总体布局、组合要合乎自然；二是每个山水景象要素的形象组合要合乎自然规律。对树木花卉的处理与布置，讲究表现自然。所有建筑，其形与神都要与天空、地下自然环境吻合，同时又使园内各部分自然相接，以使园林体现自然、淡泊、恬静、含蓄的艺术特色，并收到移步换景、渐入佳境、小中见大等观赏效果。

（二）艺术风格：诗情画意

中国古典园林在师法自然的同时，致力于营造一个充满诗情画意的艺术空间，这是造园者更高、更内在的追求。古典园林中蕴含着诗情，也藏着画意。很多园林的造景直接源于国画，以画中灵感造园，意境深远。造园的叠山理水之法，受到了山水画“外师造化，中得心源”写意原则的启发。园林中融有诗文，最直观的体现便是园林中随处可见的园名、景题、匾额、楹联等，无不浸染着园林的情调，烘托着园林的内涵和意境。中国古典园林与诗词艺术可谓水乳交融、息息相通。

（三）造园手法：力求含蓄

中国古典园林多封闭，面积有限，因而造园时追求以有限面积造无限空间，以小见大，重视分隔空间，讲究曲折委婉、含蓄悠远，追求一种意的幽静和境的深邃，给人无尽的遐想。漏景、影壁、花窗这些造园手法和元素中都体现了含蓄的表达方式。弯曲的园林小路增加了庭院空间的层次，让行走在小路上的人感觉到庭院空间的宽广与深邃。

价值引领 6-1

在中国传统文化中，园林不仅是一种景观，更是一种文化的体现，它承载了丰富的历史、哲学和审美内涵，体现了一种匠心传承的精神。在园林建筑中，匠心传承意味着传统园林工匠对园林技艺的传承，以及对自然美的追求和表达。传统园林工匠们凭借着高超的审美和精湛的技艺，将自然美融入园林设计中，创造出了许多脍炙人口的名园名景，如颐和园、拙政园等。

知识点 4　中国古典园林赏析

一、皇家园林

（一）颐和园

颐和园是我国目前现存规模最大、保存最完整的皇家园林，也是世界著名园林之一。金贞元元年（1153 年）完颜亮设为行宫，明朝皇室改为好山园，清乾隆十五年（1750 年）改为清漪园，咸丰十年（1860 年）为英法联军所毁。光绪十四年（1888 年），慈禧太后挪用海军经费重建，始改名为颐和园，取“颐养太和”之意。颐和园占地 2.97 平方千米，分为政治活动区、帝后生活区、风景游览区三部分。政治活动区以仁寿殿为中心组成，帝后生活区以玉澜堂、宜芸馆、乐寿堂、德和园为主体组成，风景游览区由昆明湖、万寿山组成。风景游览区是颐和园核心，分万寿山前山、昆明湖、后山后湖三部分。万寿山前山有很多重要的景观建筑，佛香阁为全园景色的构图

在线课堂 6-4
中国现存著名园林

中心。昆明湖水面浩渺，以长堤划分湖面，湖中设岛，景深而开阔。后山湖水曲折、山谷幽深。著名建筑还包括长廊、石舫、大戏楼、十七孔桥等。颐和园造园艺术高超，巧借天然山水，表现出了中国皇家园林壮丽、恢宏的气势。1998年，颐和园被列入《世界遗产名录》。

课堂互动6-5

当你在颐和园带领游客游览，讲解到颐和园长廊时，有游客好奇地向你询问园林建筑的相关知识，请你用通俗易懂的语言向游客进行介绍。

（二）承德避暑山庄

承德避暑山庄位于承德市北部，始建于清康熙四十二年（1703年），至乾隆五十七年（1792年）完成，原为清代皇帝避暑和从事各种政治活动的场所。总面积564万平方米，周围石砌宫墙长达10千米，古建筑100余处。楼台亭阁，巍峨秀丽；湖光山色，错落有致，有南秀北雄之美。承德避暑山庄是我国现存最大的皇家园林，山庄分宫殿区和苑景区两部分。宫殿区在山庄南部，包括正宫、松鹤斋、万壑松风、东宫（现已无存）四组建筑。宫殿全为青砖素瓦，原木本色，淡雅庄重，简朴适度，与北京故宫的庄严豪华迥然不同。苑景区包括湖区、平原区、山区三部分，有七十二景之说。湖区是山庄风景的中心，一派江南风光。湖区以北是平原区，著名的“万树园”当年为赛马场。山区约占全区面积的4/5，分布在山庄西北部。登上山巅，外八庙历历在目。外八庙为清代建筑，寺庙依山而建，形式各异，如众星捧月，环绕山庄，象征民族团结和中央集权。普宁寺的“大乘之阁”有一尊高23.5米的千手千眼观世音菩萨，是我国最大的木雕佛像。1994年，承德避暑山庄及周围寺庙被列入《世界遗产名录》。

（三）北海公园

北海公园位于北京西城区、故宫的西北，始建于辽代，是我国现存历史悠久而规模宏大的皇家花园，已有800余年的历史。主要景点有：琼华岛、白塔、五龙亭、太液池、濠濮涧、静心斋、九龙壁，其中尤以白塔、九龙壁著称。

二、私家园林

（一）苏州园林

1.沧浪亭

沧浪亭位于苏州城南，占地面积10 800平方米，是苏州最古老的一座园林，为北宋诗人苏舜钦所筑，以《楚辞·渔父》之意题园名。园外小河相傍，自然开朗。山巅沧浪亭为清康熙三十五年重建，柱联“清风明月本无价，近水远山皆有情”为中国名联。

沧浪亭造园艺术与众不同，未进园门便见一泓绿水绕于园外，漫步过桥，始得入内。园内以山石为主景，迎面一座土山，隆然高耸。山上幽竹纤纤、古木森森，山顶上便是翼然凌空的沧浪石亭。山下凿有水池，山水之间以一条曲折的复廊相连，廊中砌有花窗漏阁，穿行廊上，可见山水隐隐迢迢。假山东南部的明道堂是园林的主建筑，与明道堂东西相对的是五百名贤祠。园中最南部是建在假山洞屋之上的看山楼，看山楼北面是翠玲珑馆，再折而向北到仰止亭，出仰止亭可到御碑亭。沧浪亭清幽古朴，适意自然，如清水芙蓉、洗尽铅华，无一丝脂粉气息。

2.狮子林

狮子林位于苏州城内东北部，始建于元至正二年（1342年），因园内石峰林立，多状似狮子，故名“狮子林”。狮子林平面呈长方形，面积约11 000平方米，林内的湖石假山多且精美，建筑分布错落有致，主要建筑有燕誉堂、见山楼、飞瀑亭、问梅阁等。狮子林主题明确，景深丰富，个性分明，假山洞壑匠心独具，一草一木别有风韵。全园结构紧凑，长廊贯通四周，曲径通幽，古树挺秀。东南多山，西北多水，四周高墙峻宇，气象森严。大型湖石假山群外表雄浑，内部空灵，洞壑幽深，曲折盘桓，犹如迷阵。

园内建筑以燕誉堂为主，堂后为小方厅，有立雪堂。向西可到指柏轩，为二层阁楼，四周有庑，高爽玲珑。指柏轩之西是古五松园，西南角为见山楼，由见山楼往西可到荷花厅。厅西北傍池建真趣亭，亭内藻饰精美，人物花卉栩栩如生。亭旁有两层石舫。石舫北岸为暗香疏影楼，由此循走廊转弯向南可达飞瀑亭，为全园最高处。园西景物中心是问梅阁，阁前为双仙香馆。双仙香馆南行折东，西南角有扇子亭，亭后辟有小院，清新雅致。

3.拙政园

拙政园位于苏州娄门内，占地52 000平方米，是苏州最大的一处园林，也是苏州园林的代表作，由明代御史王献臣建造，取晋代潘岳《闲居赋》中“灌园鬻蔬，供朝夕之膳……此亦拙者之为政也”之意，现存园貌多为清末时形成。

拙政园布局主题以水为中心，池水面积约占总面积的1/5，各种亭台轩榭多临水而筑，全园分东、中、西、住宅四部分。

中部山水明秀，厅榭典雅，花木繁茂，是全园的精华所在。西部水廊逶迤，楼台倒影，清幽恬静。东部平岗草地，竹坞曲水，空间开阔。远香堂是中园的主体建筑，其他一切景点均围绕远香堂而建。堂南筑有黄石假山，山上配植林木。堂北临水，水池中以土石垒成东西两山之间，连以溪桥。西山上有雪香云蔚亭，东山上有待霜亭，形成对景。由雪香云蔚亭下山，可到园西南部荷风四面亭，由此亭西去，可以北登见山楼，往南可至倚玉轩，向西则入“别有洞天”。远香堂东有绿漪亭、梧竹幽居、绣绮亭、枇杷园、海棠春坞、玲珑馆等处。堂西则有小飞虹、小沧浪等处。小沧浪北是旱船香洲，香洲西南乃玉兰堂。进入“别有洞天”即可到达西园。西园的主体建筑是十八曼陀罗花馆和卅六鸳鸯馆。西园北半部还有浮翠阁、笠亭、与谁同坐轩、倒影楼等景点。拙政园东部原为归去来堂，后废弃。

拙政园布局以水为主，忽而疏阔、忽而幽曲，山径水廊起伏曲折，处处流通顺畅。风格明朗清雅、朴素自然。

4.留园

留园坐落在苏州市阊门外，始建于明代万历年间，为退休官僚徐氏建造，清代后期重修。清代时称“寒碧山庄”，俗称“刘园”，后改为“留园”，留园占地面积约23 300平方米。

全园大致分为中、东、西、北四部分，中部以山水为主，为原留园所在，是全园的精华。东、西、北部为清光绪年间增修。中部又分东、西两区，西区以山水见长，东区以建筑为主。西区南北为山，中央为池，东南为建筑。主厅为涵碧山房，由此往东是明瑟楼，向南为绿荫轩。远翠阁位于中部东北角，闻木樨香轩在中部西北隅。另外还有可亭、小蓬莱、濠濮亭、曲溪楼、清风池馆等处。东部的中心是五峰仙馆，因梁柱为楠木，也称楠木厅。北面是冠云沼、冠云亭、冠云楼，以及著名的留园三峰——冠云、岫云和瑞云。三峰为明代旧物，冠云峰高约6.5米，玲珑剔透，有“江南园林峰石之冠”的美誉。

留园以建筑空间艺术处理精湛著称，以厅堂、走廊、粉墙、洞门划分空间，并与山水花木组合成一个个错落相连、层次丰富的庭院，体现了江南园林建筑的艺术特点。

5.网师园

网师园位于苏州旧城东南隅，始建于南宋，旧为侍郎史正志的“万卷堂”故址，花园名为“渔隐”。清乾隆年间，光禄寺少卿宋宗元购得此园并重建，定园名为“网师园”。网师乃渔夫、渔翁之意，又与“渔隐”同义，含有隐居江湖的意思，网师园便意为“渔父钓叟之园”，园内的山水布置和景点题名蕴含着浓郁的隐逸气息。网师园面积不及拙政园的1/6，但小中见大，布局严谨，主次分明又富于变化，园内有园，景外有景，精巧幽深之至。建筑虽多却不见拥塞，山池虽小却不觉局促。全园清新有韵味，陈从周先生誉其为“苏州园林小园极则，在全国园林中亦居上选，是以少胜多的典范”。

（二）扬州个园与何园

1.个园

个园位于江苏省扬州市东关街，原为清代画家石涛故居寿芝园旧址，清嘉庆、道光年间，大盐商黄应泰修建为住宅花园。此园布局紧凑，以叠石立意、气势雄浑著称。园主特别爱竹，园内翠竹成林，故取袁枚“月映竹成千个字”之句命名。个园以叠石艺术著名，假山堆叠精巧，采取分峰叠石的方法，以笋石、湖石、黄石、宣石叠成的春夏秋冬四季假山，融造园法则与山水画理于一体，被园林泰斗陈从周先生誉为“国内孤例”。

2.何园

何园，又名寄啸山庄，位于江苏省扬州市东南徐凝门街，原是清乾隆时双槐园旧址，清光绪年间道台何芷舠改建。何园在住宅后面，分东、西两部分。西部为主园，地阔景深；东部以船厅为主景。南北二厅相对。此园东部紧凑，西部开敞，以复道廊与假山贯穿分隔，上下衔接，山水建筑浑然一体，有城市山林之誉，为扬州住宅园林的典型。

（三）无锡寄畅园与上海豫园

1.寄畅园

寄畅园位于无锡市西郊惠山东麓，是江南名园。于正德年间由曾任南京兵部尚书的秦金（号凤山）所建，名“凤谷山庄”。以“取欢仁智乐，寄畅山水阴”句中的“寄畅”两字命名。寄畅园是中国山麓别墅园的代表，运用各种造园艺术，体现山林野趣、清幽古朴的园林风貌。寄畅园巧妙运用借景手法，将惠山、锡山的秀色揽入园内，以有限的空间营造无限的意境。清康熙、乾隆二帝曾多次游历此处。乾隆皇帝在北京的清漪园（今颐和园）内仿建惠山园（今谐趣园），可见寄畅园影响之大。

2.豫园

豫园位于上海南市区城隍庙地区，始建于明代，园主潘允端曾任四川布政使。据其《豫园记》所说，为“豫（愉）悦老亲”而建。整个园林规模宏伟，景色秀丽，兼有明清两代南方园林建筑风格，被誉为“奇甲秀于东南”。全园分东西、南、北四部分，黄石假山、砖雕、圆雕、龙墙为其特色。五条龙墙将全园四十余处亭、台、楼、阁分割为各具特色的六大景区，以有限的空间表现无穷宇宙的意境，体现了中国古典园林“壶中天地”的境界。玉华堂前的太湖石“玉玲珑”为江南三大名石之冠。

（四）岭南园林

1.清晖园

清晖园是广东四大名园之一，整体风格雅致古朴。此园始建于嘉庆五年（1800年），尽显岭南庭院的精髓与江南园林之特色。园内水木清华，景致清雅优美，故宅与扩建新景融为一体，利用碧水、绿树、古墙、漏窗、石山、小桥、曲廊等与亭台楼阁交互融合，集我国古代建筑、园林、雕刻、诗书等艺术于一身，突出了我国庭院建筑中雄、奇、险、幽、秀、旷的特点。园内建筑造型构筑别具匠心，灵巧雅致。园内树木繁茂、品种丰富、多姿多彩，与古色古香的楼阁亭榭交相掩映，徜徉其间，步移景异，令人流连。

2.可园

可园始建于清代道光三十年（1850年），位于东莞市城区博厦。其特点是面积小，设计精巧。在2 200平方米的土地上，把住宅、客厅、别墅、庭院、花圃、书斋艺术地糅合在一起，山水桥榭，亭台楼阁，厅堂轩院，一应俱全。它布局高低错落，处处相通，曲折回环，扑朔迷离，极富岭南特色，是广东园林的珍品。

3.余荫山房

余荫山房，又名余荫园，位于番禺南村镇，清代同治六年（1867年）兴建。全园建筑面积约1 600平方米，是广东四大名园中最小巧玲珑的。这座古庭园布局精巧，以“藏而不露”“缩龙成寸”的手法，将亭台楼阁、堂馆轩榭、桥廊堤栏、石山碧水尽纳于三亩之地，使得小小园林显出园中有园、景中有景、幽深广阔的绝妙佳境，其后门的对联“余地三弓红雨足，荫天一角绿云深”正是此园点题之句。

导游实训

实训项目：“苏州古典园林之旅”情景模拟。

实训目的：掌握古典园林的内涵和特色，提高线路设计和导游讲解能力，增强对传统文化的了解和热爱。

实训步骤：

1.将学生分成不同的小组，每组分别确定销售人员、全陪导游、地接导游等角色。

2.利用已获得的知识完成线路设计、导游词创作、地陪导游、全陪导游等内容。

知识训练
6-1

扫码答题

3. 按照线路产品设计—推销线路产品—计调工作流程—全陪工作流程—地陪工作流程—送团总结的顺序进行汇报。

4. 教师总结点评。

项目七

中国民族民俗

学习目标

知识目标：

- 掌握汉族、苗族、藏族、彝族、白族、纳西族、傣族、回族、维吾尔族、壮族、土家族、黎族、满族、朝鲜族、蒙古族民俗。

技能目标：

能够运用民俗文化知识为游客提供优质的服务。

素养目标：

- 培养学生较高的民俗文化审美品位，提升文化素养。
- 培养学生的团队意识和合作精神。

知识导图

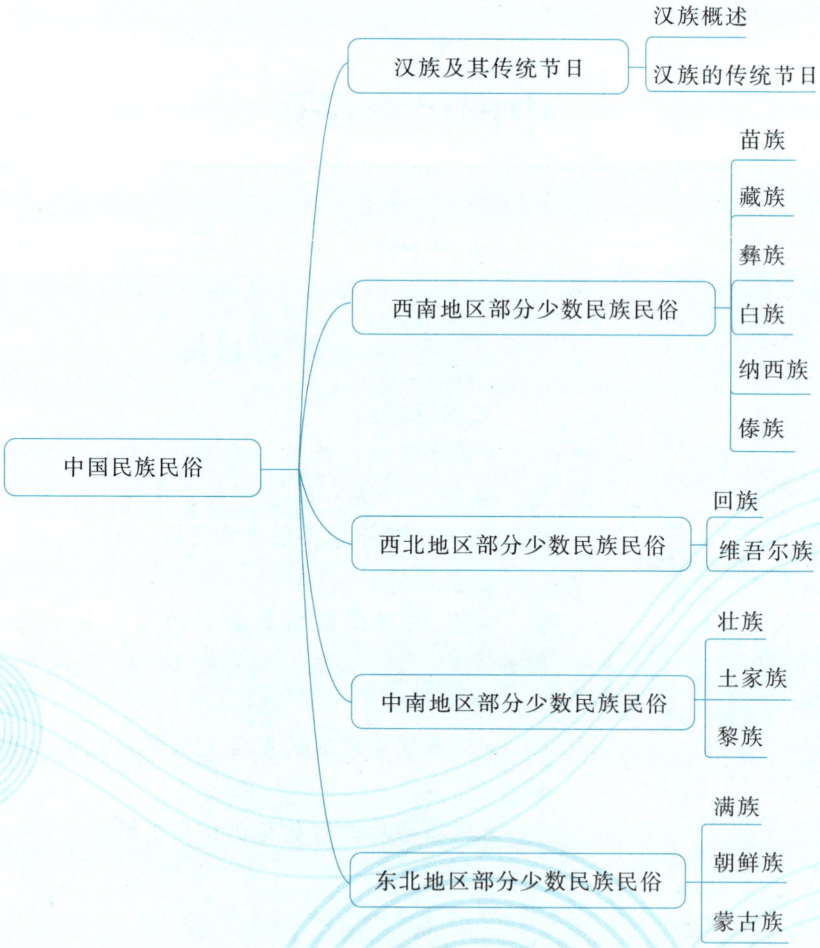
中国民族民俗
汉族及其传统节日
汉族概述
汉族的传统节日
西南地区部分少数民族民俗
苗族
藏族
彝族
白族
纳西族
傣族
西北地区部分少数民族民俗
回族
维吾尔族
中南地区部分少数民族民俗
壮族
土家族
黎族
东北地区部分少数民族民俗
满族
朝鲜族
蒙古族

◎ 情境导入

深圳中国民俗文化村是中国第一个荟萃各民族民间艺术、民俗风情和民居建筑于一园的大型文化旅游景区，通过民族风情表演、民间手工艺展示、定期举办大型民间节庆活动，如华夏民族大庙会、泼水节、火把节、西双版纳风情月、内蒙古风情周等多种方式，多角度、多侧面地展示出了我国各民族原汁原味、丰富多彩的民风民情和民俗文化，让游客充分感受到了中华民族的灵魂和魅力。深圳中国民俗文化村以其丰厚的意蕴赢得了“中国民俗博物馆”的美誉。那么我们应如何弘扬民族文化呢？

知识点1　汉族及其传统节日

一、汉族概述

汉族是中国的主体民族，是上古时期黄帝和炎帝部落的后裔。汉族旧称“汉人”，因中国的汉王朝而得名，汉朝以前称“华”“夏”“华夏”。

汉族在秦汉时形成了统一的、稳定的民族，又经秦汉以来2 000余年的繁衍生息，并不断吸收其他民族的血统与文化，得以发展成为拥有灿烂的古代文明、人口众多的民族。汉族不仅是一个历史从未中断过的悠久的民族，也是世界上人口最多的民族。除中国外，汉族在东南亚、北美洲和西欧也有较多分布。汉族语言简称汉语，属汉藏语系，用于书写汉语的文字称汉字，又称中文字、中国字，属于表意文字的词素音节文字，是世界上迄今为止连续使用时间最长的主要文字。现代汉字分为规范字和繁体字两种。

几千年来，汉族提倡以“仁”为中心，重视伦理教育，由孔子、孟子思想体系形成的儒家学说对汉族产生着深刻的影响。汉族的图腾由龙与凤组成，代表了世间阴阳调和、吉祥如意。

饮食上，汉族以稻米、小麦为主，辅以蔬菜、肉食和豆制品，茶和酒是汉族的传统饮料。稻米的吃法以米饭为主，另有粥、米粉、米糕、粽子、年糕等各种不同的做法；小麦则有馒头、面条、花卷、包子、饺子、馄饨、油条、春卷、炸糕、煎饼等吃法。汉族人讲究烹饪，追求色、香、味、形、器、意的完美结合。不同地区的汉族人以炒、烧、煎、煮、蒸、烤和凉拌等烹饪方式，形成了不同的地方风味。

服饰上，汉族曾经有着自己的华美服饰，称汉服。汉服在式样上有上衣下裳和衣裳相连两种基本形式，大襟右衽是汉服始终保留的鲜明特点。各个朝代，因为崇尚不同的服饰颜色，形成了汉服中的夏黑、商白、周赤、秦黑、汉赤、唐黄、明赤的讲究。

居住上，因为汉族分布地区广大，其传统住房也因地区的不同而形成不同的样式、不同的地域文化特征。居住在华北平原的汉族住房多为砖木结构的平房，院落多为四合院式，如北京四合院；居住在东北的汉族，为了保暖，其平房的墙壁和屋顶都很厚实；居住在陕北的汉族，则根据黄土高原的特点建窑洞；居住在南方的汉族，建房则讲究飞檐重阁和卯榫结构。由于南方各地习俗和自然条件的不同，住房建筑布局上也有差异，如丘陵山地的楼房依山而建，江浙水乡则注重前街后河，福建的土楼庞大而美观，苏州的楼阁小巧而秀丽；另有以马头墙、小青瓦为特色的徽派民居，中西建筑艺术相融合的上海石库门民居等。

二、汉族的传统节日

（一）春节

春节（农历正月初一）俗称“新年”，古称“正旦”“朔旦”“元旦”（孙中山将公历引入中国，称公历的1月1日为“元旦”，农历正月初一改称春节），是中国最隆重的传统节日。除汉族外，蒙古族、壮族、布依族、朝鲜族、侗族、瑶族等少数民族也过春节。

春节起源于原始社会的腊祭。我国古代居民在岁尾年初之际，用一年的收获物来祭祀众神和祖先，并歌舞戏耍，举行各种娱乐活动，逐渐形成了新春佳节。春节活动从腊月二十三祭灶、过小年开始，经过除夕、春节，直到正月十五元宵节结束。春节活动因时因地而异，主要有以下内容：办年货、做新衣、祭灶、掸尘、贴春联、挂年画、祭祖、迎神、吃团圆饭、守岁等。节日期间，人们还互相拜年、放爆竹、吃年糕（寓意“年年升高”）、吃饺子（寓意“更岁交子”，表达了人们对美好生活的向往）、吃元宵（寓意“团团圆圆”）、舞狮、踩高跷、扭秧歌、玩花灯等。

除夕之夜（年三十晚），家家团聚，吃团圆饭，闭门团坐待旦，谓之“守岁”。贴春联、挂年画起源于古代的桃符。拜年是我国民间的传统习俗，人们相互走访祝贺春节，是辞旧迎新的一种形式。正月十五又称上元节、元宵节，是春节活动的又一次高潮，也是春节活动的结束。元宵节之夜有赏灯、猜灯谜、吃元宵（南方称汤圆、汤团）等活动和习俗，象征团团圆圆、幸福美满。元宵耍灯起源于汉代，后来逐渐演变成为民间的盛大节日，各地区各民族因地制宜，形成了具有地方特色和民族风格的活动。

课堂互动7-1

你家乡的春节习俗有哪些？

（二）清明节

清明节又称踏青节、祭祖节，它是汉族民间传统节日，流行于全国各地。除汉族外，彝族、壮族、布依族、满族、侗族、瑶族、白族等少数民族也过此节。节期在农历三月，公历4月5日前后。清明节是二十四节气之一，清明节前两天是寒食节，所以人们常合并称为清明寒食节。

清明节的民俗活动主要有扫墓、烧“包袱”、插柳、踏青、放风筝、荡秋千等。其中，扫墓秦代前已有，唐代成为定俗，宋代得到沿袭，并一直延续至今。踏青又叫春游，古时叫探春，起源于唐代。清明节荡秋千的习俗盛行于唐代。

（三）端午节

端午节（农历五月初五），又称端阳节、重五节、关中节、龙舟节、五月节等，是汉族民间传统节日，也是中国传统三大节日之一，流行于全国大多数地区。除汉族外，蒙古族、回族、藏族、苗族、彝族、壮族、布依族等少数民族也过此节，端午节已被列入人类非物质文化遗产代表作名录。

关于端午节的起源，各地说法不一，其中以纪念爱国诗人屈原说最为广泛，相传屈原于农历五月初五投汨罗江而死。端午节的主要习俗活动有赛龙舟、吃粽子、挂钟馗像、佩香囊香袋、饮雄黄酒（以避蛇、蜈蚣、蝎子、壁虎和蟾蜍五毒）、插菖蒲、采药等。赛龙舟是端午节的一项重要活动，主要流行于我国南方水乡。端午节吃粽子的风俗在魏晋时已盛行，唐宋时成为端午节的名食。钟馗原是岁暮时张挂的门神，清代成为端午之神。

课堂互动7-2

端午节为何要赛龙舟？有何意义？

（四）中秋节

中秋节（农历八月十五）又名团圆节、仲秋节、八月节，是汉族民间的传统节日。除汉族外，蒙古族、回族、彝族、壮族、布依族、朝鲜族等少数民族也过此节。农历八月十五恰值三秋月正中，故名中秋或仲秋。中秋节是仅次于春节的第二大节日。关于中秋节的起源有三种说法：一是起源于古人对月亮的崇拜；二是起源于月下歌舞觅偶的习俗；三是起源于古代秋季拜土地神的习俗。

中国古代帝王有春天祭日、秋天祭月的礼制。祭月赏月活动始于周代，北宋始定为中秋节，南宋成为普遍的活动，明清以后盛行不衰。北京城中皇家祭月场所是月坛。中秋节的吉祥物是兔儿爷，节日期间民间有祭月、拜月、赏月、吃月饼、吃团圆饭、舞龙灯、赏桂花等活动。另外。中秋节前后也是钱塘江观潮的最佳时节。

（五）重阳节

重阳节（农历九月初九），又称重九节、晒秋节、老人节，是汉族传统节日。古人认为“九”为阳数之极，九月九日，日月并阳，双九相重，故曰重阳。

重阳节的主要习俗有郊游赏景、登高远眺、观赏菊花、饮菊花酒、吃重阳花糕、插茱萸等活动。2012年，我国将每年农历九月初九定为老年节。

知识点2　西南地区部分少数民族民俗

一、苗族

（一）节日民俗

苗族是一个具有古老文明、讲究礼仪的民族，岁时节庆独特鲜明，各地苗族过的节日不完全相同。黔东南部分地区和广西融水县盛行过“苗年”，在农历九月至十一月的卯（兔）日或丑（牛）日举行，有踩鼓、跳芦笙、赛马、斗牛、“游方”等活动。贵阳附近的苗族每逢农历四月初八，都穿上盛装来到贵阳市喷水池附近，吹笙奏笛，对歌谈心，纪念传说中的古代英雄“亚努”。此外，苗族还有龙船节、花山节、吃新节（农历六七月间稻谷成熟时）、清明节、赶秋节（立秋）等传统节日。

（二）婚俗

苗族青年男女婚姻比较自由，男女青年通过“游方”（黔东南）、“坐寨”（广西融水）、“踩月亮”（云南文山、楚雄）、“跳花”（黔中、黔西）、“会姑娘”（湘西）等社交活动，自由对歌，恋爱成婚。云南楚雄等地有“姑娘房”制度，以便择配良偶。苗族妇女有婚后“不落夫家”的习俗，在黔东南地区至今仍有保留。

二、藏族

（一）节日民俗

藏族节日繁多，很多节日都具有浓郁的民族特色，包括藏历新年、藏历农家年、萨嘎达瓦节、女儿节、望果节、雪顿节、转山会等。其中，最隆重、最具有全民族意义的要数藏历年。

1.藏历年

藏历年相当于汉族的春节，是一年中最盛大的节日，从藏历元月一日开始。晚上，家家户户团聚在一起吃“古突”（面团肉粥），以此辞旧迎新，求得太平康乐。吃完九道“古突”后，举着火把，放起鞭炮，呼喊着“出来”，走到十字路口祈望来年能有好运。

大年初一，许多信仰佛教的农牧民还要到拉萨的大昭寺进行朝拜，祈求新年平安、健康。

大年初二，走亲访友活动使大街小巷热闹起来，也成了人们展示新年时装的最好时刻，到处都是“洛萨（新年）扎西德勒!”的祝福声。

大年初三的活动以宗教、文体内容为主，转经路上、房顶上弥漫着浓浓的桑烟，年轻人在房顶和山顶上插五彩经幡，以祈福消灾。广大农牧区还将举行新马驮鞍仪式、赛马、拔河、投掷等丰富多彩的娱乐活动。藏历年的欢庆活动将一直持续到藏历正月十五。

2.雪顿节

雪顿节起源于11世纪中叶，在藏历六月二十九日至七月一日举行。届时，拉萨市附近的居民身着鲜艳的节日服装，扶老携幼，提上酥油桶，带上酥油茶，来到罗布林卡，在繁茂的树荫下搭起帷幕，在绿茵上铺上地毯，摆上果品佳肴，席地而坐，边饮边谈，载歌载舞，观看藏戏，享受节日的欢乐。下午各家开始串帷幕作客，主人向来宾行敬三口干一杯的“松准聂塔”（酒礼），唱各种不同曲调的劝酒歌。歌罢，客人将酒三口饮完，敬酒声、祝福声、欢笑声经久不息。当晚霞染红天际，人们才踏着暮色离开罗布林卡。

3.望果节

望果节（意为转田间）节期为1～3天不等。每年8月，粮食收获在望，藏民们便背着经卷转绕田间，预祝取得好收成，同时举行赛马、射箭、文艺表演等活动。

（二）婚俗

在藏族地区，青年男女多为自由恋爱，父母亲友一般不加干涉。随着双方感情不断深化，在得到双方父母应允后，才能送聘礼，商定婚期。根据男女双方生辰选定吉日，准备成亲。

婚期前一天，男方派婚使和媒人携带酒、哈达等物到女方家迎娶新娘。女方为新娘进行宗教洗礼，梳妆打扮。次日，新娘在伴娘的陪伴下哭嫁，然后随同送亲者、媒人及婚使等一同启程。男方家派人在离家不远的地方设路席，敬酒致意。

当新娘来到门前，男方将撒有青稞、羊毛的新白毡铺在新娘马前，为媒人、送亲者献哈达、敬酒。妇女们扶新娘下马，用奶汁为新娘洗脸，打醋炭，以洁身清垢，除灾避邪。入门后，喇嘛诵经祈祷，新郎新娘拜天地、家神及父母。礼毕，新娘入洞房，宾客入宴席。

最后宾主暖酒畅饮，双方歌手尽献歌技，歌声笑语彻夜不绝。从次日起，男方家属轮换宴请宾客，馈送礼物，延续2～3日方毕。

三、彝族

（一）节日民俗

1.火把节

火把节一般在农历六月二十四日至二十六日晚上举行，是彝族盛大的节日。届时要杀牛、杀羊，祭献祖先，有的地区也祭土主，相互宴饮，吃坨坨肉，共祝五谷丰登。火把节一般欢度3天，头一天全家欢聚，后两天举办摔跤、赛马、斗牛、竞舟、拔河等丰富多彩的活动，最后举行盛大的篝火晚会，彻夜狂欢。

夜幕降临后，人们挥动火把，成群结队绕村串寨，翻山过田，互相往对方的火把上撒松香粉，打火把仗，满山遍野如同白昼。按照彝族的习俗，在火把上撒松香粉，使火把“嘭”地腾起一团绚丽的火花，并扬起一股香气，表达美好的心愿：后辈对老辈撒，是尊敬，祝福长寿；长辈对晚辈撒，是爱抚，祝愿吉利；同辈互撒，是亲密友爱；青年男女互撒，则是恋爱的开始。

2.彝族年

彝族年，彝语称为“库史”，“库”即年，“史”即新，意思是新年，是大小凉山彝族传统的祭祀兼庆贺性节日。“库史”一般选定在农历十月，庄稼收割完毕的季节。彝族年一般为3天。彝族年的头夜叫“觉罗基”，过年第一天叫“库史”，第二天叫“朵博”，第三天叫“阿普机”。

（二）婚俗

彝族男女青年订婚之后，要进行婚宴的准备。婚宴多用猪、鸡肉，一般不用羊肉（丧事用羊肉）。滇南石屏彝族有在出嫁前邀集男女伙伴聚餐畅饮之习俗；滇西的彝族，凡娶亲嫁女，都要在庭院或坝子用树枝搭棚，供客人饮酒、吸烟、吃饭、闲坐，民间把这种用枝搭的临时棚子称“青棚”。

彝族的婚恋奇特而有趣，最有趣的是，举行过“换裙礼”的少女方可在“玩场”中与心上人结交恋爱，还有媒人说亲和吃酒定亲、让新娘挨饿、亲朋通宵哭嫁、向迎亲者泼水、抢背新娘、洞房搏斗等传统婚俗。

1.少女换裙礼

彝族姑娘进入成年时（一般多在15岁），依俗要举行隆重的“换裙礼”。在换裙礼仪式上，姑娘要让姐妹们把她原来的单辫子改梳成双辫子，盘于头顶，还要把原先佩戴两耳的白坠片或穿耳旧线扯下，换上红玛瑙似的珊瑚珠或银光闪闪的耳坠，以示吉祥。最后，姑娘换上绣了花边的上衣和黑、蓝、黄、白等五彩相间的有褶拖地长裙，便可到“玩场”跳舞唱歌，参加社交活动，开始寻找自己的心上人了。

2.背新娘

按照彝家俗规，新娘出阁时，双脚不得落地沾土，须由接亲的小伙子背新娘，并扶她上马。迎娶归途上还有种种规矩：倘山高路窄无法骑马时，须由接亲的小伙子轮流背新娘而行；过河涉水，更得由人背过河，新娘的绣花鞋万万不能沾水。

3.泼水接亲

彝族认为，清水能驱恶除邪，送走妖魔，带来幸福，因此接亲时一定要泼水。为了经受住这个考验，男方选派未婚小伙子去接亲时，既要身体强壮，又要精明能干，既能招架泼水的受寒之苦，又能完成“抢走”新娘的艰巨任务，在推荐人选时往往反复审议，择优录用，有时甚至不惜长途跋涉，选拔良才。

彝族的迎亲是通过“抢”的方式完成的。在“抢亲”的头一天晚上，姑娘们向小伙子展开猛烈的水战。姑娘们用泼、淋、灌、射等各种方式凶猛地攻击小伙子，使来“抢亲”的小伙子难以招架。于是，聪明的小伙子便在天黑以前找到存水的地方，悄悄地倒掉一部分，以减轻“水灾”的袭击。

经过一晚上的水泼，当早晨来临时，“抢亲”便开始了。这时，姑娘们拥着新娘，小伙子们前去“争抢”，姑娘们防守严格，小伙子必须机灵多变，趁一瞬间出现的漏洞，抢走新娘便跑，直跑出一二里山路才改为行走。可见，把新娘“抢”到婆家是多么不容易！但彝族人认为，婚礼中的这一“泼”一“抢”能驱除邪祟，保证日后生活不受侵扰。

四、白族

（一）节日民俗

大理地区的少数民族以白族为主，除与汉族相同的节日外，最富民族特色的节日还有三月街、绕三灵、火把节、耍海会、栽秧会、石宝山歌会、骡马会等。至于各个村寨的本主节，更是时间各异，异彩纷呈。

1.三月街

三月街亦称观音市或观音会，据载已有1 000多年的历史，每年农历三月举行，地点在大理城西苍山脚下。节日内容原是佛教庙会，举办隆重的讲经拜佛活动。现在三月街期间，除了交流物资，还有民族歌舞表演、体育竞技等活动。特别是参加赛马会的各族骑手，云集苍山脚下，扬鞭策马，腾云驾雾般向洱海边奔去，场面煞是壮观。

2.绕三灵

三灵指的是白族民间信仰中的三位神话人物，供奉他们的庙宇分别是“佛都”崇圣寺、“神都”圣源寺、“仙都”洱海祠，相传此活动起源于唐南诏时期。绕三灵，白语叫“观上览”，意为“逛三都”，属农闲时节白族民间的自娱性迎神赛会。会期为每年农历四月二十三日至二十五日。届时，洱海周围村村寨寨的男女老少，第一天从大理城出发，绕到“神都”圣源寺，祈求风调雨顺，人寿年丰；第二天绕到“仙都”洱海祠，祭拜象征洱海之神的斩蟒英雄段赤诚；第三天绕回“佛都”崇圣寺，祈祷上苍保佑、天地安宁，最后在寺旁边的马邑村散会。绕三灵也是白族人民的歌舞节、狂欢节、情人节。

3.火把节

白族的火把节在每年农历六月二十五日举行。节日当天，男女老少聚集一堂祭祖，通过拜火把、点火把、耍火把、跳火把等活动，预祝五谷丰登、六畜兴旺。当晚，每家门前都竖有一柱火把，村口全村公立的大火把上插红绿纸旗，书写一些吉祥语句，村民们则高举火把在田间游行一周，捕灭虫害。

4.耍海会

耍海会持续时间一般3～5天不等，各地开始时间不一，邓川、上关、喜洲一带的耍海时间从农历七月二十三日开始，大理、下关一带的耍海时间从农历八月初八开始。在耍海的日子里，洱海里白帆点点，岸上人山人海。人们吹起唢呐，唱着《大本曲》，和着调子，舞着霸王鞭，跳起仙鹤舞，尽情欢乐。同时，举行一年一度的赛龙舟活动，龙舟一般用洱海里大型的木船改装而成，披红挂绿、张灯结彩。桅杆上扎有五颜六色的"连升三级"的大斗，并拴上铜锣，尾舵上竖有松枝，船舷上画着叱咤风云的"黄龙"和"黑龙"，中间镶嵌一面圆"宝镜"。随着一声号令，各村寨的龙舟竞发，人们唱着赛舟调，祝愿风调雨顺，五谷丰登。

（二）婚俗

白族实行一夫一妻制，兄弟成婚后即分家，父母一般多随幼子居住。入赘女婿有家产继承权，妇女在家中有较高的地位。

青年男女婚前比较自由，婚事大多由自己做主。找对象一般通过"对歌"认识结为知己，然后经过说亲、订婚、迎新几个阶段，最终结为夫妇。订婚时男方要送酒、公鸡和聘礼到女方家，聘礼必带"六"字：茶三斤六两或六斤六两、酒六斤或六瓶、糖果六斤六两等，意在"有福有禄"。女方家以"三道茶"相待表示同意，又称"提亲鸡酒礼"。

结婚时一般要举办3天，仪式非常隆重。结婚这一天称为"正喜日"，男方用花轿将新娘迎至大门，由新郎同辈兄弟将新娘背入新房，男方家要吹唢呐，演唱《吹吹腔》和《大本曲》直到天亮，以示祝贺。第二天新娘要下厨房做鱼羹以孝敬公婆。婚后3～6天回门，女方家接女婿和女儿回家吃饭。7天后要到本村的本主庙祭本主，求本主保护全家平安，早生贵子。婚后的第一个中秋节新娘要做大面糕，以此表现新娘的烹调技艺。

五、纳西族

（一）节日民俗

纳西族的很多节日与当地汉族相同，本民族节日主要有三朵节、海坡会等。

1.三朵节

三朵节也叫三多节，是云南丽江一带纳西族的传统节日，在农历二月初八举行。相传是纳西族保护神三朵的生日。纳西族认为三朵是属羊的，每年农历二、八月的羊日，要用全羊祭，丽江地区的纳西族祭三朵还要带着火锅到风景秀丽的地方野餐，节日期间，纳西族男女老少踏春赏花，小伙子骑上骏马，进行拔旗、拾银圆赛马活动，胜利者备受姑娘们的青睐。晚饭后，人们围坐在篝火旁，能歌善舞的纳西姑娘跳起欢快的"阿哩哩"。1986年，每年农历二月初八的三朵节被定为纳西族的传统节日。

2.海坡会

海坡会在农历七月二十五日举行，是纳西族摩梭人在泸沽湖畔举行朝拜女神山活动的节日，同时也是青年男女社交活动的节日。

在云南永宁泸沽湖畔，有座狮子峰，是纳西神话传说中的一位名叫"干木"女神的住所。每年农历七月二十五日，众山神都要到永宁与干木女神聚会娱乐，接受祝福。后来，纳西人在农历七月二十五日这天，都要欢聚泸沽湖圈，参加一年一度的海坡会，人们载歌载舞，尽情娱乐，一是为女神助威，二是用隆重的仪式祭祀女神，祈祷她保佑人们平安，五谷丰登，畜牧兴旺。男女青年也趁此良机，互结“阿注”。

除年节外，纳西族还有许多祭祀活动，其中最隆重的是“纳西祭天大”。“祭天大”一般都选在正月上、中旬，届时要选好祭天场，由东巴教掌教人任祭司，并宰杀轮流喂养的祭天猪，各家各户都要捐大麦、小麦用来酿酒，做饵块。祭祀时用全牲大祭，在场者均要洗手执香肃立。祭毕，用猪血灌肠，猪头、内脏烧汤，熟后按户分食。

（二）婚俗

纳西族男女社交大都在节日期间进行，男女青年相识后，通过媒人撮合，双方家长合完八字，男方就请媒人送给女方茶二筒、糖四盒或六盒、米二升，有的地方还要加上砣盐两个，以表示山盟海誓。订婚时要摆订婚宴，婚礼要进行3～5天，办酒席，席上分上八位、下八位，均由新郎跪请客人入座，然后奏乐上菜，上至第三道菜时，主婚人敬酒；第五道菜时，新郎、新娘向客人敬双杯酒。宴毕主人及亲属要站在门外送客。

六、傣族

（一）节日民俗

傣族的重大节日有泼水节、关门节、开门节。

1.泼水节

泼水节是傣族的新年，是傣族最富民族特色的节日，也是云南少数民族中影响力最大、参加人数最多的节日。节期在傣历六月，相当于公历4月中旬。泼水节一般持续3～7天。第一天傣语叫“麦日”，与农历的除夕相似；第二天傣语叫“恼日”（空日）；第三天是元旦，叫“麦帕雅晚玛”，人们把这一天视为最美好、最吉祥的日子。

泼水节又名“浴佛节”，这一天人们要拜佛，姑娘们用漂着鲜花的清水为佛洗尘，然后彼此泼水嬉戏，相互祝愿。起初用手和碗泼水，后来用盆和桶，边泼边歌，鼓声、锣声、泼水声、欢呼声响成一片。泼水节期间还要举行赛龙船、放高升、放飞灯等传统娱乐活动和各种歌舞晚会，歌舞晚会通常有当地特色的孔雀舞与象脚鼓舞。人们通过这些娱乐与歌舞来祈福，希望能把过去一年的灾难和疾病送走，在新的一年里风调雨顺，五谷丰登，人畜兴旺。

2.关门节

关门节在傣语中叫“进洼”，意为佛祖入寺，是云南傣族传统宗教节日，每年傣历九月十五日（农历六月中旬）开始举行，历时3个月。

相传，每年傣历九月，佛到西天与其母讲经，3个月才能重返人间。有一次，正当佛到西天讲经期内，佛徒数千人到乡下去传教，踏坏了百姓的庄稼，耽误了他们的生产，百姓怨声载道，对佛徒十分不满。佛得知此事后，内心感到不安。从此以后，每遇佛到西天讲经时，便把佛徒都集中起来，规定在这3个月内不许出门，只能忏悔，以赎前罪，故人们称之为“关门节”。

3. 开门节

开门节，亦称“出洼”，傣语为“豪瓦萨”，是我国信奉小乘佛教的傣族、布朗族、德昂族和部分佤族的传统节日，时间在傣历十二月十五日（约在农历九月中旬）。

开门节象征着3个月的雨季已经结束，表示解除“关门节”以来的约束。即日起，男女青年可以开始自由恋爱或举行婚礼。节日这天，男女青年身着盛装去佛寺拜佛，以食物、鲜花、蜡条、钱币敬献。祭祀完毕，举行盛大的文娱集会，庆祝从关门节以来的安居斋戒结束。燃放火花、点孔明灯、唱歌跳舞。青年们还舞着各种鸟、兽、鱼、虫等形状的灯笼环游村寨。这时，正逢稻谷收割完毕，故也是庆祝丰收的节日。

（二）婚俗

傣族青年男女谈恋爱的方式很多。傣族泼水节、赛龙舟、“赶摆”等时节盛行一种叫“串卜少”的活动，即未婚的小伙子在节日或集会等场合，寻找未婚姑娘谈情说爱。

傣族的婚礼，民间称为“金欠”，含结婚宴请之意。婚期只能定在每年的开门节至关门节（傣历十二月十五日以后，至次年九月十五日以前）这段时间，婚礼以为新郎新娘祝福、拴线为主要内容。

成婚仪式在新娘家举行，届时要杀猪、杀鸡（有的人家还宰牛），备办丰盛的酒席宴请亲朋好友和本寨父老乡亲。举行婚礼之日，在新娘家堂屋内设置“茂欢”（直译为魂桌），主婚人端坐在“茂欢”后的正中位置，长者围桌而坐，一对新人按男右女左的位置面对主婚人而跪，亲友围在两旁。坐在“茂欢”跟前的人伸出右手搭在桌上，静听主婚人念诵祝词。主婚人揭去盖在食物上的叶帽，先为新郎、新娘祝福：“今天是个美好、吉祥的日子，现在是一天中最好的时辰，你俩恩恩爱爱结成夫妻，金凤与铜凤结成一对，日子会幸福美好，愿生子会得子，盼生女会得女，祝福你们幸福美满，永不离分。”

主婚人念完祝词以后，新郎、新娘各在桌上揪下一团糯米饭，蘸点米酒、食盐、舂盐捧、芭蕉后摆在桌前。主婚人拿起一条长长的白线，从左至右缠在新娘、新郎的肩背，将白线两端搭在“茂欢”之上，表示将一对新人的心拴在一起。然后拿两缕白线，分别缠在新郎、新娘的手腕上，祝愿新婚夫妇百年好合、无灾无难。在座的长者也各拿两缕白线，分别拴在新郎、新娘的手上。拴完线后，仪式基本结束，婚宴开始，新郎、新娘向宾客敬酒致意。

知识点3 西北地区部分少数民族民俗

一、回族

回族是中国分布最广的少数民族，信仰伊斯兰教，在居住较集中的地方建有清真寺，又称礼拜寺。回族是中国少数民族中人口较多的民族之一，主要聚居于宁夏回族自治区，在甘肃、新疆、青海、河北、河南、云南、山东也有不少聚居区。他们在长期历史过程中吸收了汉族、蒙古族、维吾尔族的一些生活习俗，形成了一整套本民族独特的风俗习惯。

（一）节日民俗

回族有三大节日，即开斋节、古尔邦节、圣纪节。除此之外，还有一些小的节日和纪念日，如法图麦节、登宵节、阿舒拉节等。这些节日和纪念日都是以伊斯兰历计算的。

1.开斋节

开斋节，是阿拉伯语“尔德·菲图尔”的意译，我国甘肃、青海、云南等地的穆斯林称其为“大尔德”，宁夏南部山区八县的穆斯林则称其为“小尔德”。伊斯兰历九月是回族的斋月，每日自黎明前至日落，禁绝饮食、房事和一切非礼行为。斋月的结束标志着禁食的解禁，而开斋节就是为了庆祝这一重要时刻。

2.古尔邦节

古尔邦，阿拉伯语为“尔德·古尔邦”“尔德·阿祖哈”，意为“牺牲”“献身”，故亦称“宰牲节”，时间是伊斯兰历十二月十日，即朝觐的最后一天。

3.圣纪节

圣纪节是伊斯兰教先知穆罕默德诞辰纪念日。节日活动多由清真寺主持。届时，穆斯林要穿戴整齐到清真寺沐浴、更衣、礼拜，听阿訇们念经，然后休息、游玩一天。

（二）婚俗

回族老人常常把举行婚礼、完婚称为“卸担儿”，认为这是“终身大事”，也是老人的责任。婚礼议事日程有提亲、看家道、相亲、道喜、娶亲、念尼卡哈、摆宴席、耍公婆、闹洞房、认大小、回门等程序。

二、维吾尔族

（一）节日民俗

维吾尔族传统节日大都来源于伊斯兰教，尤其以过古尔邦节最为隆重，届时家家户户都要宰羊、煮肉、赶制各种糕点等。屠宰的牲畜不能出卖，除将羊皮、羊肠送交清真寺和阿訇外，剩余的用作自食和招待客人。

肉孜节又称“开斋节”。开斋节前，各家习惯炸馓子、油香，烤制各种点心，准备节日食品。节日期间人人都穿新衣服，戴新帽，相互拜节祝贺，到清真寺去做聚礼，唱歌跳舞，并举行赛马、叼羊和摔跤等活动。

（二）婚俗

维吾尔族的婚姻一般要经提亲、订婚、迎娶、婚礼等过程，反映了维吾尔族对婚姻的慎重。

男女青年结婚时，由阿訇或伊玛目诵经，将两块干馕蘸上盐水，让新郎、新娘当场吃下，表示从此就像馕和盐水一样，同甘共苦，白头到老。婚宴要在地毯上铺上洁白的饭单，最先摆上馕、喜糖、葡萄干、枣、糕点、油炸馓子等，然后上手抓羊肉、抓饭。

知识点4　中南地区部分少数民族民俗

一、壮族

（一）节日民俗

壮族几乎每个月都有节日。其中，春节、三月三、七月十四是壮族最重要的节日，另外有四月初八、端午节、六月初六、七月初七、中秋节、重阳节、冬至日等节日。

1.三月三

三月三又称“歌节”或“歌圩节”，是壮族的传统歌节。相传是为纪念壮族歌仙刘三姐而设，故又称“歌仙节”。这一天壮族人们赶歌圩，搭歌棚举办歌会，青年男女们对歌、碰彩蛋、抛绣球，谈情说爱。歌节一般持续两三天，地点在离村不远的空地上，用竹子和布匹搭成歌棚，接待外村歌手。对歌以未婚男女青年为主，老人小孩也可旁观助兴。小的歌圩有一两千人，大的歌圩可达数万人之多。届时摊贩云集，民贸活跃。如果双方情投意合，就互赠信物，视为定情。此外，还有抛绣球、碰彩蛋等有趣的活动。

抛绣球主要是娱乐，也可看作定情信物。当姑娘看中某个小伙子时，就把绣球抛给他。碰彩蛋是互相取乐承欢，亦有定情之意。歌节不仅是弘扬民族文化的盛会，亦是民族经济交流的盛会。1985年，广西壮族自治区人民政府将三月三定为广西的民族艺术节。

2.牛魂节

牛魂节又称牛生日、牛王节、脱轭节，是壮族的传统节日，多在每年农历四月初八举行，也有在六月初八或八月初八举行的。壮族人有敬牛、爱牛的传统，每年牛魂节时更是表露无遗。

壮族人认为，牛魂节一到，人放犁，牛脱轭，主人家要用亲自酿制的甜酒和用植物汁液染成的五色糯米饭来喂牛。这一天要清扫牛栏，给牛洗刷身体，敲鼓助兴。这一天是绝对不能打牛的，如果打了牛，就会把牛魂惊跑，对农事大为不利。

到了午间，家家都要举行敬牛仪式。这时，全家坐在摆满酒席的桌边，由家长牵牛绕桌一周，同时唱起敬牛歌，喂牛吃五色糯米饭。最后，全家站起来抚摸牛背，表达对牛的祝福。过牛魂节的民族还有布依族、瑶族、侗族、仫佬族等。

（二）婚俗

壮族青年男女自古便有对歌求爱的习俗，每年正月、三月、四月、十月的一些日子中会定期举行山歌对唱。婚姻多为父母包办，但婚前恋爱自由。其婚姻制中盛行“不落夫家”或“坐家”，即青年男女结婚后，新娘便返回娘家居住，遇重大节日和农忙时节才到丈夫家短暂居住，怀孕之后才常住婆家。因此，“不落夫家”的时间为三五年不等。

课堂互动7-3

某次带团过程中，如果游客提议由你唱一段少数民族歌曲或与游客对歌，而你的确不会唱，那么你将如何化解尴尬？

二、土家族

（一）节日民俗

1.嫁毛虫节

嫁毛虫节，又称“敬婆婆神”，时间是农历四月初八。届时，家家用红纸两条，分别写着“佛生四月八，毛虫今日嫁，嫁出深山外，永世不归家”等字句，交叉贴在堂屋左侧中柱上面，认为此举可以驱除虫害，四季平安。

2.赶年节

赶年节是土家族传统节日。所谓“赶年”，是因为土家人过大年的时间要比汉族人提前一天，小月为腊月二十八，大月为腊月二十九，相传是为了抗倭寇打仗而提前。在明嘉靖年间，朝廷征调土司军队前往东南沿海一带抗击倭寇，适值年关，为保卫祖国、抵御外寇，故提前过年时间。赶年节要做糯米粑，杀猪祭祖、煮酒。除夕之夜还要“守年”“抢年”，即吃过团圆饭后，手执吹火筒在房前屋后转一圈，名曰“出征”，有的手持猎枪上山走一趟曰“模营”，以纪念先人。虽提前一天“赶年”，大年三十晚上还会照样过除夕。有的地方是“初一拜家神，初二拜丈人，初三初四拜友邻”。还有各种文娱活动，如玩龙灯、荡秋千、踩高跷、唱傩戏等。

3.女儿会

女儿会，又名恩施土家女儿会，是恩施土家族特有的风俗习惯，也是男女青年谈情说爱的一种场所，被誉为东方情人节或土家情人节。

（二）婚俗

在土家族，青年男女需要说亲时，一般由男方请人说媒，名为“牵线”。牵线人受男方的委托来到女方家提亲，取得女方同意后，男方才能正式提出求婚。求婚也叫“递书子”或“放炮”。递书子十分讲究，必须在双月双日，男子准备礼物和“书子”送给女方。约定的日子到了，媒人便带着男青年到女方家，装香、点烛、放炮，女方接受了礼物，才算定亲，男青年对女青年的父母改口称亲娘亲爷。这一对未婚男女从此便可以公开往来，进一步巩固和发展爱情。

新婚的前一天，新娘家便开始忙着给前来送贺礼的亲友们“摆花宴”，晚上请前来送礼的亲友们吃“油茶”。子时，要请姨妈或姑母为新娘更容，绞尽脸上的汗毛，称为“开脸”，然后搭上头帕，身穿青衣素服，脚不着地，由哥哥或弟弟背至门前搭好的棚内，坐候吉时。时辰一到，新娘换上红色的“露水衣”，哭拜祖宗后，上轿起程。轿子进婆家门时，要用脚蹬一下门槛，以示到了夫家。入夜，洞房燃起辉煌的灯烛，众亲友前来闹新房。次晨新娘梳洗后，带着茶盘，由新郎引着向前来贺喜的亲友长辈“拜茶”，长辈们还要打发茶钱。婚后第三天，新娘与丈夫回拜娘家父母，称为“三朝回拜”。到此，这对青年的婚事才算告成。

三、黎族

（一）节日民俗

1.春节

在黎族地区，春节一般从正月初一开始过到正月十五。届时，各家各户清扫庭院，修整“船形屋”，贴红对联，洗刷衣服器具，舂米和包粽子，在房门、藤萝、耕牛角等处贴上红纸，以示吉祥。大人们为小孩备鞭炮，买烟花，男女老少穿新衣。大年初一清早，黎族人要互相拜年，在外面见面时要相互道贺“恭喜恭喜，年年丰收，年年幸福”。小孩子向大人拜年，以获得糖果、糕点、粽子和压岁铜钱。有的地方则仍按照传统习惯，从大年初一开始，男人集体狩猎，猎获物全村人共同享用。

2.三月三

农历三月初三是黎族人民最隆重、最热闹的传统节日，黎族人民通过三月三的传统来纪念本民族的祖先和英雄人物。节日当天，各村寨都要举行祭祖仪式，青年男女盛装打扮，聚集在一起，以对歌的形式相邀族外的意中人。入夜，篝火燃起，人们尽情游戏娱乐。天快亮时，恋爱中的男女依依惜别，互送定情信物，相约来年“三月三”相会。除了歌谣对唱外，还有“打柴舞”、荡秋千、射箭、摔跤等娱乐活动。

（二）婚俗

黎族男女成年后就可以放寮（男女幽会之意）。寻找放寮对象时，一般由男子采取主动，吹奏乐器、唱歌表达自己的感情。若女方也有爱慕之心，情投意合，男方便送一些礼物和钱币、布料给女方。通过放寮，若双方愿结为夫妻，男方便托姨母或嫂子去说亲。求亲时，盒子里装上槟榔送给女方，女方父母若是开盒拣出一枚，便是允婚。所以，女方定亲也有吃“某某槟榔”之说，俗称“吃物定亲”。婚后有“不落夫家”的习俗。

知识点5　东北地区部分少数民族民俗

一、满族

（一）节日民俗

满族的许多节日均与汉族相同，主要有春节、元宵节、二月二、端午节和中秋节等。节日期间一般都要举行珍珠球、跳马、跳骆驼和滑冰等传统体育活动。除了传统节日外，满族还有自己的节日——颁金节。

颁金节是满族诞生和命名的纪念日。1989年10月，在丹东“首届满族文化学术研讨会”上，正式把每年农历十月十三定为“颁金节”。节日期间，全国各地的满族同胞都以各种方式庆祝自己的节日。

（二）婚俗

满族婚姻由父母包办，看重彩礼。请媒人说亲，前后需三次，每次需携带一瓶酒，故有“成不成，酒三瓶”的说法。结婚前一天，送亲的要喝“迎风酒”。新娘由伴娘陪伴，到男方家附近预先借好的住处下榻，俗称“打下墅”，第二天由男方在下榻处迎娶新娘。这种风俗源于历史上清朝军队多年征战，满族姑娘赴军营完婚，需先在军营附近借房暂住，久而久之，便成风俗。现此俗已变，改为在女方家迎娶。

二、朝鲜族

（一）节日民俗

朝鲜族的节日与汉族基本相同。除岁首节（春节）、清明节、中秋节外，还有3个家庭节日，即婴儿生日节、回婚节（结婚六十周年纪念日）、回甲节（六十大寿）。

1.岁首节

岁首节即朝鲜族的春节，能歌善舞的朝鲜族人民的岁首节活动丰富多彩。除夕时，全家守岁通宵达旦，吹奏古老的伽倻琴和洞箫。节日期间，男女老少纵情歌舞，压跳板、拔河等。正月十五夜晚，举行传统的庆祝集会，老人们登上木制的“望月架”，以先看到明月为福，意味着他的儿孙健康、万事如意。随后，大家围着点燃的“望月楼”，随着长鼓、洞箫、唢呐乐曲声载歌载舞直到尽兴。

2.婴儿生日节

婴儿生日节即婴儿周岁生日节。在朝鲜族的人生礼仪中，婴儿的一周岁纪念日最受重视，庆祝活动非常隆重。婴儿的妈妈先把自己打扮得漂漂亮亮，再给孩子穿上一套精心制作的民族服装，然后把孩子抱到已准备好的生日桌前。桌子上会摆放一些打糕、糖果、笔、书、小枪等带有象征意义的东西。客人到齐后，婴儿的妈妈就叫孩子从桌子上五花八门的东西中随便拿自己的中意之物。当孩子伸手从桌子上拿一样东西时，客人们就欢腾起来，说一些祝福的话，类似汉族的“抓周”。有的地方还有请老人给孩子脖子上套一团素白色线的习俗，希望孩子像雪白的线团那样做一个洁白的人，能像长长的线那样长寿。

3.回婚节

回婚节，亦称归婚节，即结婚六十周年纪念日。举行回婚节必须具备如下三个条件：一是老两口都健在；二是亲生子女都在世；三是孙子孙女无夭折。如果亲生子女或孙子孙女中有死亡者，则不能举行。因此，谁家能举办回婚节，那是一种很大的荣耀，亲朋好友都要前来祝贺，一对老人穿上年轻时的结婚礼服，相互搀扶着入席，大家频频举杯祝福，比年轻人的婚礼更为热闹隆重。

4.回甲节

所谓“回甲”，是指60岁以上的老人。回甲节这天，朝鲜族乡村一片喜庆，老人们身穿节日服装，接受晚辈、亲朋和邻居们的祝福。家中也要准备丰盛的佳肴，为老人祝贺节日。有的地方还在这一天表彰家庭和睦的老年夫妇和孝顺的儿媳。

（二）婚俗

朝鲜族的婚姻奉行一夫一妻制，而且按照传统习惯，近亲、同宗、同姓不能通婚。“男主外，女主内”是一种普遍习俗。

朝鲜族婚礼的仪式比较复杂，婚礼一般分两次进行：先在新娘家举行，后在新郎家举行。在新娘家举行谓之“新郎婚礼”，在新郎家举行谓之“新娘婚礼”。新郎婚礼一般要按奠雁礼、交拜礼、房合礼、席宴礼等顺序进行。新郎在新娘家住3日后，便独自回家，随后新娘等待选定的吉日再被迎接到新郎家，新郎家也照样搭起醮礼厅，为新娘摆喜筵，第二天新娘同丈夫家的人相认，施礼，被请去招待，至此，婚礼才告结束。

三、蒙古族

（一）节日民俗

蒙古族传统节日丰富多彩，著名的节日有白节、那达慕、马奶节、祭敖包等。

1.白节

白节相当于汉族的春节，亦称“白月”。蒙古族人崇尚白色，据说与奶食洁白的颜色有关，含有祝福吉祥如意的意思。节日的时间与春节大致相同。白节这天，全家老少穿上节日盛装，欢聚一堂，吃手扒肉，还要包饺子、烙饼，拜贺新年，彻夜不眠。通常全家老少先拜祖先，然后晚辈向长辈依次献哈达、敬酒、礼拜。凌晨，全家老少以及族人走到蒙古包外，在长者的主持下举行向长生天祈祷仪式。初一的早晨，晚辈要向长辈敬“辞岁酒”。意大利旅行家马可·波罗在他的游记中对此做了非常详细的描绘。

2.那达慕

那达慕大会是蒙古族历史悠久的传统节日，每年七八月间在牲畜肥壮的季节举行。“那达慕”是蒙古语娱乐或游戏的意思。那达慕大会上有赛马、摔跤、射箭，还有棋艺、歌舞等。男女老少乘车骑马，穿着节日的盛装，不顾路途遥远，都来参加或参观比赛。那达慕大会还是农牧物资交易会。大会期间，各地农牧民骑着马，赶着车，带着皮毛、药材等农牧产品，会集于大会广场。

（二）婚俗

蒙古族婚姻仪式以鄂尔多斯婚礼最为精彩，已经流传了700多年，至今保留着古老的风格和情趣。鄂尔多斯婚礼有哈达定亲、佩弓娶亲、拦门迎婿、献羊祝酒、求名问庚、卸羊脖子、分发出嫁、母亲祝福、抢帽子、圣火洗礼、跪拜公婆、掀开面纱、新娘敬茶、大小回门等一系列特定的仪式程序和活动内容。这些现已成为一种礼仪化、规范化、风俗化和歌舞化的民俗文化现象。

价值引领7-1

党的二十大报告指出：“以铸牢中华民族共同体意识为主线，坚定不移走中国特色解决民族问题的正确道路，坚持和完善民族区域自治制度，加强和改进党的民族工作，全面推进民族团结进步事业。”民族团结是社会主义社会发展进步的必要前提。在漫长的历史发展进程中，中华民族共同开拓了祖国的大好山河，创造了灿烂的中华文化，形成了谁也离不开谁的密切关系。在社会主义现代化的今天，56个民族要进一步巩固和发展这一关系，团结一致，形成强大的合力，共同推进中国的现代化进程，共同促进祖国的发展繁荣。

导游实训

实训项目：少数民族风采展。

实训目的：培养学生对我国少数民族民俗风情的理解和掌握，训练学生应用知识的能力和表现能力。

知识训练
7-1
扫码答题

实训步骤：

1. 分组收集我国主要少数民族地区的旅游资源、民俗风情等相关资料。

2. 制作成PPT，在班级进行展示。

3. 现场模拟考核，从展示的准确性、清晰性、生动性、灵活性等方面进行量化分析评价。

项目八
中国宗教文化

学习目标

知识目标：

• 了解佛教、道教、伊斯兰教、基督教的基本概况。

• 熟悉佛教的传入、在中国的发展及主要宗派；道教的产生发展与主要派别。

• 掌握著名宗教旅游景观的相关知识。

技能目标：

能运用宗教知识为不同信仰的游客提供优质的个性化服务。

素养目标：

• 具备一定的宗教知识，能正确认知和理解各种宗教文化。

• 培养学生的团队意识和合作精神。

知识导图

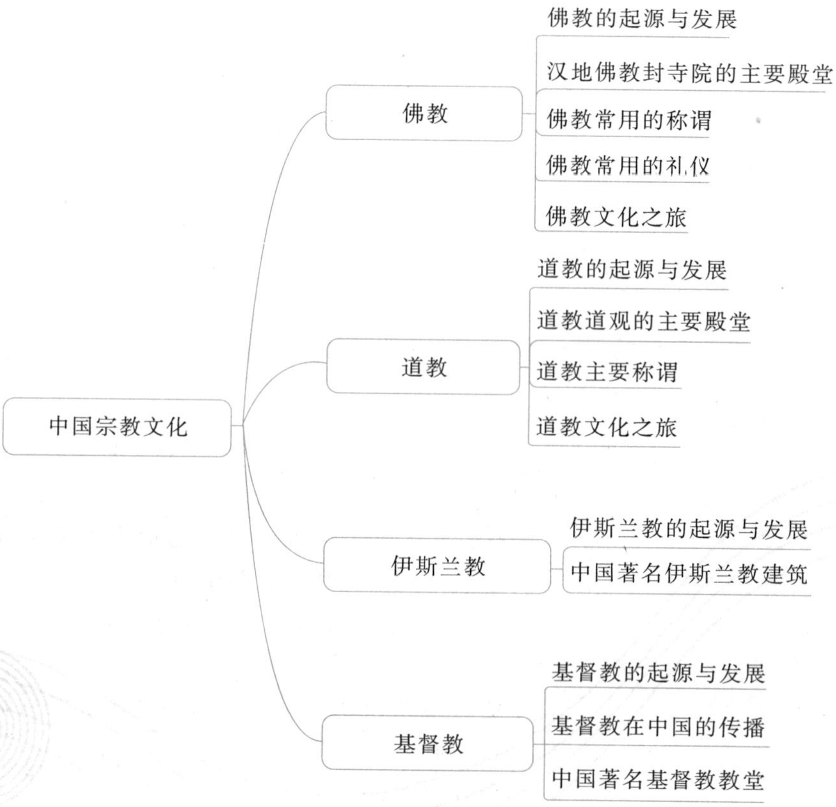
中国宗教文化
佛教
佛教的起源与发展
汉地佛教封寺院的主要殿堂
佛教常用的称谓
佛教常用的礼仪
佛教文化之旅
道教
道教的起源与发展
道教道观的主要殿堂
道教主要称谓
道教文化之旅
伊斯兰教
伊斯兰教的起源与发展
中国著名伊斯兰教建筑
基督教
基督教的起源与发展
基督教在中国的传播
中国著名基督教教堂

◎ 情境导入

一个上海旅游团在返回酒店的途中，看到了在暮色笼罩下的徐家汇天主教堂，因其独特的建筑形式和宗教的神秘感，游客想请导游简单介绍一下，并咨询导游能否安排参观或利用闲暇时间自行参观。如果你是该团导游，你将如何处理？

知识点1　佛教

一、佛教的起源与发展

（一）佛教的起源

佛教起源于公元前6世纪至公元前5世纪的古印度，距今已有2 500多年的历史。佛教为迦毗罗卫国（今尼泊尔境内）王子乔达摩·悉达多所创，其涅槃后被尊称为释迦牟尼，释迦是释迦族的意思，牟尼是智者、修行者的意思，合起来就是“释迦族的圣人”之意。

（二）佛教的发展

1.佛教在印度的发展

佛教在古代印度流传了1 800多年，形成了佛教文化发源地带。佛教在印度的发展历史有四大阶段，其后传播于世界各地。

（1）原始佛教时期（公元前6世纪—公元前4世纪中叶）。原始佛教也称“早期佛教”。教义很简单，由释迦牟尼口授给弟子，弟子们再辗转相传，后整理成《阿含经》，《阿含经》是原始佛教基本经典。

（2）部派佛教时期（公元前4世纪中叶—1世纪中叶）。释迦牟尼去世后的100年到400年间，佛教教团出现分裂。最初分为尊崇传统、保守旧规的上座部和较为进取、强调改革和发展的大众部两大派，史称这次分裂为佛教的根本分裂。此后，这两大派又连续发生多次分裂，形成的派别有18部之多，佛教史上称这段时期为部派佛教时期。

（3）大乘佛教时期（约1世纪中叶—7世纪）。大约在公元1世纪，佛教分化为大乘佛教和小乘佛教，从此佛教进入一个新的阶段。小乘佛教保持原来的教义，以释迦牟尼为教主，以《阿含经》为主要经典。大乘佛教则对原有教义有所修正和发展，以《般若经》《维摩经》《法华经》《华严经》《无量寿经》为主要经典。

（4）密乘佛教时期（约7世纪—12世纪）。印度密教是大乘佛教部分派别吸收婆罗门教和民间信仰诸神因素而形成的特殊密教形态。它以高度组织化的仪轨、世俗信仰为特征。密教自称受法身佛大日如来深奥秘密教旨传授，为真实言教，故称密教。

2.佛教在中国的传播与发展

公元前2年，即西汉哀帝元寿元年，大月氏国使者伊存到了长安，他口授《浮屠经》给一个名叫秦景（景卢）的弟子，这是中国史书上关于佛教传入的最早记录。中国的佛教包括汉传佛教、南传佛教和藏传佛教三大体系，佛教在中国的发展大致经历了译传、创造和融合三个阶段。

（1）汉传佛教。魏晋南北朝时期为佛教的译传阶段，中国先后译出大量的佛教经典，研究佛教的风气成为一时之盛。

隋唐时期为佛教的创立阶段。中国僧人以一定的印度经典为依据，融合中国传统文化，开宗立派，创建了天台宗、三论宗、法相宗、律宗、华严宗、净土宗、禅宗、密宗等中国化的佛教宗派。其中，禅宗是中国佛教史上流传最长、影响最大的宗派。

宋元明清时期为佛教的融合阶段。这一阶段，佛教空前广泛、深入地与中国文化全面结合，呈现儒释道“三教合一”的趋势。这一阶段主要流行禅宗和净土宗，其他各宗逐渐衰落。

（2）南传佛教。云南傣族、布朗族、阿昌族、德昂族和佤族等民族信仰的佛教为南传佛教，即上座部佛教，又称“小乘佛教”。南传佛教的传入路线有两条：西双版纳的小乘佛教大致兴起于隋唐时期，受泰国佛教影响较大；德宏地区的小乘佛教大约于16世纪中叶后由缅甸传入，受缅甸佛教影响较大。

（3）藏传佛教。藏传佛教在发展过程中出现两次高潮，即前弘期和后弘期。7世纪中叶到9世纪中叶的200年间为前弘期，佛教从印度、汉地两个方向传入西藏地区，为藏传佛教的形成期。10世纪末到15世纪初的500年间为后弘期，这一时期佛教再次从印度传入，为藏传佛教的兴盛时期，并产生了许多教派，主要有宁玛派、萨迦派、噶举派、格鲁派等。

二、汉传佛教寺院的主要殿堂

中国佛寺建筑原与印度相同，没有殿堂，建塔藏舍利。为表示敬重，塔位于寺的中央，作为寺的主体，四周围以僧房。后来佛像供奉于殿堂，殿堂与塔并重，塔一般建在殿堂之前。唐宋时期，禅宗已不再风行建塔，佛寺发展成为以殿堂为主的布局。完整的寺院一般为伽蓝七堂。伽蓝为梵语，即僧园或僧院。七堂指寺院的主要建筑，是佛寺建筑平面布局的一种制度。伽蓝七堂随宗派的不同而各自相异。以禅宗为例，七堂指山门、佛殿、法堂、僧堂、厨库、浴室、西净（厕所）。中国佛寺殿堂具有明显的民族特色，由数进四合院组成，具有中轴线，两偏殿对称，大型的寺院还有廊院。主要殿堂往往采用庑殿式或歇山式，其他殿堂也皆为中国传统的建筑屋顶形式。

山门（或三门） 因为寺院大多居于山林之处，故又称山门殿。现已成为专门名词，即使在平原也称山门。因有空门（中）、无相门（东）、无作门（西），象征三解脱，所以又称“三门”。通常空门两侧立有二王尊。

钟楼 位于天王殿左（东）前侧，悬有洪钟。有的寺院钟下供奉地藏菩萨，道明为其左胁侍，闵公为其右胁侍。

鼓楼 位于天王殿右（西）前侧，置有大鼓。有的寺院供有伽蓝神关羽，关平为其左胁侍，周仓为其右胁侍。

天王殿 正中供奉大肚弥勒，两侧供奉四大天王，其背后供奉韦驮菩萨。

课堂互动8-1

如果有游客问“为什么有的寺院韦驮菩萨的金刚杵是触地的，有的是扛在肩上的，有的是平端在手中的”，导游该怎样讲解呢？

大雄宝殿 为佛寺正殿，又称“大殿”，有供奉一佛、三佛、五佛、七佛等情况。以三佛同殿居多。供一佛常见的为“释迦三圣”或“华严三圣”，即释迦牟尼佛、左胁侍文殊菩萨、右胁侍普贤菩萨，也有的大殿供奉“西方三圣”或“东方三圣”。三佛同殿，常见的有“三方佛”“三世佛”“三身佛”。供五佛（密宗的五方五佛）和七佛（释迦牟尼佛以前的六佛加上释迦牟尼佛）的较少，多为历史久远的寺院。释迦牟尼佛像背面一般为海岛观音壁塑图。大殿东西两侧，常供奉十六罗汉或十八罗汉。

东西配殿　大雄宝殿两侧常有东西配殿，其供奉对象随教派不同而有变化，有的设“三圣殿”（供奉西方三圣），有的设“祖师殿”（多为禅宗），有的设“伽蓝殿”。

法堂（亦称讲堂）　一般在大殿之后，是演说佛法、皈戒集会之处。法堂内除一般性安置佛像外，另设法座、讲台、钟鼓。

禅堂　僧众打坐禅修之处。一般不对游客开放。

罗汉堂　自唐代开始，一些大型寺院就修建五百罗汉堂。全国现存具有成组五百罗汉像的寺院在30所以上，其中著名的有：北京碧云寺罗汉堂、苏州西园罗汉堂、苏州寒山寺左右配殿（存有宋代樟木雕刻五百罗汉，为雕塑中佳品）、五台山殊像寺文殊阁（为悬塑五百罗汉）、成都宝光寺罗汉堂、武汉归元寺罗汉堂、昆明筇竹寺天台来阁（为清民间雕塑艺术佳作）、北京雍和宫法轮殿（系用金、银、铜、铁、锡五种金属铸造）、四川乌龙寺五百罗汉堂等。

方丈室　佛寺住持（方丈）居住、说法与接客之处，有的叫华林丈室（净土佛寺），有的叫般若丈室（禅宗寺院）。

藏经楼　供奉佛教经典《大藏经》之处。

三、佛教常用的称谓

（1）一般有“四众弟子”“出家四众”“出家五众”“七众”之称。

（2）对较高水平的僧人，则根据具体情况称“法师”（通晓佛法僧人）、“经师”（通晓经藏或善于诵读经文的僧人）、“论师”（精通论藏的僧人）、“律师”（通晓律藏的僧人）、“三藏法师”（精通经、律、论三藏的僧人）。“大师”，一般用以尊称著名僧人；“高僧”，是对德行高的僧人的尊称。

（3）还有以职务相称的，如住持（方丈）、监院（当家和尚）等。现在一般称和尚为师父，称尼姑为师太。

四、佛教常用的礼仪

合掌是佛教徒的常用礼节，亦称合十。左右合掌，十指并拢置于胸前，以表示由衷的敬意。

绕佛，即围绕佛右转，按顺时针方向行走一圈、三圈或百千圈，表示对佛的尊敬。

五体投地也称五轮投地。“五体”（或称五轮）指两肘、两膝和头，五体都着地，为佛教最高礼节。先正立合掌，然后右手撩衣，接着两膝着地、两肘着地、头着地，最后两手掌翻上承尊者之足。礼毕，起顶头，收两肘，收两膝，起立。藏传佛教的五体投地幅度很大。

在线课堂
8-1
佛教文化之旅

五、佛教文化之旅

（一）佛教四大名山

山西五台山、浙江普陀山、四川峨眉山、安徽九华山合称佛教四大名山（又称四大道场)，为明代以来禅僧和一般佛教徒集中参拜的地方。明代有“金五台，银普陀，铜峨眉，铁九华”之说，以区别四山在信徒心目中的不同地位。

1.五台山

文殊菩萨道场，位于山西五台县。自北魏扩建大孚灵鹫寺（现显通寺）后，即佛寺林立。元、明、清三代，藏传佛教传入五台山。五台山是我国唯一兼有汉传佛教和藏传佛教道场的佛教圣地。青庙与黄庙并存，显教与密教竞传，是500年来五台山佛教的最大特色。现在，五台山存有40余座寺庙。显通寺、塔院寺、菩萨顶、殊像寺和罗睺寺并称为五台山五大禅林。显通寺的前身是建于北魏的大孚灵鹫寺，是五台山历史最悠久、最负盛名的寺院。塔院寺的大白塔，通高75.3米，为元朝尼泊尔建筑师阿尼哥设计的藏式白塔，为五台山的象征。菩萨顶系传说中的文殊菩萨居住处，为五台山黄庙之首。位于五台山台外的南禅寺，始建年代不详，重建于唐建中三年（公元782年），其大雄宝殿是我国现存最古老的木结构建筑。同样位于台外的佛光寺，其东大殿重建于唐大中十一年（公元857年），亦是我国现存最古老的佛寺之一，建筑年代仅次于南禅寺。

2.普陀山

观音菩萨道场，是浙江省舟山群岛中的一个小岛。自五代开始建佛寺“不肯去观音院”。现有寺院70余座，其中的普济寺、法雨寺、慧济寺并称为普陀山三大寺。普济寺是普陀山规模最大的寺院和佛教中心，为供奉观音大士的主刹。普陀山在法系上，自南宋以来一直以禅宗为主。每逢观音菩萨的节日，普陀山都有香会，来自国内外的佛教徒络绎不绝，是近代中国佛教最大的国际性道场。

3.峨眉山

普贤菩萨道场，位于四川峨眉山市。自东汉开始创建道观，唐宋以后成为佛教名山。现有主要寺庙和风景区30余处。著名景点有：山下第一寺院报国寺、入山第一大寺伏虎寺、山上最大寺院万年寺、山顶（金顶）名寺普光殿。报国寺位于山脚，为峨眉山出入门户，寺内高2.4米的明代彩釉瓷佛为稀世珍品。伏虎寺以屋瓦终年无败叶积落著称于世，康熙皇帝曾题额“无垢园”。万年寺内的拱顶无梁殿，供奉北宋铸普贤骑白象铜像，是峨眉山最著名的佛像和“镇山之宝”，被列为全国重点文物保护单位。金顶附近的睹光台，为观看峨眉山三大奇观（日出、云海、佛光）之地。峨眉山在法系上以禅宗为主。

4.九华山

地藏菩萨道场，位于安徽池州市青阳县。现有寺庙90余座。其中化城寺是九华山的开山寺、总丛林。祇园寺、百岁宫（又名万年禅寺）、东崖寺和甘露寺并称为九华山四大丛林。此外，位于神光岭上的月身宝殿因殿内有金地藏（唐代高僧金乔觉）墓塔而闻名。化城寺于唐至德二年（公元757年）建造，传为金地藏居处。祇园寺系九华山规模最大的寺院，也是九华山唯一宫殿式建筑的寺院。九华山在法系上以禅宗为主。

（二）四大石窟

1.敦煌莫高窟

莫高窟位于甘肃敦煌，俗称千佛洞，相传始凿于前秦。现存洞窟735个，壁画

45 000平方米，彩塑2 400多身，飞天4 000多身，唐宋木结构建筑5座，莲花柱石和铺地花砖数千块，是一处由建筑、绘画、雕塑组成的博大精深的综合艺术殿堂，也是世界上现存规模最宏大、保存最完好的佛教艺术宝库，被誉为“东方艺术明珠”。

敦煌石窟艺术中数量最大、内容最丰富的部分是壁画，最广泛的题材是尊像画，即人们供奉的各种佛、菩萨、天王及其说法像等；佛经故事画，是以佛经中各种故事完成的连环画；经变画，是隋唐时期兴起的大型经变，综合表现一部经的整体内容，宣扬想象中的极乐世界；佛教史迹画，表现佛教在印度、中亚、中国的传说故事和历史人物相结合的题材；供养人物画，即开窟造像功德主的肖像，是一部肖像史。

价值引领8-1

敦煌莫高窟对现代的影响主要体现在以下几个方面：

（1）艺术价值：敦煌莫高窟作为世界文化遗产，具有极高的艺术价值。它保存了上千座古代石窟，包括壁画、雕塑、建筑等，反映了中国古代艺术的发展历程和独特魅力，吸引了全球艺术爱好者和研究者前来观赏和学习。

（2）历史价值：敦煌莫高窟不仅是艺术宝库，还是一部生动的历史教材。它记录了中国古代的政治、经济、文化、宗教等方面的历史，为研究中国古代社会提供了珍贵的资料。

（3）文化价值：敦煌莫高窟是中西方文化交流的重要见证。在古代丝绸之路上，敦煌是中国的门户，吸引了众多西域文化在这里交融。敦煌莫高窟中保存了许多古代文化的珍品，如佛经、壁画、文物等，展现了中西方文化的交流与融合。

（4）旅游价值：敦煌莫高窟是世界著名的旅游景点之一，每年吸引着数百万游客前来参观。旅游业的发展不仅为当地带来了经济收益，还让更多人了解了中国古代文化和历史，促进了中西方文化的交流。

（5）学术价值：敦煌莫高窟也是学术研究的重要对象。敦煌研究院每年都会举办学术研讨会，吸引全球学者前来交流和探讨。同时，敦煌莫高窟的数字化工作也为学术研究提供了更加便捷的途径，让更多人能够深入研究和探讨敦煌莫高窟的奥秘。

总之，敦煌莫高窟对现代的影响是多方面的，不仅在艺术、历史、文化、旅游等方面产生了深远的影响，也为学术研究提供了重要的参考和借鉴。

2. 龙门石窟

龙门石窟位于河南洛阳伊河两岸。始凿于北魏孝文帝迁都洛阳之际（公元493年），现存窟龛2 300余座，造像10万余尊，题记和碑碣2 800余块，佛塔近80座。奉先寺的卢舍那大佛为龙门石窟的代表作。龙门石窟与早期石窟造像艺术的神秘色彩相比，呈现出世俗化和民族化的趋势，尤其是唐代的石刻造像，更是达到了形神兼备的水平，体现了唐代雕刻艺术的极高水平。

3. 云冈石窟

云冈石窟位于山西大同武周山南麓，始建于北魏文成帝和平年间（460—465年），现存主要洞窟45个，造像59 000余尊，是我国最大的石窟群之一。石雕造像以气魄宏伟、内容丰富多彩著称，至今仍具有强大的艺术魅力。第19窟的露天大佛为结跏趺坐，袈裟右袒，面形丰圆，薄唇高鼻，神情肃穆，是云冈石窟的代表作。

4.麦积山石窟

麦积山石窟位于甘肃天水，山中崛起一峰，高140余米，如农家积麦之状，故得名。麦积山石窟始凿于十六国后秦时期（公元386—417年），至今保存窟龛221个，各类造像3 938件10 632身，壁画979.54平方米。泥塑有高浮塑、圆塑、粘贴塑、壁塑四种。从高约16米的阿弥陀佛，到10余厘米的小彩塑，从神圣的佛到天王脚下"金角银蹄"的牛犊，均精巧细腻，栩栩如生。

（三）佛教名寺

1.白马寺

白马寺位于河南洛阳城东，号称"中国第一古刹"，是佛教传入中国后第一所官办寺院，有"祖庭"之称，始建于东汉永平十一年（公元68年）。白马寺内主要建筑有天王殿、大佛殿、大雄殿、接引殿、毗卢阁、齐云塔等。

2.灵隐寺

灵隐寺又名云林寺，江南著名古刹之一，创建于东晋咸和元年（公元326年）。印度僧人慧理来到杭州，看到这里山峰奇秀，认为是"仙灵所隐"，所以就在这里建寺，取名"灵隐"。清康熙南巡时，赐名灵隐寺为"云林禅寺"。灵隐寺建筑中轴线上依次为天王殿、大雄宝殿、药师殿。

3.少林寺

少林寺位于河南登封县城西北，始建于北魏太和十九年（公元495年），因寺院坐落在丛林茂密的少室山阴而得名。唐初博得了"天下第一名刹"的美誉。少林寺保存有唐代以来的碑碣石刻共计300多块。这里是少林武术的发源地。

4.寒山寺

寒山寺位于苏州城西阊门外5千米外的枫桥镇，建于六朝时期的梁代，原名"妙利普明塔院"，唐代贞观年间改名寒山寺。唐代诗人张继的《枫桥夜泊》一诗，使寒山寺闻名至今。寒山寺的主要景点有大雄宝殿、藏经楼、钟楼、碑文《枫桥夜泊》、枫江第一楼。

5.法门寺

法门寺位于扶风县城北的法门镇，始建于东汉末年，发迹于北魏，起兴于隋，鼎盛于唐，被誉为"皇家寺庙"。现有大雄宝殿、钟楼、鼓楼等建筑，尤以法门寺塔（护国真身塔）最负盛名，因安置释迦牟尼佛指骨舍利而成为举国仰望的佛教圣地。

6.国清寺

国清寺是我国创立的第一个佛教宗派天台宗的发源地。始建于隋开皇十八年（公元598年），初名天台寺，后取"寺若成，国即清"之意改名为国清寺。国清寺和济南灵岩寺、镇江栖霞寺、江陵玉泉寺并称"天下四绝"，是佛教天台宗发祥地。

7. 卧佛寺

卧佛寺即“十方普觉寺”，位于北京西山北的寿牛山南麓、香山东侧。该寺始建于唐贞观年间（公元627—649年），原名兜率寺，又名寿安寺。由于唐代寺内就有檀木雕成的卧佛，后来元代又在寺内铸造了一尊巨大的释迦牟尼涅槃铜像，因此一般把这座寺院叫作“卧佛寺”。

8. 大昭寺

大昭寺位于拉萨老城区中心，是一座藏传佛教寺院。大昭寺初名“惹刹”，始建于7世纪吐蕃王朝的鼎盛时期，寺内供奉文成公主从大唐长安带去的释迦牟尼12岁等身像，后来该寺改名为“大昭寺”。昭，在藏语中释译为“佛”，“大昭”指释迦牟尼佛，“大昭寺”的意思是释迦牟尼像的佛堂。

9. 栖霞寺

栖霞寺位于南京市东北22千米处的栖霞山上，始建于南齐永明七年（公元489年），被称为江南三论宗初祖。栖霞寺的主要景点有舍利塔、大佛阁、纱帽峰、千佛岩、无量殿、明征君碑等。

10. 南普陀寺

南普陀寺位于厦门岛南部五老峰下，始建于唐代，为闽南佛教圣地之一。寺内天王殿、大雄宝殿、大悲殿建筑精美，雄伟宏丽。藏经阁珍藏佛教文物丰富多彩，有经典、佛像、宋代铜钟、古书等，明万历年间所写的《妙法莲花经》和何朝宗名作白瓷观音等最为名贵。寺后崖壁“佛”字石刻，高一丈四尺，宽一丈。寺后五峰屏立，松竹翠郁，岩壑幽美，号“五老凌霄”，是厦门大八景之一。

知识点2 道教

一、道教的起源与发展

（一）原始道教阶段

原始道教以“五斗米道”和“太平道”为代表。东汉顺帝时（公元125—144年）在蜀中鹤鸣山（今四川省大邑县境内），张陵（又称张道陵）倡导五斗米道，因信徒入教必须交五斗米，故得名。张陵之孙张鲁继续弘扬其教，奉老子为教主，以《老子五千文》为主要经典，并亲自作《老子想尔注》解释《老子五千文》。后来，倡导道教的张陵被称为张天师，被尊为道教的创始者。黄巾起义领袖张角创立的太平道，也属于早期道教。

（二）道教理论化阶段

这一时期的代表人物有东晋道士葛洪、北朝嵩山道士寇谦之、南朝宋庐山道士陆修静、南朝齐梁间茅山道士陶弘景。

东晋道士葛洪对道教的发展具有重要影响。他主张神仙养生为内、儒术应世为外，注重儒道并举，著有《抱朴子》《肘后备急方》。

北朝嵩山道士寇谦之对早期道教的教义和制度进行了全面的改革，吸取儒家五常（父义、母慈、兄友、弟恭、子孝）观念，吸融儒释的礼仪规诫，建立了比较完整的道教教理教义和斋戒仪式。

南朝宋庐山道士陆修静认为斋醮是求道之本，然后复以礼拜，课以诵经，即能成道。他撰写的《三洞经书目录》（《三皇经》《灵宝经》《上清经》）是我国最早的一部道藏书目，他还进一步完善了道教的教法，对后世道教发展影响很大。

南朝齐梁间茅山道士陶弘景是著名道教学者、医药学家，他继承了老庄哲理和葛洪的仙学思想，主张道、儒、释三教合流，推动了道教的发展。

（三）道教形成两大派系阶段

金元以来至今，道教形成了全真道与正一道两大教派。

全真道为金初创立的道教宗派，主要创派人为王重阳。全真道以《道德经》（道经）、《般若波罗蜜多心经》（佛经）和《孝经》（儒经）为主要经典，主张道、佛、儒三教合一。在修行方法上，重内丹修炼，不尚符箓，不事黄白之术（冶炼金银之术），以修身养性为正道。全真道士必须出家住宫观，不得蓄妻室，并制定严格的清规戒律。元代，王重阳的七大弟子又分别开创全真道七个支派，其中以长春子丘处机开创的龙门派势力最大，至今全真道仍以龙门派人数最多。

正一道是元代形成的道教宗派。元成宗大德八年（公元1304年）授江西龙虎山三十八代天师张与材“正一教主，主领三山符箓”。三山符箓，指江南的龙虎山（正一派本山）、阁皂山（灵宝派本山）和茅山（上清派本山）以符箓为主的道教三大宗。正一道的形成，事实上就是江南道教的统一命名，统归龙虎山天师府的领导，并以此与北方的全真道相对。正一道集符箓派之大成，以行符箓为主要特征，奉持的主要经典为《正一经》。道士可以有家室，可不出家，不住宫观，清规戒律也不如全真道严格。

课堂互动8-2

道教对中国传统文化的影响有哪些？

二、道教道观的主要殿堂

道观的名称有宫、观、庙、道院等。称“宫”的为有特殊地位的道观。道观主要殿堂有山门殿、灵官殿、三清殿、玉皇殿、三官殿等。

山门殿，一般供奉青龙神和白虎神，相当于佛寺的二王尊。有的道观山门殿即灵官殿。

灵官殿，相当于佛教的天王殿。供奉王灵官。

三清殿，相当于佛教的大雄宝殿。供奉道教最高神三清。

玉皇殿，供奉玉皇大帝，有的供奉四御。

三官殿，供奉天官、地官、水官。

三、道教主要称谓

（1）男教徒称道士、乾道，可称方士、道人、羽人、羽客、羽衣、黄冠，又可尊称为天师、炼师等。

（2）女教徒称道姑、坤道，也可称女冠。

（3）全真道道观的最高负责人为方丈，正一道道观的最高负责人为住持。方丈（住持）之下有监院，负责宫观的实际事务。

（4）教外人对道士、道姑一般都可统称为道长。

四、道教文化之旅

（一）道教发祥地

1.青城山

青城山位于四川都江堰市西南，为蜚声海内外的道教名山。相传道教创始人张道陵在四川鹤鸣山得道后至青城山传五斗米道，故青城山为道教发祥地之一。常道观、祖师殿和上清宫为青城山主要道观。常道观为青城山道教中心，观后的天师洞相传为张道陵在青城山结茅传道之处。青城山道教属全真道。

2.终南山

终南山位于陕西西安市南，为北方道教名山。山内有楼观、老子墓、重阳宫等道教圣迹。楼观位于周至县终南山北麓，相传西周康王时，关令尹喜在今楼观处建草楼观，老子在说经台上为之口授第一部道教经典《道德经》。故这里被视为道教发祥地之一，草楼观亦成为中国第一座道观，楼观遂有“道观之祖”之美誉。重阳宫在西安鄠邑区祖庵镇北终南山下，是全真道创始人王重阳的埋骨处。金代在该处建重阳宫，重阳宫与北京白云观、山西芮城永乐宫并称为全真道三大祖庭。

（二）符箓派三名山

1.龙虎山

龙虎山位于江西贵溪市，为正一道祖庭。它是道教创始人张道陵最初修道炼丹肇基之所。龙虎山天师府是第四代后历代张道陵子孙起居之所。龙虎山上清宫是历代张天师道场和祀神之处。

2.阁皂山

阁皂山位于江西樟树市，为灵宝派祖庭。宫观在元以后大多毁于兵火，现仅存遗迹多处。

3.茅山

茅山位于江苏句容市，为上清派祖庭。道教称西汉时有茅盈、茅固、茅衷三兄弟先后至大茅峰、二茅峰、三茅峰修炼得道成仙，合称三茅真君。以后此地改称三茅山，简称茅山。茅山道观都把三茅真君作为主神奉祀，取代三清地位，为他处少见。茅山积金峰的元符万宁宫始建于唐，为上清派茅山宗开山祖、南朝道教大师陶弘景修道处。

（三）丹鼎派名山

1.葛仙岭和抱朴道院

葛仙岭位于浙江杭州，为东晋葛洪结庐炼丹处。抱朴道院始建于唐代，为供奉葛仙翁道院，道院内外有葛洪炼丹台、炼丹井等古迹。

2.罗浮山和冲虚古观

罗浮山位于广东博罗县，相传东晋葛洪晚年在罗浮山结庐炼丹，最后在此羽化升仙。冲虚古观相传为葛洪初建，是其修道炼丹之所。罗浮山被视为岭南道教圣地。

（四）道教神仙祖庭

1.武当山

武当山位于湖北丹江口市西南，为道教真武大帝道场。武当山主要宫观有六宫二观。其中，明代建的紫霄宫为武当山现存规模最大的道观，属全国重点文物保护单位；金殿（俗称金顶）是铜铸仿木建筑，属全国重点文物保护单位。

2.平都山

平都山位于重庆丰都。道教传为冥府阴王酆都大帝世居之地，故平都山成为酆都大帝祖庭和鬼国都城。山上有阴间天子殿、钟馗殿、奈何桥、孟婆茶楼等建筑。现为长江三峡重要旅游景点。

（五）其他道教名山大观

1.北京白云观

北京白云观是全真道第一丛林，全真道最大派别龙门派祖庭，全真道三大祖庭之一。观内丘祖殿下埋有龙门派创始人、元代道士丘处机遗骨。现为中国道教协会所在地。

2.崂山

崂山位于山东青岛市东，为全真道随山派祖庭，全真道第二丛林。主要宫观有太清宫和太平宫。

3.青羊宫

青羊宫位于四川成都市郊。始建于唐，为成都最大、最古老道观。汉扬雄《蜀王本纪》称："老子为关令尹喜著《道德经》，临别曰：子行道千日后，于成都青羊肆寻吾。"故后世视青羊宫为老子圣迹。

4.玄妙观

玄妙观位于江苏苏州，始建于东晋，南宋重建，历来是正一道的主要道观。主殿三清殿是江南一带现存最大的宋代木构建筑，属全国重点文物保护单位。

5.太清宫

太清宫位于辽宁省沈阳市，建于清康熙二年（公元1663年），是我国东北地区最大的道观，为全真龙门派十方丛林之一。

6.三元宫

相传东晋葛洪的妻子鲍姑曾在越秀山结庐修道行医，后羽化，当地人建鲍仙姑祠纪念。三元宫是岭南香火最盛、信众最多的道观。

7.长春观

长春观始建于元代，相传全真龙门派祖师丘处机（号长春子）曾于此修道，为全真道著名丛林之一。

价值引领8-2

宗教文化是人类文化的组成部分，以宗教文化为依托的宗教名胜更是具有吸引力的人文旅游资源。目前，国务院公布的三批全国重点文物保护单位中，各种宗教名胜有150多处，全国各省、自治区、直辖市与宗教有关的名胜古迹有3 000多处。各种宗教名胜一方面具有极高的观赏性，另一面蕴藏着丰富的哲学、道德、史地知识，能够启迪智慧、唤起道德、重塑人生价值。导游在讲解过程中，不仅要激发游客对宗教文化的兴趣，而且要使游客理解和体会宗教名胜背后蕴藏的丰富哲理。

知识点3　伊斯兰教

一、伊斯兰教的起源与发展

伊斯兰教是阿拉伯语的音译，本义为“顺服”，即顺服唯一的安拉；其教徒称穆斯林，穆斯林也是阿拉伯语的音译，本义为“顺从者”，即顺服安拉意志的人。

（一）伊斯兰教的创立

伊斯兰教于公元7世纪初在阿拉伯半岛创立。公元610年，穆罕默德宣称自己是安拉的使者、众信徒的先知，代表安拉到世间教诲和警告世人，开始传教。公元631年底，阿拉伯半岛基本上统一，政教合一的国家初步形成，穆罕默德成为国家军、政、教的首脑，伊斯兰教则成为这个统一的阿拉伯国家统治阶级的意识形态。

（二）伊斯兰教在中国的传播和发展

海路的传播路线是从大食（今阿拉伯），经印度洋到天竺（今印度），经马六甲海峡到东南沿海广州和泉州等地，沿着香料之路传入中国。

陆路的传播路线是从大食（今阿拉伯），经波斯（今伊朗），过天山南北，穿过河西走廊进入中原，沿着丝绸之路传入中国。

二、中国著名伊斯兰教建筑

1.新疆艾提尕尔清真寺

艾提尕尔清真寺位于新疆维吾尔自治区喀什市的艾提尕尔广场西侧，坐西朝东，占地总面积为1.68万平方米，分为正殿、外殿、教经堂、院落、拱拜孜、宣礼塔、大门七部分，充满着浓郁的民族风格和宗教色彩，是新疆规模最大的清真寺，也是全国规模最大的清真寺之一。

2.扬州仙鹤寺

仙鹤寺建于南宋咸淳年间，其建筑形式完全采用中国建筑的砖木结构，平面布局则是根据清真寺的需要，呈规则地自由布局。据说此寺在兴建时是按照仙鹤的形体从“嘴”到“尾”布局的，仙鹤寺也因此得名。

仙鹤寺中大殿是主体建筑，由轩廊、前殿、后殿组成，大殿山墙旁设短廊，建明月亭，即一般清真寺内望月亭。正面偏南处建小讲堂，院内有一株大银杏。整个寺院显得幽雅清净，超凡脱俗，与仙鹤寺之名相称。

3.泉州清净寺

清净寺始建于宋朝，其现存的建筑布局没有明确的中心轴线，保留了阿拉伯地区简单朴素的布局形式。大殿为矩形平面，接近于正方形，内部分成大小不等的五间，进深四间，全部石砌，四周用厚石墙承重。

清净寺的基本构成比较接近阿拉伯半岛的伊斯兰建筑方式，但是其中又夹杂了与福建本地相适应的建筑元素，因此它成为海上丝绸之路沿线非常珍贵的国际文化交流的例证。

知识点4 基督教

一、基督教的起源与发展

基督教是公元前1世纪中期创立的。基督教历史上曾经发生过两次比较大的分裂，因而形成三个教派。第一次分裂是由争夺教权引发的，公元11世纪中叶，分裂为西部的天主教和东部的东正教。第二次分裂是由宗教改革引发的，公元16世纪，从天主教中分裂出一个新的宗派——抗罗宗，我国称为新教。

二、基督教在中国的传播

（1）第一次传播在唐代。635年，基督教从叙利亚经波斯传入，称为景教。后因唐武宗会昌毁佛，景教同时被禁止。

（2）第二次传播在元代。元朝人对基督徒和教士统称为也里可温，鼎盛时期有教徒三万多人，后因元朝的覆灭而消亡。

（3）第三次传播在明清时期。明清之际，来华传教的有天主教的耶稣会、方济各会、多明我会等，尤以耶稣会影响最大，甚至掀起了西学东渐的热潮。雍正登基后，清政府下令禁教。

（4）第四次传播在鸦片战争以后。鸦片战争以后，在不平等条约的保护下强行传教。

（5）中华人民共和国成立后，中国基督教发起了自治、自养、自传的“三自”运动，成立了三自爱国运动委员会，实行独立自主自办的方针，基督教各教派走上健康发展的道路。

三、中国著名基督教教堂

北京西什库教堂，位于北京西什库大街，是典型的哥特式建筑，仿巴黎圣母院建筑。建于康熙年间，是今天天主教徒进行宗教活动的主要场所。

北京宣武门教堂，位于北京宣武门，是北京现存最古老的天主教堂，为罗马式建筑，采用中式山门和欧式的教堂相互交融的形式，是中西文化结合的典范。

上海徐家汇天主教堂，建于清光绪年间，为新古典主义时期法国哥特复兴式建筑风格，是上海最大的天主教堂，可同时容纳3 000人，每天接待大量教友，教堂外白鸽飞舞，成为上海市一大景观，素有“远东之冠”的美誉。

广州圣心大教堂，位于广州一德路，整座建筑用花岗石砌筑而成，所以又被人们称为“石室”，是国内最大的一座以高耸尖顶为特色的哥特式建筑群。

沈阳南关天主教堂，位于沈阳市沈河区，始建于1873年，为法国传教士所建。为哥特式建筑，具有浓郁的法国宗教建筑风格，是东北地区天主教的活动中心。

澳门大三巴牌坊，是澳门最有名的建筑，位于市中心大炮台西侧，是圣保罗教堂残留的一个前壁。

价值引领8-3

党的二十大报告指出："坚持我国宗教中国化方向，积极引导宗教与社会主义社会相适应。"党的十八大以来，党中央提出一系列关于宗教工作的新理念新举措，回答了新时代怎样认识宗教、怎样处理宗教问题、怎样做好党的宗教工作等重大理论和实践问题。导游在工作中，应当尊重旅游者的宗教信仰、民族风俗和生活习惯，弘扬爱国精神，讲大局、讲法治、讲科学、讲爱心，增进游客对伟大祖国、中华民族、中华文化、中国共产党、中国特色社会主义的认同。

导游实训

实训项目：宗教文化旅游线路设计。

实训目的：掌握中国宗教文化景观的类型、特征；掌握旅游线路设计的方法。

实训步骤：

1. 分组练习：每组在设定线路后，进行任务安排，通过上网、查阅相关资料，把行程中主要景点名称、线路特色、沿途景点介绍写出来。

2. 制作PPT，每组派1名代表以模拟导游的形式进行汇报。

3. 教师总结点评。

知识训练8-1

扫码答题

项目九
中国旅游景观

学习目标

知识目标：

- 了解我国自然景观文化的特性。
- 了解我国著名自然景观旅游景区形态。
- 掌握地质景观文化、水体景观文化、生物景观文化和气象气候文化的内涵。

技能目标：

能够分析自然景观文化与旅游的密切关系，运用自然文化景观知识进行讲解，为游客提供优质服务。

素养目标：

- 具有丰富的自然景观文化知识，具有较高的自然景观鉴赏和审美品位，提升文化素养。
- 激发对祖国大好河山的热爱之情，增强民族自豪感。
- 培养学生的团队意识和合作精神。

知识导图

- 中国旅游景观
  - 中国旅游景观概述
    - 中国旅游地理环境
    - 中国旅游景观类型
  - 地貌旅游景观
    - 常见地貌类型
    - 山地旅游景观
  - 水体旅游景观
    - 海滨
    - 河流
    - 湖泊
    - 瀑布
    - 泉
  - 气象、气候与天象旅游景观
    - 气象、气候旅游景观
    - 天象旅游景观
  - 动植物旅游景观
    - 植物旅游景观
    - 动物旅游景观

◎ 情境导入

在登山途中，客人会因为体力的不同而进度不一，导致整个团队战线拉得很长，导游讲解难以进行下去。作为导游，出现这样的情况应该怎样处理？

知识点1　中国旅游景观概述

一、中国旅游地理环境

中国是一个地域辽阔和历史文化悠久的国家，在这块古老而广袤的国土上，自然旅游资源和人文旅游资源都十分丰富，这是我国发展旅游业的物质基础。

（一）自然地理环境

我国位于欧亚大陆东部，太平洋西海岸，拥有约960万平方千米的陆地国土面积和约473万平方千米的海洋国土面积。地势西高东低，大致呈三级阶梯状分布。山地、高原和丘陵约占陆地面积的67%，盆地和平原约占陆地面积的33%，珠穆朗玛峰海拔 8 848.86米，为世界第一高峰。中国地貌种类的多样、典型，是世界其他国家难以相比的，有着四大高原：青藏高原、内蒙古高原、黄土高原、云贵高原；四大盆地：塔里木盆地、准噶尔盆地、柴达木盆地和四川盆地；三大平原：东北平原、华北平原、长江中下游平原；三大岛屿：台湾岛、海南岛、崇明岛。

在祖国富饶的土地上，山河湖海无比壮丽，飞瀑涌泉数不胜数，气候复杂多样，天气景观千变万化，既有地带性的森林、草被和动物，又有珍稀树木、花草和珍禽异兽……造就了千姿百态、丰富多彩的自然美景和遍布全国的风景游览地。

（二）人文地理环境

我国有23个省、5个自治区、4个直辖市和2个特别行政区。5 000多年的文明史保留下来的历史文物浩如烟海，它们生动地记载着我国从史前到近现代各个历史时期所发生的重大历史事件以及各民族人民生活、生产活动的艺术成就和文化结晶。

二、中国旅游景观类型

按照旅游资源的属性，中国旅游景观主要分为自然旅游景观和人文旅游景观两大类。

（一）自然旅游景观

自然旅游景观由自然地理环境各要素组成，包括地貌、水体、动植物、气象气候、天象等，常被称为旅游的第一环境。自然地理环境所具有的地带性和复杂、多样性，也反映在自然旅游景观的各个方面，使其在分布上具有地带性和地域性，在景观组合上具有复杂多样性。

自然旅游景观具有自然美的形态、绚丽的色彩、悦耳的声响及动态的美感，为人们提供了观赏、游览、探险猎奇、避寒避暑，以及各种娱乐消遣活动的场所和条件，从而使游人感受到大自然的壮美、神奇，开阔视野，增长知识，丰富情感，身心得到更好的放松。

课堂互动9-1

导游在为游客进行服务的同时还肩负着“宣传大使”的使命，如果导游此时正带领客人游览古老而神秘的敦煌，应如何在讲解中插入环境保护的相关知识？

（二）人文旅游景观

人文旅游景观是自人类出现之日起，由人类活动所产生，经过开发达到引起旅游者兴趣和游览目的的一切景物。它包括的范围很广，涉及面很宽，类型多样。归纳起来，大致可分为历史文物古迹、古代与现代建筑、民族民俗、宗教建筑及遗存、文化艺术等。它们具有很强的历史性和时代性，以及民族风格和地方特色。向游客介绍人文旅游景观，可以使中国文化走向世界，让世界人民更具体、形象地了解东方文明，为旅游业的发展开辟一个更广阔的天地。

知识点2 地貌旅游景观

在线课堂
9-1
地貌旅游景观
（1）

一、常见地貌类型

（一）花岗岩地貌

按照地质成因的不同，地球上的岩石可分为岩浆岩（火成岩）、沉积岩和变质岩。

花岗岩属于岩浆岩中的深层侵入岩，一种由火山爆发的熔岩在受到相当压力的熔融状态下隆起至地壳表层，岩浆不喷出地面，而在地底下慢慢冷却凝固后形成的构造岩，岩性坚硬，岩体造型丰富。花岗石以石英、长石和云母为主要成分。花岗岩地貌是指在花岗岩石体基础上，各种外动力形成的形态特殊的地貌类型。

花岗岩地貌大多具有山体挺拔、沟谷深邃、岩石裸露、多球状岩块、多弧形岩壁、多崩块的特征。一般来说，花岗岩垂直节理发育，名山常有群峰簇拥、峭拔危立、雄伟险峻的特点。花岗岩易发生球状风化，形成巨大的石蛋造型或浑圆多姿的巨石兀立形态。

花岗岩地貌常见的景观一般有以下几种：

1.石蛋及其垒砌造型

花岗岩球状风化形成的石蛋，虽近于球状，但形态各异，分布于山巅溪涧，给人以广阔的想象空间，成为旅游区的重要景观和神话、传说的源泉。如黄山顶部的猴子观海、华山西峰顶的劈山救母石、福建平潭岛南寨石林岩景区的骆驼岩、神龟石、鸳鸯石以及厦门的日光岩和海南岛的鹿回头等。石蛋垒砌造型，也是花岗岩地貌旅游景区的重要景观，如鸡公山顶的雄鸡、嵖岈山的八戒醉酒和双猴望月、平潭岛上的海潭天神等。

2.石柱、孤峰及峰林

当花岗岩出露地表并处于强烈上升时，流水沿垂直节理裂隙下切，形成石柱或孤峰，石柱、孤峰丛集成为峰林。如黄山的妙笔生花，花岗岩峰林显得极为雄伟壮观，黄山切割深达500~1 000米，形成高度在千米以上的山峰就有70多座。华山则是东西南北中五峰对峙的局面。另外，天柱山的天柱峰和九华山的观普峰也都是非常典型的峰林地貌。

3.绝壁、陡崖

花岗岩体中或边缘发育有断裂构造时，由于断裂带岩石破碎，抗风化能力变弱，或由于断裂的抬升，在花岗岩体的周边或内部产生悬崖绝壁。另外，流水沿直立节理冲刷，也会产生高差较小的陡崖。绝壁和陡崖为花岗岩地貌增添了险峻的美感。这一点在华山体现得最为明显。华山之险，名冠群山，是因为华山四周均是绝壁，从东峰沿长峰至石楼峰更是构成了一个巨大的崖壁，被称为“华山仙掌”。

4.一线天

当流水沿花岗岩体中近于直立的剪切裂隙冲刷下切时，形成近于直立的沟壑，沟壑越来越深，形成两壁夹峙，向上看蓝天如一线，这就是一线天。我国花岗岩山岳，如黄山、九华山、华山、太姥山、天柱山、崂岈山、千山和将军山等，都有一线天景观。

5.洞穴、石窟

花岗岩是不易溶解的岩石，因此不能形成在石灰岩地区常见的溶洞。但雨水沿花岗岩体内断裂冲刷，断裂上盘岩块的崩塌，能形成不规则的堆石洞。另外，石蛋地貌发育的地区，石蛋间的空隙也可以构成岩洞。如黄山的水帘洞、莲花洞、鳌鱼洞，崂山的白云洞、明霞洞，太姥山的璇矶洞，罗浮山的朱明洞、崂岈山的万人洞等。

（二）丹霞地貌

丹霞地貌是在巨厚的红色砂砾岩层上，由内外营力作用形成的顶平、身陡、麓缓的方山、石墙、石峰、石柱等奇特的地貌形态。这种地貌以广东丹霞山最为典型，因此得名。我国著名的丹霞地貌景观有广东丹霞山、福建武夷山、江西龙虎山、浙江江郎山、安徽齐云山、湖南崀山、贵州赤水、甘肃张掖等。

丹霞地貌的形成一般需要以下三个条件：

（1）红层盆地。红层盆地是指以红层分布为主的地面相对沉降地区，红层一般为红色砂砾岩地层及第四纪红土，多砂砾，岩性固结、坚硬、易透水，下层含不透水泥质岩系，致层内水的侵蚀作用强烈，易于成景；垂直节理发育明显，多倾角平缓岩层，易风化剥蚀与崩塌，如武夷山红色岩层倾角多在20度；含有一定量碳酸钙，为加速风化与形成洞穴创造条件（如武夷山九曲溪沿岸高悬的“悬棺”洞穴）。

（2）构造抬升。形成丹霞地貌的主要内力作用是地壳的上升作用，把红色砂砾岩抬升到当地侵蚀基准面以上高度，使流水侵蚀、风化崩塌等外力作用获取一定位能，以进行下切。例如，广东仁化丹霞山位于粤北上升区，安徽齐云山位于黄山西侧皖南上升区，江西龙虎山位于武夷山北麓上升区。

（3）温暖湿润气候。热带或亚热带温暖湿润季风气候，气温高、湿度大，为红色砂砾岩流水侵蚀、风化剥蚀与崩塌提供充分的外力条件，使得我国在秦岭-大别山一线以南丹霞地貌分布很广，发育典型。

（三）岩溶地貌

岩溶地貌又称喀斯特地貌，是指地下水和地表水对以碳酸岩为代表的可溶性岩石经破坏和改造而形成的地貌。喀斯特地貌有多种类型，一般可以分为地表喀斯特和地下喀斯特两种，喀斯特景观有峰林、峰丛、石林、溶洞、峡谷、天坑、天生桥、地表钙华堆积、桌山等。我国是世界上喀斯特地貌分布最广泛、发育最充分、类型最齐全的国家，以广西、云贵高原最为集中。代表性景观有广西桂林山水，云南石林，贵州织金洞、贵州荔波喀斯特，重庆武隆喀斯特、重庆金佛山、重庆奉节天坑地缝景观，四川九寨沟、黄龙，湖南张家界黄龙洞，北京石花洞等。

1.地表喀斯特地貌

（1）石芽和溶沟。地表流水沿岩石表面和裂隙流动时所溶蚀出来的石质小沟，称为溶沟，突出于溶沟之间的石脊称为石芽，如广西西江河桂林段溶蚀平原广泛发育石芽和溶沟，连成一片形成石芽地貌。石芽一般分为裸露石芽、半裸露石芽、埋藏石芽，其中裸露于地面的石芽因形态不同可以分成山脊式、石林式、车轨式和棋盘式。

① 山脊式石芽：高度不大，一般高1~2米，但分布普遍，形态非常尖锐，呈尖刀状或小山峰状。

② 石林式石芽：比较高大，高度可达10米以上，形态呈笋状、柱状、剑状、菌状等。它是在厚层、质纯、倾角平缓和具有较疏的垂直节理的石灰岩，以及湿热气候条件下形成的。它们挺拔林立，蔚为奇观。石林式石芽以云南路南石林发育最为典型，高达30余米，如树林般矗立，蔚为壮观。

③ 车轨式和棋盘式石芽：呈平行或方格状排列，它们是水流沿着平行的或斜交的构造裂隙上溶蚀冲刷而成的，多分布在山坡上。

（2）孤峰、峰林和峰丛。当石灰岩出露地表，一方面受到地表水和地下水的强烈溶蚀与切割作用，形成众多溶斗、溶蚀洼地与谷地、盲谷与干谷，相对坚硬部分形成山峰形态；另一方面在可溶性岩与非溶性岩接触地带，石灰岩等可溶性岩石不断侵蚀，产生一系列漏陷地貌（如溶斗、落水洞及洼地），邻近非溶性岩在流水的强烈侵蚀与切割作用下，高度迅速降低，致使石灰岩体相对突起成为山峰，主要包括孤峰、峰林和峰丛三种形态。

① 孤峰：指散立在溶蚀谷地、溶蚀平原或溶蚀高原上的低矮山峰，它是石灰岩体长期在喀斯特作用下的产物，如桂林的独秀峰、伏波山、骆驼山等。

② 峰林：它是成群分布的石灰岩山峰，山峰基部分离或微微相连。峰林是在地壳长期稳定下，石灰岩体遭受强烈破坏并深切至水平流动带后所形成的山峰。我国的峰林地貌以桂林、阳朔等地较为著名。

③ 峰丛：峰丛是一种连座峰林，顶部山峰分散，基部连成一体。当峰林形成后，地壳上升，原来的峰林变成了峰丛顶部的山峰，原峰林之下的岩体也就成了基座。此外，峰丛也可由溶蚀洼地及谷地等分割岩体而成。

2.地下喀斯特地貌

溶洞是地下水沿着各种构造面（层面、节理面或断裂面）逐渐溶蚀和侵蚀而开拓出来的地下洞室，如桂林的七星岩就是由三层高度不同的水平溶洞组成的。在溶洞形成过程中，碳酸钙和其他物质不断沉积，所以产生了洞穴堆积。沉积物按其形态、规模及洞穴水流性质，可分为以下五类：

（1）渗滴水流沉积物。

①石钟乳、石笋。钟乳石地下水沿着细小的孔隙和裂隙从洞顶进入溶洞，遇到温度升高和压力降低，水中碳酸氢钙变得饱和，碳酸钙就围绕着水滴的出口沉淀下来，

并逸出二氧化碳，因而在溶洞顶面形成一条条下垂的钟乳石。其中，呈乳状的称为石钟乳，上下粗细均等呈棒状的称为石笋。

②石笋、石墩、石柱。石笋是由于水滴从钟乳石上滴到洞底时散溅开来，使水滴中的二氧化碳进一步扩散，剩余的碳酸氢钙再进行分解，因而在洞底沉淀出一根根石笋；整个形态上尖下宽，往往表面形成类似竹笋表皮形状。

钟乳石自洞顶向下延伸，石笋自洞底向上生长，上下相连，就成了石柱。石柱往往表面不平整，上下粗细不均等，主要由间歇性水滴与滴水位置稍变造成的，许多石柱表面常形成“雕龙盘柱”的壮观景象。

③钟乳塔、月奶石。溶洞侧壁的渗滴沿侧壁沉淀，就形成了钟乳塔或月奶石。

（2）片状水流沉积物。片状水流沉积物是沿洞顶裂隙和洞壁上水平裂隙溢流出的片状水流形成的互相连接的帘状或幔状沉积物。

① 石帘、石幔、石旗。沿洞顶裂隙或紧贴于洞壁发育，沉积物面积较大，形成舞台幕帘状，且多垂直褶皱，称为“石帘”或“石幔”；沉积物面积较小，则形成旗帜状，称为“石旗”。

② 堤坝、石池。片状水流沿底板顺地势流动形成堤状堆积物，高度不大，约数厘米到数十厘米，称为堤坝；排列在洞底缓慢倾斜的地面，由上而下呈阶梯状下降，每一阶梯都作堤状突起，并且呈弧形向外弯曲，堤内积水成池，称为石池。

③ 石带、石幔、石帘、石瀑布。水流沿洞壁水平裂隙或节理渗出，二氧化碳迅速逸散而呈片状石灰岩堆积，表面具有弯曲流纹，形成石带、石幔、石帘、石瀑布，高度可达数十米，十分壮观。

（3）溅水沉积物。水滴洞底后，水花再飞溅于洞壁或其他沉积物上，形成表面光滑、半透明的珠状、球状沉积物，如石球、石莲、石珍珠。

（4）间歇水流沉积物。因洞底不平，出现一些水洼。坑水满后外溢，沉积物在周边堆积，状如微型梯田，故称石田。若洞底坡度较大，水流流速较快，则形成较平的石灰华层，称为流石。

（5）凝结水流沉积物。溶洞内因气温湿度变化而产生凝结水，对石灰岩和石灰华进行溶解后，就地蒸发，并逸出二氧化碳，迅速结晶，重新构造成多种形态的沉积物，如石珊瑚、石葡萄、雪珠（在石葡萄顶部，表面上生成绒毛状细小晶体，使葡萄球粒变成绒毛状）。

（四）流纹岩地貌

流纹岩也是一种岩浆岩，是火山的酸性喷出岩石，其化学成分与花岗岩相同，因岩石上有海浪一样的波纹而称为流纹岩。流纹岩地貌是火山喷发出的岩浆、火山灰等在流动冷却过程中形成的流纹状构造。在岩体节理和裂隙特别发育的部位，易形成奇峰异洞、峭壁幽谷等丰富奇特的造型地貌。随着观者步移景迁，同一景物从不同角度呈现出多种不同的形象特征。我国流纹岩山地以浙江省为最多，著名的有雁荡山、天台山、会稽山以及西湖附近的宝石山等。

流纹岩地貌一般具有以下两个特征：

1.流纹状构造

流纹岩作为酸性喷出岩，在其流出地表后的冷凝成岩过程中，形成了具有不同颜色的流纹状构造。

2.变幻造型

流纹岩岩体多节理和裂隙，经过构造上升，河流下切，重力崩塌，常常形成造型奇特的微地貌。像奇峰、异洞、幽谷、峭壁、石柱等。这些造型不仅丰富逼真，而且同一景物从不同时间、不同角度观看，还会步移景换，呈现出多种不同的形态特征。比如浙江雁荡山的著名造型峰岩灵峰，在不同时间、不同角度，可变幻成双手相合、雄鹰展翅、夫妻约会等形象，因此又有合掌峰、雄鹰峰和夫妻峰等名称。

（五）石英砂岩峰林地貌

石英砂岩峰林地貌是在夹有薄层砂质页岩的石英砂岩地层中，由于地壳稳定上升，岩石垂直节理发育，经长期风化和重力作用而发生断裂和崩塌，同时充沛的地表流水又对其进行强烈的侵蚀而形成的密度和规模很大、千姿百态的砂岩石峰。

石英砂岩由于流水的侵和重力，加上物理风化、化学风化和生物风化，造就了峰林、峰柱、方山、石林、峡谷、嶂谷、幽谷等奇特的砂岩峰林地貌景观。湖南张家界是世界上最典型的石英砂岩峰林峡谷地貌，景区内有数千座形态各异的岩峰。

（六）海岸地貌

海岸地貌旅游资源按照海岸的形态和性质，可分为山地海岸、平原海岸和生物海岸。在山地海岸地段，构成海岸的地貌基础为山地或丘陵，海岸线曲折，海蚀地貌发育，可观赏海蚀崖、岩柱、海蚀平台、海蚀洞穴、海蚀拱桥等景观。构成平原海岸的地貌基础为平原，组成海岸的物质为松散细颗粒碎屑物，海岸线比较平直，海水浅，海积作用较强。生物海岸是主要由生物构建的海岸，以珊瑚、红树林等生物为主导因素发育而成的海岸最为典型。世界上最著名的珊瑚礁岛是澳大利亚东海岸的大堡礁。我国著名的海岸地貌景观有台湾野柳、海南东寨港红树林、山东成山头、河北昌黎黄金海岸等。

海岸地貌旅游资源按海岸地貌景观的成因划分，有海蚀地貌景观和海积地貌景观。由海蚀作用形成的海蚀地貌景观主要有海蚀洞、海蚀崖、海蚀拱桥、海蚀柱等。普陀山的潮音洞是海蚀洞的代表，海南天涯海角的“南天一柱”也是海蚀地貌。海积地貌景观是在波浪、潮汐和沿岸流的搬运和沉积作用下形成的，由沙和砾石堆积而成的沙滩、砾石、沙嘴、连岛沙洲等地貌景观，如大连金石滩、秦皇岛北戴河和南戴河、青岛海滨、海南三亚湾等。

（七）风沙地貌

风沙地貌景观是指分布于大陆内部的干旱和半干旱地区，由于风沙的磨蚀、侵蚀、堆积作用而形成的地貌景观，包括风蚀地貌景观和风积地貌景观。

风蚀地貌景观由风沙吹扬和磨蚀作用形成，典型的风蚀地貌景观包括雅丹和风蚀城堡等。雅丹是维吾尔语“雅尔当”的变音，意为“陡壁小丘”，是干旱荒漠中一种最具观赏价值的风沙地貌景观，它是中生代或新生代早期河湖相岩层经风力雕琢形成的大片险峻崎岖地形。雅丹地貌以新疆罗布泊洼地最典型，风蚀城堡以准噶尔盆地的乌尔禾“风城”和将军戈壁上的“魔鬼城”最为著名。

风积地貌景观以沙丘链和金字塔最具景观美学价值。定向风把沙粒从上风外吹来堆积成沙包，沙包背风坡所产生的回旋风使坡底沙粒旋转到两翼而形成新月形沙丘。多条新月形沙丘相互衔接便形成形似巨蟒的沙丘链，长达几十千米，极为壮观。流沙区在多向风作用下形成的多棱面汇聚成的高大锥体沙丘，形似埃及金字塔，成为沙漠中的奇观。有些沙丘，当风吹流沙或游客从沙坡滑下时，流沙会发出一种如飞机掠顶的轰鸣声，被称为“会唱歌的沙子”。内蒙古鄂尔多斯的银肯、宁夏中卫的沙坡头、甘肃敦煌月牙泉的鸣沙山，均有鸣沙现象。

（八）冰川地貌

冰川地貌景观主要指冰川侵蚀和堆积作用形成的地貌景观，是高山和高纬度地区具有的特殊形态特征的地貌景观，分为冰川侵蚀地貌景观和冰川堆积地貌景观。冰川侵蚀地貌景观一般分布在雪线以上位置，包括冰斗、角峰、羊背石等；冰川堆积地貌景观则大多分布在雪线以下，包括冰瀑、冰塔林等。

我国已开发的冰川风景区有四川贡嘎山的海螺沟冰川、新疆阿尔泰山的喀纳斯冰川湖、云南丽江的玉龙雪山冰川等。

二、山地旅游景观

（一）东岳泰山

在线课堂
9-2
地貌旅游景观（2）

延伸阅读
9-1
走好通往“顶流”之路

泰山位于山东省泰安市境内，古称“岱山”“岱宗”。泰山主要为片麻岩和花岗岩组成的山体，主峰玉皇顶海拔 1 545 米。泰山与衡山、恒山、华山、嵩山合称为五岳，因地处东部，故称东岳，以雄伟著称。历代诸多帝王把泰山看成国家统一、权力的象征，常到泰山封禅祭祀，使得泰山享有“五岳独尊”“五岳之首”的盛誉。泰山是优美的自然风光和人文景观巧妙融合的风景名胜区，既有旭日东升、晚霞夕照、黄河金带、云海玉盘四大自然名景，又有众多人文奇观，以岱庙、石刻最具代表性。岱庙旧称“东岳庙”，又叫泰庙，主祀“东岳泰山之神”，也是古代帝王来泰山封禅告祭时居住和举行大典的地方。岱庙与北京故宫、山东曲阜三孔、河北承德避暑山庄并称为我国四大古建筑群，其中天赐殿同北京故宫的太和殿、曲阜孔庙的大成殿并称为中国古代三大宫殿式建筑。泰山石刻可以说是中国文化史中的一朵奇葩。历代帝王到泰山祭天告地，儒释道传教授经，文化名士登攀览胜，留下了琳琅满目的碑碣、摩崖、楹联石刻。泰山摩崖石刻居各名山之最，它不仅是中国书法艺术品的一座宝库，而且是中华民族的文化珍品。

价值引领 9-1

泰山不仅是一座自然之山，还是一座精神之山。泰山文化博大精深、源远流长，蕴涵在泰山文化中的核心价值和精髓就是泰山精神。泰山精神大致可归纳为五个方面：“会凌绝顶”的攀登意志；“重如泰山”的价值取向；“不让土壤”的博大胸怀；“捧日擎天”的光明追求；“国泰民安”的美好寄托。弘扬泰山精神，也就是弘扬中华民族精神，可以促进泰安社会的形成，使我国的社会、经济、文化不断发展。

（二）西岳华山

华山位于陕西省华阴市境内，为花岗岩山体，由中（玉女）、东（朝阳）、西（莲花）、南（落雁）、北（五云）五个山峰组成，南峰海拔2 154.9米，是华山最高主峰，也是五岳最高峰。华山壁立千仞，群峰挺秀，以险峻著称，自古以来就有“华山天下险”“奇险天下第一山”等说法，凌空架设的长空栈道，三面临空的鹞子翻身，以及在峭壁绝崖上凿出的千尺幢、百尺峡、老君犁沟等，都是闻名天下的险峻之道。华山的名胜古迹也很多，道观神庙、亭台楼阁、雕像石刻随处可见。华山上比较著名的古迹有玉泉院等景点。华山西岳庙是古时祭祀西岳华山神的庙宇，有“陕西故宫”之称。

（三）南岳衡山

衡山位于湖南省衡阳市境内，又名“寿岳”，为花岗岩山体，72峰挺拔巍峨，祝融峰是衡山最高峰，海拔1 300.2米。衡山古木参天，终年苍翠，以秀丽著称。南岳四绝是“祝融峰之高，方广寺之深，藏经殿之秀，水帘洞之奇”。南岳是一座天然的植物园和动物园，动植物种类丰富，多稀有物种。这里有神庙建筑群南岳庙，女道士魏华存修道成仙的黄庭观，佛寺丛林祝圣寺等。衡山历史上是读书人聚集讲学之地，先后在此出现了邺侯书院、文定书院、集贤书院等10余所书院。

（四）北岳恒山

恒山位于山西省浑源县境内，山体为高压麻粒岩，有天峰岭与翠屏峰东西两大山峰，天峰岭最高，海拔2 016.8米。恒山具有扼关带水、地险山雄的特殊地理环境，成为历代兵家必争之地。恒山上怪石争奇，古树参天，苍松翠柏间散布着楼台殿宇，以幽静著称。恒山文物古迹星罗棋布。悬空寺为恒山景观之最，距地面高约50米，其建筑特色可以概括为“奇、悬、巧”三个字。明代大旅行家徐霞客称悬空寺为“天下巨观”，三教殿内，释迦牟尼、老子、孔子共居一室，耐人寻味，堪称中国宗教史上的一段佳话。

（五）中岳嵩山

嵩山位于河南省登封市境内，群峰挺拔，气势磅礴，景象万千，以峻著称，主峰峻极峰海拔1 491.7米，古有“峻极于天”之说。嵩山岩石演变完整，岩浆岩、沉积岩、变质岩的出露，构成了中国最古老的岩系 “登封杂岩”，是世界上稀有的自然地质宝库。主体由坚硬的石英岩构成，花岗岩、片麻岩和石灰岩等呈局部分布。嵩山除优美的自然风光外，更以星罗棋布的名胜古迹、亭台楼阁著称。著名的有汉代嵩山三阙、北魏嵩岳寺塔、元代观星台、少林寺、中岳庙、嵩阳书院。

课堂互动9-2

以小组为单位，搜集图文资料，欣赏与交流“五岳”的形态之美、色彩之美、意境之美等。

（六）黄山

黄山位于安徽省南部黄山市境内，秦时称黟山。相传轩辕黄帝曾来此炼丹，唐玄宗敕改黟山为黄山。黄山主要为花岗岩山体，莲花峰、光明顶、天都峰为黄山三大主峰，其中莲花峰最高，海拔1 864.8米。黄山集名山之长，兼有泰山之雄伟、华山之险峻、衡山之烟云、庐山之飞瀑、雁荡山之巧石、峨眉山之清凉，尤以奇松、怪石、云海、温泉“四绝”著称于世。明代旅行家、地理学家徐霞客曾赞誉“五岳归来不看山，黄山归来不看岳”。

价值引领 9-2

“顶风傲雪的自强精神，坚韧不拔的拼搏精神，众木成林的团结精神，百折不挠的进取精神，广迎四海的开放精神，全心全意的奉献精神”，人们来到黄山，不仅能感受到黄山松的美丽和坚强，更能从中感受到一种精神——黄山松精神。黄山松精神是一种民族精神、一种时代精神。我们应该学习黄山松精神，颂扬黄山松精神，让黄山松精神代代相传。

（七）武夷山

武夷山位于福建省武夷山市，属于典型的丹霞地貌，素有“碧水丹山”“奇秀甲东南”之美誉。曲折萦回的九曲溪贯穿于丹崖群峰之间，如玉带串珍珠，人称“三三秀水清如玉，六六奇峰翠插天”，构成了奇幻百出的武夷山水之胜。武夷山西部是全球生物多样性保护的关键地区，分布着世界同纬度带现存最完整、最典型、面积最大的中亚热带原生性森林生态系统；东部山与水完美结合，人文与自然有机相融，架壑船棺、书院遗址、摩崖石刻、寺院宫观镶嵌于武夷山的溪畔山涧、峰麓山巅、岩穴崖壁，给人以浑然天成的和谐美感。

（八）庐山

庐山位于江西省九江市境内，又称匡山、匡庐。庐山是一座地垒式断块山，主峰大汉阳峰，海拔 1 474 米。庐山素有“匡庐奇秀甲天下”之美誉。巍峨挺拔的青峰秀峦、喷雪鸣雷的银泉飞瀑、瞬息万变的云海奇观、俊奇巧秀的园林建筑，一展庐山的无穷魅力。庐山尤以盛夏如春的凉爽气候为中外游客所向往，是国内久负盛名的风景名胜区和避暑游览胜地。主要旅游景点有美庐别墅、庐山会议会址、花径、仙人洞、含鄱口、三叠泉、五老峰等。

（九）三清山

三清山位于江西省上饶市境内，因有三峰如道教三清神列坐其巅，故得名。主峰玉京峰海拔 1 819.9 米。三清山为花岗岩山体，不同成因的花岗岩微地貌密集分布，形成了世界上已知花岗岩地貌中分布最密集、形态最多样的峰林，有罕见的司春女神、巨蟒出山等山岳奇观；2 000 多种高等植物、1 700 多种野生动物，构成了东亚最具生物多样性的环境；1 600 余年的道教历史孕育了丰厚的道教文化内涵，按八卦布局的三清宫古建筑群，被誉为“中国古代道教建筑的露天博物馆”。

（十）武陵源

武陵源位于湖南省西北部张家界市境内，由各具特色的四大风景区组成，分别是张家界国家森林公园、索溪峪自然保护区、天子山自然保护区、杨家界自然保护区。武陵源独特的石英砂岩峰林在国内外均属罕见，素有“奇峰三千，秀水八百”之称。这里的风景没有经过任何的人工雕琢，到处是石柱石峰、断崖绝壁、古树名木、云气烟雾、流泉飞瀑、珍禽异兽。“奇峰、幽谷、秀水、深林、溶洞”被称为武陵源“五绝”。

（十一）九寨沟

九寨沟位于四川省九寨沟县境内，以有 9 个藏族村寨而得名。九寨沟海拔在 2 000 米以上，遍布原始森林，沟内分布有 108 个湖泊。九寨沟以高原钙华湖群、钙华瀑群和钙华滩流等水景为主体，其水景规模之巨、景型之多、数量之众、形态之美、布局之精和环境之佳等指标经综合鉴定，位居中国风景名胜区水景之冠。翠海、叠瀑、彩林、雪峰、蓝冰和藏族风情被称为“九寨沟六绝”。

（十二）黄龙风景区

黄龙位于四川省松潘县境内，地表钙华是黄龙景观的最大特色。黄龙钙华景观类型齐全，钙华石坝彩池、钙华滩、钙华扇、钙华湖、钙华塌陷湖坑，以及钙华瀑布、钙华洞穴、钙华泉、钙华台、钙华盆景等一应俱全，是一座名副其实的天然钙华博物馆。巨型的地表钙华坡谷，呈梯田状蜿蜒于天然林海和石山冰峰之间，宛若金色巨龙腾游天地。黄龙以彩池、雪山、峡谷、森林“四绝”著称于世，有着“圣地仙境，人间瑶池”的美誉，是中国唯一保护完好的高原湿地。

（十三）桂林山水

桂林山水位于广西东北部，桂林至阳朔的漓江两岸是世界上规模最大、风景最优美的岩溶风景区。几百座石峰呈现出“平地涌千峰”的景观，是我国喀斯特峰林和峰丛地貌发育最典型的地区，象鼻山、骆驼山等孤峰造型逼真，沿江洞穴300余处，石灰岩沉积物琳琅满目，可谓山清、水秀、洞奇、石美，素有“桂林山水甲天下”之誉。唐朝诗人韩愈的“江作青罗带，山如碧玉篸”这一诗句，是桂林山水的最佳写照。

（十四）天山

天山是位于中亚东部的一条大山脉，是世界上最大的独立纬向山系，也是世界上距离海洋最远的山系和全球干旱地区最大的山系，最高峰托木尔峰海拔7 443.8米。天山横贯疆中部，处于我国地形第二阶梯，在塔里木盆地和准噶尔盆地之间拔地而起。天山集中展现了独特的地质地貌、植被类型、生态系统、植物多样性的自然美。著名景点有博格达峰、托木尔峰、天山天池、汗腾格里冰川等，还有迷人的夏季牧场，以及天山雪莲等特产。

（十五）长白山

长白山位于吉林省东南部，为东北山地最高部分，由粗面岩组成，夏季白岩裸露，冬季白雪皑皑，终年常白，是多次火山喷发而成。主峰白云峰海拔2 691米。以长白山天池为代表，集瀑布、温泉、峡谷、地下森林、火山熔岩林、高山大花园、地下河、原始森林、云雾、冰雪等旅游景观于一身，构成了一道亮丽迷人的风景线，有“关东第一山”之誉。

（十六）雁荡山

雁荡山位于浙江省温州市东北部海滨，小部在台州市温岭南境。因山顶有湖，芦苇茂密，结草为荡，南归秋雁多宿于此，故名雁荡。雁荡山素以独特的奇峰怪石、飞瀑流泉、古洞畸穴、雄嶂胜门和凝翠碧潭扬名海内外，被誉为“海上名山，寰中绝胜”，史称“东南第一山”。其中，灵峰、灵岩、大龙湫三个景区被称为“雁荡三绝”；灵峰夜景、灵岩飞渡是其两大特别景观。

（十七）苍山

苍山位于云南洱海之西，是云岭山脉南端的主峰。苍山，又名点苍山，因其山色苍翠，山顶点白而得名，是欧亚板块和印度板块碰撞隆起的杰作，独特的高原山岳地貌景观，是一本孕育了20多亿年的“天然地质天书”，也是大理石和大理冰期的命名地。经夏不消的苍山雪，是素负盛名的大理“风花雪月”四景之一，也是苍山景观中的一绝。

（十八）阿里山

阿里山位于台湾嘉义市东北，主峰大塔山海拔2 663米，高山铁路、森林、云海、日出及晚霞，号称“阿里山五奇”。阿里山中有一株红桧树，被称为“阿里山神木”，树龄3 000多年，约生于周公摄政时期，又被称为“周公桧”。每年3月中旬至4月中旬的樱花把阿里山装扮成一片美丽、缤纷、醉人的花海世界，美不胜收。

知识点3　水体旅游景观

在线课堂
9-3
水体旅游景观
（1）

我国水域面积广阔，构成水体旅游资源的海滨、河流、湖泊、瀑布、泉等水体类型齐全、内涵丰富，是旅游资源中一道亮丽的风景。

一、海滨

我国海岸线总长度约3.26万千米，其中大陆海岸线北起中朝边境的鸭绿江口，南到中越边境的北仑河口，全长约1.84万千米；岛屿海岸线长约1.42万千米。海滨处于海陆之间，属于陆地的延伸部分。蓝天、阳光、沙滩、海水被称为最具吸引力的旅游资源。我国各地的海滨充满了特有的风韵。

（一）大连海滨

大连海滨位于辽东半岛南端。大连依山濒海，景色秀丽，气候宜人，是著名的海滨疗养、旅游和避暑胜地，也是一处以山、海、礁、岛自然景观为主的风景名胜区。旅顺口是我国历史上的海上门户、著名的军港，是进行爱国主义教育的课堂。旅顺口外礁岛棋布，其中以距离旅顺区20多海里、面积0.8平方千米的蛇岛最为著名。

（二）北戴河海滨

北戴河海滨地处河北省秦皇岛市中心的西部。这里气候宜人，有10千米长、曲折平坦的沙质海滩，以滩缓、沙细、浪小、潮平著称。海蚀地貌发育，各种形态的岩石栩栩如生，是著名的海滨避暑胜地。

（三）青岛海滨

青岛海滨位于山东半岛南部，城市依山就势，青山、碧海、绿树、红瓦成为青岛的特色风光，青岛海滨因此也成为享誉海内外的著名旅游胜地。这里曾作为2008年北京奥运会帆船比赛的举办地。

（四）舟山群岛

舟山群岛位于浙江省东北部海域，是中国第一大群岛、中国第一个以群岛建制的地级市，也是国务院批准的中国首个以海洋经济为主题的国家战略层面新区。著名景观有海天佛国普陀山、海上雁荡朱家尖、海上蓬莱岱山等。

（五）厦门海滨

厦门位于福建东南沿岸，是一座风姿绰约的“海上花园”，“城在海上，海在城中”。厦门空气清新，栖息着成千上万的白鹭，形成了厦门独特的自然景观，又因为厦门的地形就像一只白鹭，所以又被称为“鹭岛”。岛、礁、岩、寺、花、木相互映衬，侨乡风情、闽台习俗与异国风情建筑融为一体，四季如春的气候更为厦门锦上添花。

（六）三亚海滨

三亚海滨位于海南岛最南端，由海棠湾、亚龙湾、大东海、天涯海角、落笔洞、大小洞天等景区组成。亚龙湾海滨有“东方夏威夷”之称。椰林、波涛、渔帆、鸥燕辉映点衬，形成南国特有的“椰风海韵”热带海滨风光。

二、河流

中国是世界上河流最多的国家之一，有许多源远流长的大江大河。其中，流域面积超过1 000平方千米的河流就有1 500多条。中国的河流绝大多数是外流河，河流水量占全国河流总水量的95%以上，汇入太平洋、印度洋和北冰洋，其中长江是中国第一长河，黑龙江流域面积最大。塔里木河是中国第一大内流河。

（一）长江

延伸阅读9-2

守好一江碧水 建好黄金旅游带

长江是中国第一长河、世界第三长河，全长6 300多千米。它发源于青藏高原唐古拉山的主峰各拉丹冬雪山，干流所经省级行政区总共有11个，自西至东依次为青海、四川、西藏、云南、重庆、湖北、湖南、江西、安徽、江苏和上海，最后注入东海。长江支流和湖泊众多，旅游景观十分丰富。位于万里长江第一湾的虎跳峡是世界上落差最大的峡谷之一，具有“狂涛卷地、飞瀑撼天”的雄伟气势。

长江在重庆奉节以下至湖北宜昌为雄伟险峻的三峡江段，自西向东分别有瞿塘峡、巫峡、西陵峡。瞿塘峡是三峡中最短的一个，以雄伟险峻著称，有“夔门天下雄”之称。巫峡绵延曲折，奇峰突兀，峭壁屏列，以幽深秀丽著称，特别是巫山十二峰，千姿百态，留下了许多神奇的传说。西陵峡是长江三峡中最长的峡，整个峡区由高山峡谷和险滩礁石组成，以滩多水急著称。世界最大的水利枢纽工程三峡工程就位于西陵峡中段。三峡景区保留了众多的历史名胜古迹，如白帝城、古栈道遗迹、巴人悬棺、屈原故里、昭君故里、三游洞等。长江下游，特别是三角洲地区，湖荡棋布，城镇毗连，是有名的水乡泽国和鱼米之乡。

（二）黄河

黄河是中国第二长河，发源于青海巴颜喀拉山，全长5 464千米。其干流贯穿9个省（自治区），自西向东依次是青海、四川、甘肃、宁夏、内蒙古、陕西、山西、河南、山东，注入渤海。由于河流中段流经中国黄土高原地区，因此挟带了大量的泥沙，使它成为世界上含沙量最高的河流。沿着黄河旅游，可以领略到大河磅礴的气势和黄土高原的独特风光。黄河中游的晋陕大峡谷长达725千米，壁立千仞，浊浪排空，是我国最美的峡谷之一。峡谷下段有著名的壶口瀑布，有“黄河之水天上来”之势。由于泥沙量大，黄河下游河段长期淤积抬升形成举世闻名的“地上悬河”。黄河是中华民族的母亲河，历史上黄河流域长期是中国的政治、经济和文化中心，保留了众多的古代文化遗存，包括古人类遗址、古都城遗迹、帝王陵墓、宗教圣迹等，是发展历史文化旅游的理想之地。

价值引领9-3

黄河是中华民族的母亲河，根植于黄河流域的黄河文化是中华文明中最具代表性、最具影响力的主体文化。习近平总书记明确指出，黄河文化是中华文明的重要组成部分，是中华民族的根和魂。同时强调，要推进黄河文化遗产的系统保护，深入挖掘黄河文化蕴含的时代价值，讲好“黄河故事”，延续历史文脉，坚定文化自信，为实现中华民族伟大复兴的中国梦凝聚精神力量。深入学习、认识黄河文化的历史地位与时代价值，抓住历史性机遇，保护、传承和弘扬黄河文化恰逢其时。

（三）三江并流

三江并流指金沙江、澜沧江和怒江这三条发源于青藏高原的大江在云南省境内自北向南并行奔流170多千米，穿越在崇山峻岭之间，形成世界上罕见的“江水并流而不交汇”的奇特自然地理景观。其中，澜沧江与金沙江最短直线距离为66千米，澜沧江与怒江的最短直线距离不到19千米。奇特的三江并流，雄伟的高山雪峰，险要的峡谷险滩，秀丽的林海雪原，幽静的冰蚀湖泊，少见的板块碰撞，广阔的雪山花甸，丰富的珍稀动植物，独特的民族风情……旅游景观十分丰富。

（四）京杭大运河

京杭大运河是世界上里程最长、工程最大、最古老的运河，全长约1 794千米，北起北京，南到杭州，途经北京、天津、河北、山东、江苏、浙江6个省、市，沟通了海河、黄河、淮河、长江、钱塘江五大水系。大运河始凿于春秋时期。隋朝大运河以洛阳为中心，北达涿郡（今北京南），南至余杭。元朝翻修时弃洛阳而取直至北京。历史上，京杭大运河对中国南北地区之间的经济、文化发展与交流，特别是对沿河地区工农业的发展起到了巨大的作用。

（五）钱塘江

钱塘江是浙江省第一大河，发源于安徽省黄山市休宁县境内，流经安徽、浙江二省，古名“浙江”，亦名“折江”或“之江”，以北源起算河长588.73千米，以南源起算河长522.22千米。钱塘江潮被誉为“天下第一潮”，是世界一大自然奇观，它是天体引力和地球自转的离心作用，加上杭州湾喇叭口的特殊地形等诸多因素所形成的特大涌潮。

钱塘江干流各段都有着别名，其中最著名的是建德市梅城镇下至萧山区闻家堰段，因景色秀丽，被认为是锦绣中华的代表，而被命名为富春江。

课堂互动9-3

为什么每年农历八月十八前后钱塘江潮水最大？

（六）珠江

珠江又名粤江，是一个由西江、北江、东江及珠江三角洲诸河汇聚而成的复合水系，发源于云贵高原乌蒙山系马雄山，流经云南、贵州、广西、广东、湖南、江西6个省（区）和越南的北部，在下游从8个入海口注入南海。珠江全长2 320千米，居全国第四位。年径流量3 300多亿立方米，居全国江河水系的第二位，仅次于长江。珠江流域旅游资源丰富，著名的黄果树瀑布、桂林山水都在珠江流域。

（七）黑龙江

黑龙江是中国第三长河，因河水含腐殖质多，水色发黑而得名。黑龙江位于亚洲东北部，流经蒙古国、中国、俄罗斯。中国古称弱水、黑水、完水、望建河、乌龙江等，蒙语称哈拉穆河，俄语称阿穆尔河。

（八）塔里木河

塔里木河位于新疆维吾尔自治区塔里木盆地北部，在维吾尔语里意为“无缰之马”和“田地、种田”。塔里木河发源于天山山脉及喀喇昆仑山，沿塔克拉玛干沙漠北缘，穿过阿克苏、沙雅、库车、轮台、库尔勒、尉犁等县（市）的南部，最后流入台特玛湖。塔里木河是南疆地区的母亲河，天山以南的绿洲基本都是靠塔里木河水灌溉。

三、湖泊

在线课堂
9-4
水体旅游景观（2）

湖泊是陆地表面洼地积水形成的比较宽广的水域，表面敞露在空气之中，水面没有倾斜，不与海洋相接，却可以通过小河小溪与海洋相连。湖泊与其他水体，如河流、溪流相区别的最大特征是湖泊没有明显的倾斜水面。中国湖泊众多，共有湖泊24 800多个，其中面积在1平方千米以上的天然湖泊有2 800多个。湖泊数量虽然很多，但在地区分布上很不均匀。总的来说，东部季风区，特别是长江中下游地区，分布着中国最大的淡水湖群；西部以青藏高原湖泊较为集中，多为内陆咸水湖。

（一）湖泊类型

中国的湖泊按成因可分为海迹湖（包括潟湖、残迹湖等）、构造湖、火山口湖、堰塞湖、溶蚀湖、冰蚀湖、风成湖、河迹湖、人工湖等。

海迹湖：由于泥沙淤积使得浅水海湾与海洋分割而成，如西湖、太湖。

构造湖：由地壳运动产生断裂凹陷经储水而成，如鄱阳湖、洞庭湖、滇池、洱海、日月潭。

火山口湖：由火山喷口休眠以后积水而成，湖岸陡峭，湖水深不可测，如长白山天池平均水深204米，最深处达373米，为我国第一深水湖泊。

堰塞湖：由火山喷出的岩浆、地震引起的山崩或泥石流引起的滑坡体等壅塞河床，积水成湖，如五大连池、镜泊湖等。

溶蚀湖：由碳酸盐类地层经流水的长期溶蚀形成岩溶洼地，积水成湖，如贵州省威宁县的草海。

冰蚀湖：由冰川刨蚀形成的凹地积水成湖，如新疆喀纳斯湖，青藏高原区的巴松错、帕桑错等。

风成湖：沙漠中低于潜水面的丘间洼地，经其四周沙丘渗流汇集而成，如敦煌的月牙泉。

河迹湖：由于河流摆动而形成的湖泊，如湖北境内长江沿岸的湖泊等。

人工湖：由人工修筑的蓄水区域，如千岛湖。

（二）风景名湖

1.青海湖

青海湖位于青海省境内，古称“西海”，是我国第一大内陆湖泊，也是我国最大的咸水湖。四周雪山高耸，草原如茵，拥有山、湖、草原相映成趣的壮美风光和绮丽景色。青海湖鸟岛是我国重要的鸟类自然保护区。

2.鄱阳湖

鄱阳湖位于江西北部，是我国最大的淡水湖，与湖南洞庭湖、江苏和浙江相邻的太湖、江苏洪泽湖、安徽巢湖并称为我国五大淡水湖。鄱阳湖上烟波浩渺、水草丰美，名山秀屿，比比皆是。湖中有大量长江流域的珍贵鱼类，每年还有许多珍贵的鸟类栖息在这里，被称为“白鹤世界”“珍禽王国”。

3.杭州西湖

西湖位于浙江省杭州市西面，是中国大陆主要的观赏性淡水湖泊之一，也是现今《世界遗产名录》中少数几个和中国唯一的湖泊类文化遗产。“杭州西湖文化景观”是文化景观的一个杰出典范，极为清晰地展现了中国景观的美学思想，对中国乃至世界的园林设计影响深远。

课堂互动9-4

对比“西湖十景”和“新西湖十景”，搜集相关景观的图片及介绍，结合古诗词，进行美学欣赏，体会其中意境。

4.泸沽湖

泸沽湖为川滇两省界湖，青山环抱，湖岸曲折，水清岛美，有“高原明珠”的美称。泸沽湖将自然景观和人文景观融为一体，尤其是以摩梭人独特的文化和民族风俗而具有独特、丰富的内涵。

5.洱海

洱海位于云南大理郊区，为云南省第二大淡水湖。洱海是大理“风花雪月”四景之一“洱海月”之所在，据说因形状像一只耳朵而取名为“洱海”。洱海水质优良，水产资源丰富，是一个风光旖旎的风景区。洱海，虽然称为海，但其实是一个湖泊，据说是因为白族人没有见过海，为表示对海的向往，称之为洱海。

6.镜泊湖

镜泊湖位于黑龙江省牡丹江市，是中国最大的火山堰塞湖。镜泊湖以湖光山色为主，兼有火山口地下原始森林、地下熔岩隧道等地质奇观，以及以唐代渤海国遗址为代表的历史人文景观。吊水楼瀑布是镜泊湖一道亮丽的风景。

7.五大连池

五大连池位于黑龙江省五大连池市境内。5个互相连通的火山堰塞湖如串珠般排列，五大连池也因此而得名。五大连池是一处著名的火山景观和以矿泉为特色的疗养胜地，这里拥有世界上保存最完整、分布最集中、品类最齐全、状貌最典型的新老时期火山地质地貌，14座新老时期火山，喷发年代跨越70多万年，被誉为“天然火山博物馆”和“打开的火山教科书”。

8.喀纳斯湖

喀纳斯湖位于新疆阿勒泰地区，是典型的冰川湖泊。湖面海拔1 374米，湖形如弯月，最深处约188米。湖面碧波万顷，群峰倒映，还会随着季节和天气的变化而时时变换颜色，是有名的“变色湖”。这里是我国唯一的南西伯利亚区系动植物分布区，既具北国风光之雄浑，又具江南山水之娇秀。

9.纳木错

纳木错为藏语，意即“天湖”，位于西藏中部，为断陷构造湖，并具冰川作用的痕迹。湖面海拔4 718米，是世界上海拔最高的大型湖泊，也是中国第三大咸水湖。纳木错湖水清澈透明，湖面呈天蓝色，水天相融，与四周雪山相映，远离现代文明的污染，保持着自然原始的生态，是朝圣者心目中的圣地。

10.长白山天池

长白山天池坐落在吉林省东南部，是中国和朝鲜的界湖，还是松花江、图们江、鸭绿江三条大江的源头。长白山天池位于长白山主峰火山锥体的顶部，海拔2 100多米，是我国最大的火山口湖，也是中国最深的湖泊。湖周峭壁百丈，群峰环抱。这里气候多变，常有蒸汽弥漫，瞬间风雨雾霭，宛若缥缈仙境。

四、瀑布

瀑布在地质学上叫跌水，水平流动的河水在遇到悬崖等陡峭地势时会垂直跌落，形成的垂直水流就叫作瀑布。

关于瀑布的大小，一般可以从宽度、落差、水量、流经长度等多种方法进行比较。

（一）黄果树瀑布

黄果树瀑布位于贵州省安顺市。周围岩溶广布，河宽水急，重峦叠嶂。黄果树瀑布以其雄奇壮阔的大瀑布、连环密布的瀑布群而闻名海内外。它由十几个风韵各异的大小瀑布组成，享有“中华第一瀑”之盛誉。

（二）壶口瀑布

壶口瀑布位于陕西省宜川县和山西省吉县之间的黄河之上，滚滚黄河水至此，300余米宽的洪流骤然被两岸所束缚，上宽下窄，在40米的落差中翻腾倾涌，河水似从巨大无比的壶中倾出，故名“壶口瀑布”。

（三）吊水楼瀑布

吊水楼瀑布，又称镜泊湖瀑布，它位于黑龙江省牡丹江市宁安市西南部，镜泊湖之北端。瀑布幅宽70余米，雨水量大时，幅宽达300余米，落差20米。瀑布下边的水潭深60米，名“黑龙潭”。每逢雨季或汛期，水声如雷，激流呼啸飞泻，水石相击，白浪滔滔，水雾蒸腾出缤纷的彩虹。它是世界最大的玄武岩瀑布。

（四）九龙瀑布

九龙瀑布位于云南省罗平县，因发源于九龙河而得名。瀑布分10级跌落，各级瀑布姿态各异，或雄浑，或险峻，或秀丽，景色随着季节和水流大小变幻无穷，各级瀑布之间以浅滩或深潭相连，有“九龙十瀑，南国一绝”之美誉。周围群山环绕，阡陌纵横，一派田园风光。

（五）蛟龙瀑布

蛟龙瀑布位于我国台湾省嘉义县梅山乡，是一座因断层形成的瀑布，是台湾最高的瀑布，也是中国落差最大的瀑布。蛟龙瀑布高约800米，雄伟壮观、气势磅礴，在雨水丰沛的夏季，如千军万马直泻而下，又似白玉巨柱擎天，或若白龙冲天入云，为旷世奇观。

（六）德天瀑布

德天瀑布位于中越边境广西壮族自治区崇左市大新县，为亚洲第一大跨国瀑布。瀑布3级跌落，最大宽度200多米，落差70余米。德天瀑布雄奇瑰丽，变幻多姿，碧水长流，蔚为大观。

五、泉

泉是地下水天然出露至地表的地点，或者地下含水层露出地表的地点。根据水流状况的不同，可以分为间歇泉和常流泉。如果地下水露出地表后没有形成明显水流，称为渗水。根据水流温度，泉可以分为温泉和冷泉。

（一）温泉

习惯上，人们把泉口水温超过20℃或显著高于当地年平均气温的泉称为温泉。温泉终年具有舒适的沐浴、游泳与保健等康乐度假旅游功能。台湾、广东、福建、云南、西藏等地温泉较多。著名温泉有云南安宁温泉、西安华清池温泉、黄山温泉、台湾北投和草山温泉、广东从化温泉等。福州市区温泉群占地5平方千米，有“温泉城”之称。

（二）冷泉

冷泉一般以水质清醇甘洌而供人们饮用或作为酿酒的水源。历史上有“天下第一泉”之称的四大名泉为：镇江中泠泉、庐山谷帘泉、北京玉泉、济南趵突泉。此外，无锡惠山泉、杭州虎跑泉、苏州观音泉也都在名泉之列。济南有七十二名泉，因“家家泉水，户户垂杨”，有“泉城”之誉。

课堂互动9-5

你知道还有哪些泉水曾被誉为“天下第一泉”？

（三）奇特泉

景观奇特、具有观赏价值的泉称为奇特泉，如云南大理的蝴蝶泉、安徽寿县的喊泉、四川广元的含羞泉、广西桂平的喷乳泉、台湾台南的水火泉。

知识点4　气象、气候和天象旅游景观

气象、气候和天象本身就是一项旅游资源，它们有直接造景的功能，如吉林雾凇、黄山云海、峨眉佛光、日食月食等。

一、气象、气候旅游景观

在线课堂
9–5
气象、气候和天象旅游景观

太阳辐射是气候带形成的基本因素。太阳辐射在地表的分布，主要取决于太阳高度角。太阳高度角随纬度增加而递减，不仅影响着地表温度分布，还影响气压风系、降水和蒸发，使地球气候呈现出按纬度分布的地带性。中国幅员辽阔，跨纬度较广，距海远近差距较大，加之地势高低不同，地貌类型及山脉走向多样，因而气温、降水的组合差别很大，形成了各地多种多样的气候。从气候类型上看，东部属季风气候（又可分为热带季风气候、亚热带季风气候和温带季风气候），西北部属温带大陆性干旱气候，青藏高原属高寒气候。从温度带划分看，有热带、亚热带、暖温带、中温带、寒温带和高原气候区。

（一）云雾、云海景观

云雾是大气中一种水汽凝结景象。当气温下降时，空气中所含的水蒸气凝结成小水滴，浮在靠近地面的空气中称为雾。云雾在名山胜景中极为奇妙，当潮湿气流沿山坡上升到一定高度时，水汽冷却凝结形成坡地雾，形成云雾景观，它与山景相映成趣，使群山富有生命，使游人心潮起伏。

云海是指在一定条件下形成的云层，并且云顶高度低于山顶高度，当人们在山顶俯瞰漫无边际的云时，如临大海之滨，波起峰涌。我国著名的云海景观有黄山云海、庐山云海、峨眉山云海、衡山云海。

（二）雾凇、雨凇景观

雾凇俗称“树挂”，是雾气在低于0℃时附着在物体上面直接凝华生成的白色絮状凝结物。它集聚包裹在附着物外围，漫挂于树枝、树丛等景物上。我国雾凇出现最多的地区是吉林省吉林市。

雨凇是在低温条件下，小雨滴附着于景物之上冻结的半透明、透明的冰层与冰块。雨凇的产生，必须是低层空气有逆温现象，小水滴从上层气温高于0℃的空气中下降至下层气温低于0℃的空气中，处于过冷却状态，过冷却水滴附着在寒冷的物体表面，立即冻结成雨凇。我国峨眉山雨凇最多，庐山雨凇被誉为“琉璃世界”。

（三）冰雪景观

冰雪是纬度较高地区的寒冷季节或海拔较高的高山地区才能见到的气象景观。我国江南在冬季寒潮来临之际才可能降雪，断桥残雪是西湖胜景之一。降雪往往使大自然形成银装素裹的冰雪世界，如果配以高山、森林等自然景观，可构成奇异的冰雪风光，如东北“林海雪原”、关中“太白积雪”、长沙“江天暮雪”等。冰雪运动有“白色旅游”之称。素有“冰城”之称的哈尔滨，每年冰雪节都举办大型冰雕、冰灯、雪雕的展出活动。

（四）烟雨景观

烟雨是指像烟雾一样的细雨，在特定地理环境和人们的心境下，观赏和体会降雨过程也有无穷韵味，如诗如梦。我国著名雨景有江南烟雨、巴山夜雨等。江南烟雨是指江南地区春秋季降落的丝丝细雨，呈细雨霏霏、烟雾缭绕景象。“巴山夜雨”现象是指渝陕交界大巴山地的山间谷地，气温高、湿度大，谷地中湿热空气不易扩散，夜间降温后湿热的空气上升使水汽凝结而出现的细雨蒙蒙的景象。

（五）佛光景观

佛光是自然界的一种光学现象，是光线衍射作用中产生的一种特殊自然景观。佛光的出现必须具备阳光、云雾和地形三个条件。佛光一般出现于中低纬度地区及高山上茫茫云海之中，人站在山上，若光线从背后射来，当太阳、人与云幕在一条直线上时，会在前面云幕上出现人影或头影，其外围绕彩色光环，似佛像头上的光圈，故称佛光。峨眉山佛光出现次数最多，因峨眉山多云雾，且湿度大、风速小，故峨眉山佛光最精彩，有“峨眉宝光”“金顶祥光”之誉。著名佛光景观地还有庐山、泰山、黄山、五台山等。

（六）蜃景景观

蜃景也称海市或海市蜃楼。蜃景的成因是气温在垂直方向剧烈变化，使空气密度在垂向上出现显著差异，从而产生光线折射和全反射现象，导致远处景物在眼前呈现出奇幻景观。它有上现蜃景与下现蜃景之分。一般上现蜃景多出现在海滨地区，下现蜃景多出现在沙漠地区。其中，以山东蓬莱蜃景出现次数最多。

二、天象旅游景观

（一）日出日落景观

著名观景地有泰山日观峰、峨眉山金顶、北戴河鹰角亭等。日出日落均有霞景相伴，霞景有朝霞和晚霞。“夕阳无限好”也是美好享受，如西湖“雷峰夕照”、泰山“晚霞夕照”，庐山天池亭是夕阳景观最佳观赏之地。

（二）月色景观

在我国的诗词歌赋中，对月亮的描写不胜枚举，无论中秋圆月还是弯弯残月，文人雅士都赋予它生命。如西湖十景中的“平湖秋月”和“三潭印月”、岳阳的“洞庭秋月”、避暑山庄的“梨花伴月”、无锡的“二泉映月”，都以月亮为主题，除让游人欣赏月色迷人的自然美景外，还反映了造园者寄情山水日月之意。

（三）极光景观

极光是高纬度地区高空出现的一种发光现象。它是太阳发出的高速带电微粒子流发射到地球磁场势力范围时，受地球磁场影响，从高纬度进入地球高空稀薄大气层，使高层空气分子或原子被激发而造成的发光现象，多呈带状、弧形等。在我国黑龙江漠河和新疆阿尔泰都有极光出现。

（四）日食、月食景观

日食和月食都是罕见的天象奇观，引起了人们的普遍关注。日食是月球遮掩太阳的一种天象。只有朔日，地球才可能位于月球的背日方向，因此日食只发生于朔日。月食是地球遮掩太阳后，月球因没有可被反射的阳光而失去光明的一种天象。只有望日，月球才可能位于地球的背日方向，因此月食只发生于望日。

知识点5　动植物旅游景观

在线课堂 9-6
动植物旅游景观

动植物作为自然界的生命现象，既是人类生存最重要的自然物质基础，也是美化、活化、净化人类环境的主角。

一、植物旅游景观

植物是山水的肌肤，风景的容颜。除了美化环境外，植物还以其独特的魅力吸引着游客。植物旅游资源有的是在自然保护区、植物园的基础上被旅游开发利用，还有一些具有地方特色植物的游览地更为游客所喜爱。

（一）北京香山红叶

延伸阅读 9-3
“醉”美时节
“吉”景上线

每到秋天，北京香山漫山遍野的黄栌树叶红得像火焰一样。这些黄栌树是清代乾隆年间栽植的，历经200多年，逐渐形成了拥有近十万株的黄栌树林区。每年10月中旬到11月上旬是观赏红叶的最好季节，红叶延续时间通常为一个月左右。

（二）杭州满陇桂雨

满陇桂雨是新西湖十景之一。满觉陇位于西湖之西南，植有7 000多株桂花，有金桂、银桂、丹桂、四季桂等品种，每当金秋季节，香飘数里，沁人肺腑。人行桂树丛中，沐“雨”披香，别有一番意趣，故名为“满陇桂雨”。

（三）蜀南竹海

翠甲天下的蜀南竹海，位于四川南部的宜宾市境内。蜀南竹海可谓竹的海洋，7万余亩翠竹覆盖了27条峻岭、500多座峰峦，这里生长着15属58种竹子。除了常见的楠竹、水竹、慈竹外，还有紫竹、罗汉竹、人面竹、鸳鸯竹等珍稀竹种。这里不仅是一个天然氧吧，而且可以欣赏到竹根雕、竹簧雕、竹编、竹制家具等品种繁多、技艺精湛的竹工艺品，品尝到竹笋、竹海豆花、竹熏腊肉等天然绿色食品。除此之外，各地各类园艺博览会、花会、花展同样吸引着众多观赏的游人。

二、动物旅游景观

我国动物资源十分丰富，不乏具有观赏价值的珍禽异兽。我国重要的珍稀动物保护区和著名的海洋公园主要有：

（一）四川卧龙国家级自然保护区

卧龙国家级自然保护区位于中国四川省汶川县西南部，区内建有相当规模的大熊猫、小熊猫、金丝猴等国家保护动物繁殖场；有世界著名的“五一棚”大熊猫野外观测站；建有大熊猫博物馆。卧龙国家级自然保护区以“熊猫之乡”享誉中外，国家和四川省命名其为“科普教育基地”“爱国主义教育基地”。

价值引领9–4

卧龙国家级自然保护区的“中华大熊猫园”的规划设计，把生态资源、研究实践、拓展建设、长远发展结合起来，把就地取材、因势利导、顺应自然与生态建设结合起来。通过大熊猫野化驯养区、大熊猫产仔区、大熊猫野外放归过渡区、大熊猫野外放归试验区等互动一体的功能区的规划设计，成功实践了“保护是前提，研究为中心，放归是目的”的指导思想。卧龙国家级自然保护区为提供更多更优化更合乎自然的物种研究大熊猫创造了更优秀的条件，是世界上最生态、最优秀、最先进、最前卫的大熊猫保护研究中心。

（二）黑龙江扎龙国家级自然保护区

扎龙国家级自然保护区位于齐齐哈尔市东南，保护区内芦苇沼泽广袤辽远，湖泊星罗棋布，鱼虾肥美，为众多水鸟尤其是丹顶鹤提供了栖息繁殖的优良环境，是我国以鹤类等大型水禽为主的珍稀水禽分布区，也是世界上最大的丹顶鹤繁殖地。每年4—5月，约300只丹顶鹤来此处栖息繁衍，白枕鹤、白鹤、白头鹤、蓑羽鹤、灰鹤等水禽亦云集于此，它们飘逸姿态，与芦花一道为扎龙湿地描绘了一幅优雅的图画。

（三）青海湖鸟岛

青海湖国家级自然保护区西北角的鸟岛，因栖息着数以万计的候鸟而得名。每年4月，来自中国云贵一带及印度洋岛国的斑头雁、鱼鸥、棕头鸥等10多种候鸟在此筑巢栖息。每年5月是观鸟的最好季节，届时，各式各样的鸟巢密密麻麻，五光十色的鸟蛋遍地皆是，群鸟翩然飞翔，遮天蔽日，甚为壮观。

（四）西双版纳野象谷

西双版纳野象谷位于西双版纳傣族自治州景洪市以北36千米处，是我国最大的亚洲象聚集地。区内河谷纵横，森林茂密，生活着亚野象、野牛、绿孔雀、猕猴等珍奇动物。

（五）大连老虎滩极地海洋馆

这里有世界上最大的展示极地海洋动物及极地体验的场馆——极地馆；这里生活着白鲸、海豚、海狮等大型海洋哺乳类动物；还有亚洲最大的以展示珊瑚礁生物群为主的大型海洋生物馆——珊瑚馆；在表演场中，可以欣赏到精彩的水中芭蕾、水下梦幻婚礼等多项表演。

（六）青岛极地海洋世界

这里是目前国内拥有极地海洋动物品种最全、数量最多的场馆之一。馆内主要展示南、北极海洋动物，游客可以在模拟极地环境中观赏到白鲸、海象、海狮、海豹、北极海獭、北极熊、企鹅、北极狼等珍稀的极地动物，还可以欣赏这些大型海洋哺乳类动物的精彩表演。

（七）香港海洋公园

香港海洋公园位于香港港岛南区黄竹坑，这里拥有全东南亚最大的海洋水族馆及主题游乐园，凭山临海，旖旎多姿，是访港游客最爱光顾的地方。在这里不仅可以看到趣味十足的露天游乐场、海豚表演，还有千奇百怪的海洋性鱼类、高耸入云的海洋摩天塔，更有惊险刺激的越矿飞车、极速之旅，堪称科普、观光、娱乐的完美组合。

此外，各地的野生动物园、动物园等，都是吸引游客的亮丽风景线。

导游实训

实训项目：山岳景观讲解。

实训目的：掌握山岳景观的地质地貌及文化，能够结合相关资料创作导游词，并进行现场讲解

实训步骤：

1. 将班级同学组成若干训练团队，每队确定1人负责。
2. 各团队根据训练项目需要进行角色分工。
3. 选择一处著名山岳景观，通过校图书馆、资料室和互联网，查阅文献资料。
4. 综合和整理山岳景观资料，做成PPT分享。
5. 教师总结点评。

知识训练
9-1
扫码答题

项目十
中国饮食文化

学习目标

知识目标：

- 了解中国饮食文化的发展过程及其基本特征。
- 熟悉中国酒的发展过程及酒文化。
- 掌握中国茶的形成和发展，理解中国茶道精神及茶艺。
- 掌握中国菜系文化的形成、内容及主要特点。

技能目标：

- 能够运用饮食文化知识，讲解当地的特色饮食文化，为游客提供优质服务。
- 能够运用饮食文化知识，对地方饮食文化资源进行开发。

素养目标：

- 具有丰富的饮食文化知识，提升对饮食文化的审美品位。
- 树立传承和创新中国饮食文化的意识。
- 培养学生的团队意识和合作精神。

知识导图

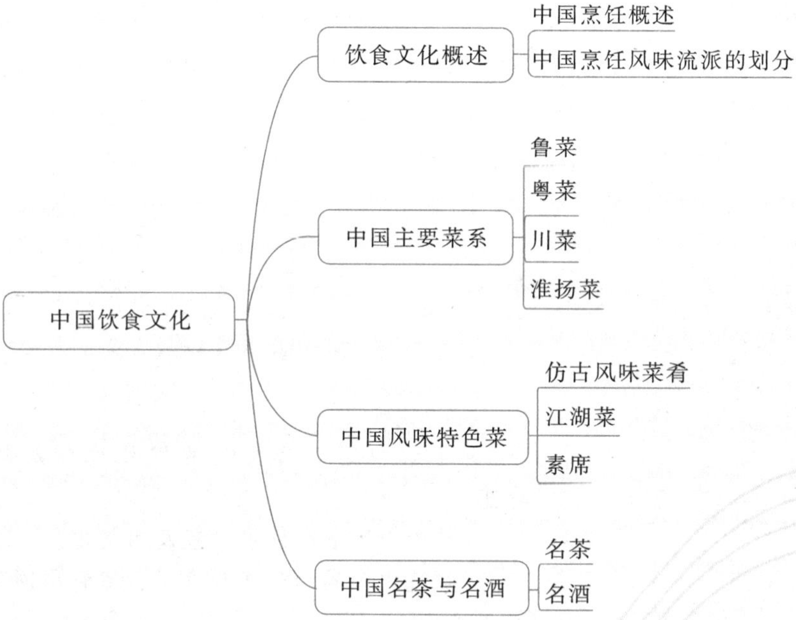
中国饮食文化
饮食文化概述
中国烹饪概述
中国烹饪风味流派的划分
中国主要菜系
鲁菜
粤菜
川菜
淮扬菜
中国风味特色菜
仿古风味菜肴
江湖菜
素席
中国名茶与名酒
名茶
名酒

◎ **情境导入**

以“特色饮食文化之旅”为主题，为自己所在的城市设计一条精品旅游线路，你将如何进行设计呢？

知识点1　饮食文化概述

饮食是人类赖以生存和发展的第一要素，人类文明始于饮食。饮食文化随着人类社会的形成而发展，随着人类社会的发展而进步，饮食超越了单纯的生理需要，不断丰富着自身的内涵，成为人们物质生活和精神生活的重要组成部分。中国饮食文化历史悠久，源远流长，博大精深，具有鲜明的民族性和地域性，是中华民族文化宝库中一颗璀璨的明珠，也是中国旅游开发中的宝贵旅游资源。

一、中国烹饪概述

（一）烹饪的概念

“烹饪”一词，是由“烹”和“饪”二字组成的。在古汉语里，“烹”作“烧煮”解释，“饪”指食物烧煮到一定程度，“烹饪”通常理解为运用加热方法制作食品。我国最早的古籍之一《周易·鼎》中，就出现了“烹饪”一词。约在唐代出现“料理”一词，宋代出现“烹调”一词，两词之义与烹饪基本一样。“烹调”一词在实际应用中逐步分化出来，成为专指制作各类食品的技术与工艺的专用名词，也称为烹饪工艺；烹饪则被赋予广泛得多的内容，包含烹调及烹调制作的各类食品、饮食消费、饮食养生以及由烹调和饮食所衍生的众多文化（狭义）现象。

课堂互动10-1

探讨饮食、美食与饮食文化的关系。

（二）中国烹饪的特点

中国烹饪的特点从大的方面来讲是优选原料，精细加工，讲究火候，讲求风味，合理膳食。具体到每道菜肴，则讲究色、香、味、形。所谓色美，是指菜肴色彩多样，和谐美观。中国菜除特意保持食物本来的颜色外，还注意针对不同原料的色泽和性质，通过加色使食物原来的色泽变好，通过配色使不同食物的多种颜色彼此衬托，通过缀色使朴素单调的菜品显得鲜美活泼，通过润色使菜品色泽更加明亮或强烈，从而引起食客的食欲。所谓香，是指吃时感到鲜香、脆香等。它一方面通过烹制加热，将食物固有的香味激发出来；另一方面是外加的味道，如加茴香、八角等香料，在菜里放香菜、葱花，或用有香味的气体熏制要吃的食品，或将食材用有香气的材料（如荷叶之类）包裹起来加热，使香气透入食材之中。所谓味，是指尝到的酸味、甜味、辣味、咸味等。这是中国菜肴进入艺术境界的核心。食用中国菜肴讲究“吃味”，即欣赏一种微妙的味觉美感，从而使人在生理、心理两方面均得到极大的满足。所谓形，是指烧成的菜肴花色繁多，外形美观。中国菜讲究形状美观，主要表现在切制成形、摆布匀称、衬托得当等方面：片是片，丝是丝，块是块，大小适度，加上摆放整齐或摆成一定图案，从而给人带来美好的印象。菜肴盛具，亦加选择，目的在于使菜品更加美观。

二、中国烹饪风味流派的划分

从不同的角度出发，可以划分出不同类型的风味流派。

（一）从地域角度划分

从地域角度划分，包括山东风味、四川风味、广东风味等。清代出现“帮口”“帮口菜”的名称，例如“扬帮菜”“川帮菜”的叫法。20世纪50年代出现“菜系”一词，代替了原来的叫法，始有“四大菜系”之说，即山东（鲁）、淮扬、四川（川）、广东（粤）菜系。又有“八大菜系”之说，即“四大菜系”再加上浙江（浙）、安徽（徽）、湖南（湘）、福建（闽）四个菜系。还有“十大菜系”之说，即“八大菜系”再加上北京（京）、上海（沪）两个菜系，以及“十二大菜系”之说，即“十大菜系”再加上河南（豫）、陕西（陕、秦）两个菜系。

延伸阅读
10-1
黔山秀水秋色美 多彩乡村双节忙

课堂互动10-2

中国不同地方的饮食有什么不同？

（二）从民族角度划分

中国有56个民族，从民族角度划分，就有56个民族风味流派。

（三）按原料性质划分

按原料性质划分，包括素食风味和荤食风味两个流派。其中素食从南朝梁开始形成流派，到清代形成宫廷、寺院、民间三大派别。

（四）按功用划分

按功用划分，包括保健医疗风味和普通食品风味两大流派。

（五）按生产者主体划分

按生产者主体划分，包括市肆风味、食堂风味、家庭风味三大流派。

（六）按时代划分

按时代划分，有仿古风味和现代风味两大流派。其中，仿古风味又可分为仿宫廷、仿官府、仿唐、仿宋、仿“红楼”、仿随园等风味。

知识点2 中国主要菜系

在线课堂
10-1
中国主要菜系

一、鲁菜

鲁菜，又称山东菜系，由胶东与济南两地的地方菜发展而成。鲁菜风味不仅扩大到京津，而且远播至白山黑水之间，成为当时最有影响力的一大菜系。明清两代，鲁菜成为宫廷御膳的主体，是我国北方菜的代表。其特点是：选料精细，精于制汤，以清香、鲜嫩、味纯而著名，讲究丰满实惠。另外，山东曲阜的孔府菜，对鲁菜的形成也具有影响。现在，曲阜根据《孔府档案》记载的明清时期孔府向皇帝进贡的菜单和孔氏家族日常筵席食谱进行仿制，深受国内外旅游者的欢迎。

鲁菜名菜有：糖醋鲤鱼、德州扒鸡、锅贴豆腐、九转大肠、清氽赤鲤鱼、红烧大虾、油爆海螺、孔府一品锅等。点心小吃有：周村酥烧饼、武城煊饼、荷叶饼、潍县杠子头火烧、煎饼、糖酥煎饼、锅贴、高汤小饺、开花馒头、煎包、金丝面、氽子面、蛋酥炒面、福山拉面、蓬莱小面、鸡肉糁、甜沫等。

二、粤菜

粤菜，又称广东菜，由广州、潮州、东江三大流派组成。粤菜的特点是：选料广博奇杂，配料较多，注重装饰，讲究鲜嫩爽滑；擅长小炒，善于掌握火候，油温恰到好处；注意季节搭配，夏秋力求清淡，冬春偏重浓醇。以广州菜为代表的粤菜影响闽、台、琼、桂诸地。

广州菜制作精细、花色繁多，重视蒸炸，烧脍也很精湛，花色菜形态生动。在动物原料方面，除猪、牛、羊外，还有蛇等。西汉《淮南子》中就有"越人得蛇以为上肴"的记载，民间有"食在广州"之誉称。18至19世纪，随着对外通商和"下南洋"，粤菜也逐步走向世界。潮州菜以烹制海鲜见长，以菜汤最有特色，刀工精细，甜味较浓，注意保持主料原味。东江菜则下油重，味偏咸，主料突出，朴实大方，具有乡土风味。

粤菜名菜有：脆皮乳猪、白云猪手、龙虎斗、烤鹅、蛇羹、太爷鸡、杏元鸡脚炖海狗、鼎湖上素、东江盐焗鸡、护国菜、脆皮炸双鸽等。点心小吃有：成珠鸡仔饼、皮蛋酥、煎堆、冰肉千层酥、大良膏煎、酥皮莲蓉包、叉烧包、粉果、伦教糕、马蹄糕、肠粉、蜂巢芋角、松糕、蟹黄灌汤饺、薄皮鲜虾饺、干蒸烧卖、沙河粉、荷叶饭、及第粥、艇仔粥、大良双皮奶等。

三、川菜

川菜，又称四川菜，以成都、重庆两地菜肴为代表，在我国享有崇高的声誉。川菜重视选料，规格讲究一致，分色配菜主次分明、鲜艳协调，自古有"尚滋味""好辛辣"的饮食传统。它的特点是：麻辣、鱼香、味浓、注重调味，离不开"三椒"（即辣椒、胡椒、花椒）和鲜姜，以辣、酸、麻、香脍炙人口，地方风味十分浓郁，有"食在中国，味在四川"的美誉。川菜对湘、鄂、黔、滇等地饮食也有影响。川菜历史悠久，秦末汉初就已显露锋芒，现今川菜馆已遍布世界各地。

川菜名菜有：宫保鸡丁、回锅肉、鱼香肉丝、夫妻肺片、麻婆豆腐、灯影牛肉、鸳鸯火锅、干烧岩鲤、家常海参、锅巴肉片、干煸冬笋等。点心小吃有：荷叶蒸饼、蒸蒸糕、蛋烘糕、鸡蛋熨斗糕、青城白果糕、崇庆冻糕、锅盔、宜宾燃面、龙抄手、红油水饺、玻璃烧卖、担担面、赖汤圆、芝麻圆子、广汉三和泥、川北凉粉、小笼蒸牛肉、顺庆羊肉粉等。

四、淮扬菜

淮扬菜，又称江苏菜，以苏州、淮安、扬州、南京等地为代表。其特点是：以炖、焖、烧、煨、炒著名，重于酥烂、鲜香，原汁原汤，浓而不腻；口味平和，咸中带甜，咸甜适中，适应性强；烹调上用料考究，注意配色，讲究造型，菜谱四季有别。

南京菜口味和醇，花色菜玲珑细巧，用鸭制菜负有盛名。扬州菜清淡适口，主料突出，刀工精细，醇厚入味，以制江鲜、鸡类著名。苏州菜口味偏甜，配色和谐，以烹制河鲜、湖蚧见长。淮扬菜影响江、浙、皖、赣等地，并早已蜚声海内外。据统计，世界五大洲70多个国家都有淮扬风味的饭店。

淮扬菜名菜有：金陵盐水鸭、水晶肴肉、清炖蟹粉狮子头、文思豆腐、三套鸭、叫花鸡、梁溪脆鳝、松鼠鳜鱼、霸王别姬、沛公狗肉等。点心小吃有：黄桥烧饼、葱油火烧、文蛤饼、金钱萝卜饼、太湖船点、五香茶叶蛋、无锡王兴记馄饨、淮饺、文楼汤包、蟹黄养汤烧卖、三丁包子、藕粉圆子、淮安茶馓、苏州糕团等。

价值引领 10-1

中国饮食文化源远流长，中国烹饪不仅是一种技术，更是一种艺术和文化，是我国各族人民辛勤劳动的成果和智慧的结晶，是中华民族传统文化的一个重要组成部分。

知识点 3 中国风味特色菜

一、仿古风味菜肴

（一）宫廷菜（御膳）

宫廷菜原指历代皇宫内由御厨制作的专供皇帝、后妃们食用的菜肴。其特点是华贵珍奇、配菜讲究典式规格。具体表现在以下几个方面：

（1）选料考究，配料严格。宫廷菜广收博取天下万物中的稀世之珍，并对之有严格的要求。

（2）烹调细腻，讲究刀工。要求原料的规格不大不小，不多不少、入口恰好。刀法运用上除要根据原料的特性进行造型外，还要注意烹调时使原料便于入味。

（3）造型美观，寓意吉祥。在造型手段上主要运用“围、配、镶、酿”等工艺方法使菜肴的外形更加完整饱满，滋味更加醇郁鲜美。宫廷菜的菜名寓意吉祥且具有丰富的文化内涵。使用的餐具色彩华丽、造型古雅特异。

明朝以前的宫廷菜我们只能见到一些零星的文字记载，真正流传至今的凤毛麟角，唯有清代的宫廷菜较为完整地流传下来。清代宫廷菜主要是在山东风味、满族风味和苏杭风味这三种各具特色的风味菜的基础上发展而来的。清宫菜以满族食风为主，既有山东、江南、四川等各地方的风味，也包括蒙古族、回族等民族的风味，选料严格，制作精致，色形美观，擅长、炒、蒸、炸，口味以清、鲜、酥、嫩著称。

清代宫廷菜有熘鸡脯、凤凰扒窝、荷包里脊、炸佛手卷、扒驼掌、炒豆腐脑、烧鹿筋、抓炒鱼片、金银鹿肉、雪花桃泥、荷花鱼丝、罗汉菜心、炒胡萝卜酱等。

仿宫廷菜（仿膳）是指仿制历代帝王皇宫内由御膳房御厨制作的专供皇帝、后妃等用膳的菜肴，为仿古菜之首。清朝灭亡后，原清宫御膳房中的几位老御厨走出紫禁城，于1925年在北海公园内开设了“仿膳斋”（仿膳饭庄的前身），专门经营仿清宫风味。

北京北海公园仿膳饭庄、颐和园听鹂馆所经营的宫廷菜肴包括凤尾鱼翅、金蟾玉鲍、一品官燕、宫门奉鱼、金鱼鸭掌、焖鸡脯等名菜以及豌豆黄、芸豆卷、小窝头、肉末烧饼等名点。

课堂互动10-3

你知道的地方菜有哪些，各有什么特点？你家乡的菜肴有什么特色？

（二）官府菜

官府菜是古代官宦之家所制的馔肴，以清淡、精致、用料讲究闻名。

1.孔府菜

孔府菜又称府菜，是山东曲阜市孔府的菜肴，是经千百年的发展演变而形成的典型的官府菜。自西汉以来，随着孔子后裔政治地位的提升，皇帝朝圣及祭祀活动频繁。皇室成员每次到曲阜，必以盛宴接驾。高官要员纷至沓来，孔府也要设高级宴席接风。孔府内眷多来自各地的官宦之家，他们之间的交流，使众家名馔佳肴得以荟萃一堂，各呈特色，互为补益。孔府菜的烹饪技艺和风味特色，对我国的烹饪文化，特别是对鲁菜的形成和发展都有着重大的影响。

孔府菜可以分为两部分：一是衍圣公及其府内家人日常饮食的菜肴，由“内厨”负责烹制，称为家常菜；二是为来孔府之帝王贵胄、名族和官宦祭孔、拜访而举办的各种宴请活动的菜肴，由“外厨”负责烹制。

孔府菜具有以下特点：一是选料精而广。上到山珍海味、下到山林野菜，都可烹制出美味。二是制作精细、烹调技法全面、注重营养、善于调味。三是命名极为讲究，寓意深远，有些系沿用传统名称，有的取名古朴典雅，富有诗意。

孔府的名菜名点繁多，数以千百计。筵席菜有孔府一品锅、燕菜一品锅、诗礼银杏、怀抱鲤鱼、御笔猴头、白扒通天翅、八仙过海等。

20世纪80年代中后期，山东济南和北京先后开办了孔膳堂饭庄，对外经营仿孔府菜。

2.谭家菜

谭家菜出自清末官僚谭宗浚家。谭宗浚，字叔裕，广东南海人，同治十三年（1874年）考中榜眼，在翰林院供职。谭宗浚一生酷爱珍馐美味，热衷于在同僚中相互宴请，宴请时他总要亲自安排，将肴馔设计得精美可口，因此清末时已颇具名声。谭宗浚之子谭瑑青，讲究饮食过于其父。谭家的女主人都善烹调，不断吸收各派名厨之长，久之则成功地将南方菜（特别是广东菜）同北方菜（特别是北京菜）相互融合，成为独创一派的家庭风味菜肴。后来谭家败落，便变相经营谭家菜以补贴家庭开支，自20世纪30年代起对外营业，取名谭家菜。由此逐渐流传到北京市场上，以其独树一帜的家庭风味流传百余年而不衰。

谭家菜有四大特点：一为甜咸适口，南北均宜；二为讲究原汁原味；三为选料精、加工细；四为火候足、下料重，菜肴软烂，易于消化，特别适合老年人食用。

谭家菜共有200余种佳肴，尤以海味菜最为有名。在烹制海味中，又以燕窝和鱼翅的烹制最为出名。谭家菜名菜有：清汤燕窝、黄焖鱼翅、红烧鲍鱼、扒大乌参、草菇蒸鸡等。1950年，烹制谭家菜的三位厨师离开谭家，在北京西城区果子巷经营谭家菜。1958年，在周恩来总理的建议下，谭家菜全部并入北京饭店，成为北京饭店四大菜（川、粤、淮扬、谭家）之一。

3.随园菜

随园菜是因《随园食单》而得名的清代官府菜。《随园食单》作者袁枚，字子才，号简斋、随园老人，浙江钱塘（今杭州）人。乾隆时期进士，曾任江宁等县知县。40岁告归后筑园于南京小仓山下，名曰“随园”。

《随园食单》全面总结了历代烹饪技术的经验和教训，收录了苏、浙、皖等地菜肴，也涉及京、鲁、粤等地方菜，尤其是收录了官府菜的名馔和风味点心300余种，堪称官府菜谱代表作。袁枚说，“每食于某氏而饱，必使家厨往彼灶觚，执弟子之礼。四十年来，颇集众美”“余都问其方略，集而存之”。

随园菜有五大特点：一为十分讲究原料的选择；二为加工、烹调精细而卫生；三为讲究色香味形器；四为注重筵席的制作艺术；五为严格而科学的要求。

仿随园菜是南京金陵饭店原膳食部根据《随园食单》这部烹饪著作挖掘研制而成的，现已成为金陵饭店的膳食特色之一。随园菜的品种繁多，已研制成功的仿随园菜有40多种，如素燕鱼翅、鳆鱼炖鸭、鳆鱼豆腐、白玉虾圆、雪梨鸡片等。

4.红楼菜

红楼菜是根据《红楼梦》记述的贾府的肴馔饮食研制的菜肴，红楼菜的研制始于20世纪80年代初。研制方法大体分为三类：一是书中写有具体做法的菜，如茄鲞，照法仿制。二是只列有菜名或原料名而无做法的菜，如海参、鹿筋等，则结合现代烹饪技艺加以研制并定名。三是依据作者的名号和个别故事情节，创制新菜，如雪底芹芽、怡红祝寿等。

红楼菜的代表名菜有糟鹅掌、火腿炖肘子、乌龙戏珠、炸鹌鹑、老蚌怀珠、怡红祝寿等。1983年，北京中山公园的来今雨轩率先经营红楼菜，到1991年已有北京、扬州、南京、上海、河北等地的10余家饭店、餐馆相继推出红楼菜。扬州厨师研制的红楼宴，曾应邀到新加坡表演展示。北京的来今雨轩曾以红楼盛宴宴请出席首届中国饮食文化国际研讨会的近200位海外来宾，收到很高的评价。

二、江湖菜

江湖菜是指相对于正宗菜而言的菜式，主要指地方流行的风味菜。东西南北的餐饮市场都有流行的地方风味菜，只是叫法上不一样，口味上有差异。在重庆称为江湖菜，在江浙、上海等地被称作家常菜，在武汉名为迷宗菜，在广东界定为大众菜，在北方则被戏称大嫂菜。它根植于民间，以某种菜系为基础，师出多家，不拘常法地重复加工，复合调味，中菜西做，老菜新做，北料南烹，看似无心，实乃妙手天成，从而达到出奇制胜的效果。

重庆江湖菜最大的特点是“土”“粗”“杂”。“土”是指江湖菜具有极其浓厚的乡土气息。“粗”是指江湖菜具有粗犷豪放的气质，在烹调上不拘常法，在形式上不拘小节。“杂”是指江湖菜具有兼收并蓄的“杂交”手法，运用各种不同的烹调技巧。重庆江湖菜味重刺激，以麻、辣、鲜、香为主，调味宁过勿缺，油重料厚。重庆江湖菜名菜有：来凤鱼、重庆火锅、江津酸菜鱼、歌乐山辣子鸡、水煮鱼、香辣蟹、毛血旺等。

来凤鱼是重庆“江湖菜”流行之鼻祖，起源于来凤镇。来凤镇的厨师在继承川菜传统烹制手法的基础上，大胆创新，以草鱼为原料，以豆瓣、辣椒、胡椒、大葱、大蒜等为配料，烧制出以“麻、辣、烫、嫩”为主要特征的来凤鱼。

辣子鸡本是一道经典的川菜，重庆沙坪坝歌乐山镇餐厅的麻辣鸡外焦里嫩，麻辣下饭，非常好吃，当地甚至因此形成了辣子鸡一条街。辣子鸡的主要食材是鸡腿肉。切块后，用料酒、盐、胡椒粉和生抽腌制，加淀粉锁住水分。用油炸鸡块，炸好后捞出。锅中放油，将葱、姜、蒜、豆瓣酱、干辣椒、花椒等炒出香味，加入炸好的鸡块翻炒，放点食盐、白糖、十三香、芝麻、鸡精等，炒匀即可。辣子鸡成菜色泽棕红油亮，麻辣味浓，口味劲爆。

酸菜鱼源自重庆市，以草鱼为原料，配以泡菜等食材煮制而成。味道酸辣可口，鱼肉鲜嫩爽滑。

毛血旺源于重庆瓷器口，以鸭血和毛肚杂碎为主料，辅料有豆芽、鳝鱼、猪肉、黄花菜等，调料有辣椒面、豆瓣酱、花椒、生姜等。菜肴麻辣鲜香，味浓味厚，开胃下饭，促进食欲。

三、素席

素席是以各种素食组成的筵席。中国的素席产生于春秋战国时期，主要用于祭祀和重大典礼。随着佛教的传入，汉族僧侣“持斋吃素”，寺院素食烹饪发展起来，继而推动了民间的素食风俗，素席便发展起来。因席上所有菜肴均以豆制品、面制品、蔬菜、果品等为原料，用植物油烹制而成，又称全素席。其特点是花色品种繁多，可用豆制品、面筋等原料仿制成鸡、鸭、鱼、肉和山珍海味类菜肴。素席是在素菜的基础上产生和发展的。

素菜通常指用植物油、蔬菜、豆制品、面筋、竹笋、菌类和干鲜果品等植物性原料烹制的菜肴。素菜的特征主要有：第一，以时鲜为主，清爽素净；第二，花色繁多，制作考究；第三，富含营养，健身疗疾。

素菜按其食用对象，可分为寺观素菜、宫廷素菜、民间素菜。

寺观素菜主要是指用蔬菜（含菌类）、果品和豆制品、面筋等制作的素菜，擅用竹笋、豆芽等吊制的素高汤增鲜。起初只限于寺观内部食用，后来香客多了，需就地进餐，有些较大的寺庙香积厨就开始经营素菜。寺观素菜多就地取材，一般烹制简单，品种不繁，但质量求精。时至今日，以素材驰名的寺观仍有不少，如厦门南普陀寺、杭州灵隐寺、成都宝光寺等。

宫廷素菜是素席中的精品，制作精致，配菜典式有一定规格。一些专做素菜的御厨技艺精湛，他们以面筋、豆腐等为原料，能做出几百多种风味独特的素菜。如散烩八宝、炒豆腐脑等著名素菜，曾得到慈禧太后的赞赏。中国历代宫廷均设有专司饮食的机构，到了清代御膳房下有素局，专门烹制素菜，主要供帝王斋戒时食用。

民间素菜以素菜馆为代表。素菜馆源于宋代，到了清代有了较大的发展。素菜馆创制出许多风味独特的菜肴。现在仍享有盛誉的素菜馆有天津的真素园、上海的功德林、北京的全素斋等。

知识点4 中国名茶与名酒

一、名茶

在线课堂
10-2
中国名茶与名酒

茶叶是以茶树新梢上的芽叶嫩梢（称鲜叶）为原料加工制成的产品。中国是茶树的原产地，又是最早发现茶叶功效、栽培茶树和制成茶叶的国家。茶叶自古以来就是我国的三大特产之一，也是世界三大饮料（茶叶、咖啡、可可）之一。唐代“茶圣”陆羽所著的《茶经》是中国也是世界上第一部茶叶科学专著，它记述了茶的起源、品质、种植方法、产地、采制、烹饮及器具等。

（一）茶叶的分类

茶叶按初加工工艺可分为绿茶、红茶、乌龙茶（青茶）、黑茶、黄茶、白茶六大类。再加工茶类有压制成型的紧压茶和鲜花窨制的花茶。紧压茶主要以黑茶或红茶或绿茶为原料，经过蒸压处理，加工成茶块，便于运输和储藏，深受西北、西南少数民族同胞的喜欢，也称边销茶。花茶出现于宋代，以精制后的茶叶和香花为原料，经过窨花工艺制成，尤其受我国北方人民的喜爱。

（二）中国传统名茶

1.绿茶

绿茶是最古老的茶叶品种。绿茶是不发酵的茶叶。初制时采用高温杀青，以保持鲜叶原有的嫩绿，多酚类全部不氧化或微氧化，叶绿素未受破坏，香气清爽，味浓，收敛性强。绿叶绿汤，色泽光润，汤澄碧绿，清香芬芳，味爽鲜醇。绿茶产量大，品种多，其中以浙江省杭州市西湖龙井茶、江苏省苏州市太湖碧螺春茶、安徽省黄山市黄山毛峰茶最为著名。

西湖龙井因产于浙江省杭州市西湖龙井村及其附近而得名。其中尤其以狮子峰所产为最佳，被誉为“龙井之巅”。每年清明节前采摘的芽茶称“明前茶”，也称为“莲心”，极为名贵。龙井茶具有外形扁平挺直、大小长短匀齐、色泽绿中透黄、茶香清高鲜爽的特点，宛如茉莉清香，味甘而隽永，泡在玻璃杯中，清汤碧液，可见茶芽直立，世人誉为“色绿、香郁、味甘、形美”四绝。以虎跑泉水冲泡龙井茶，号称杭州“双绝”。

太湖碧螺春产于江苏省苏州市太湖上的洞庭山区，又名洞庭碧螺春，原名为“吓煞人香”，后经康熙皇帝改名为“碧螺春”茶。其特点是条索纤细，卷曲成螺，茸毛密布，清香幽雅。

黄山毛峰产于安徽省黄山市，是毛峰茶中之佳品。其特点是芽叶肥壮，大小均匀；银毫形如雀舌，油润光滑，绿中微黄；冲泡入口醇香鲜爽，回味甘甜，沁人心脾。特级黄山毛峰，又称黄山云雾茶，产量极少。

2.红茶

红茶出现于清朝，用全发酵法制成，制作关键是渥红（发酵）以促进酶活性，使多酚类物质充分氧化。红茶红叶红汤，香甜味醇，具有水果香气和醇厚的滋味，还具有耐泡的特点。红茶多以产地命名，以安徽祁红、云南滇红尤为出众。

祁红即祁门红茶，主要产于安徽省黄山市祁门县及附近的黟县与池州市的东至县等县。1875年，黟县人余干臣从福建罢官回原籍经商，仿效福建“闽红”制法，在至德县（今东至县）尧渡街设立茶庄试制红茶，成功后扩大红茶经营，别人亦效仿之，很快祁红声誉超过闽红。1915年，祁门红茶获巴拿马国际博览会金奖。祁红条索紧细秀长，色泽乌润，毫色金黄，汤色红艳透明，叶底鲜红明亮，入口醇和，回味隽厚，味中有浓郁的既似果香又似兰花香的香气，清鲜持久，被誉为“祁门香”。祁红在国际市场上与印度大吉岭茶、斯里兰卡乌伐茶齐名，并称为世界三大高香名茶。

滇红是云南红茶的统称，采用优良的云南大叶种茶树鲜叶，经萎凋、揉捻或揉切、发酵、烘烤而制成。滇红分为工夫茶和碎茶两种。滇红工夫茶是条形茶，滇红碎茶是颗粒形碎茶，前者滋味醇和，后者滋味强烈。滇红工夫茶中品质最优的是“滇红特级礼茶”，成品茶芽叶肥壮，色泽乌黑，汤色红浓透明，滋味浓厚鲜爽，香气高醇持久，叶底红匀明亮。

3.乌龙茶

乌龙茶也称青茶，属半发酵茶，介于红茶与绿茶之间，始现于清朝。制作采用独特的“做青”工序，使鲜叶不充分氧化。乌龙茶的特点是叶色青绿，汤色金黄，绿叶红镶边，香气芬芳浓醇，既具有红茶的醇厚，又具有绿茶的清香。乌龙茶的产地主要集中在福建省、广东省、台湾省一带，名品有福建的武夷岩茶、铁观音，广东的凤凰单枞，台湾的冻顶乌龙等。

武夷岩茶因产于福建省南平市的武夷山岩崖之间而得名，属条形乌龙茶，清朝末期创制。武夷岩茶具有外形条索肥壮匀整、紧结卷曲，叶背呈蛙皮状白点，色泽绿润带宝光，肉质香气馥郁隽永，滋味醇厚回甘、润滑爽口，汤橙黄透亮的特点，冲泡三四次而色不褪，叶底柔软匀亮，绿叶红镶边，饮后齿颊留香，喉底回味甘甜。人们常用“蜻蜓头，蛤蟆背，砂绿润，豆浆韵”来概括武夷岩茶的独特风味。按产品分，武夷岩茶可分为大红袍、名枞、肉桂、水仙、奇种五类。

铁观音产于福建省泉州市安溪县，因树种而得名，也称安溪铁观音。铁观音属于半发酵茶，茶叶色泽褐绿，重实如铁，香气特异。传说是观音菩萨所赐，便取名铁观音。铁观音冲泡后呈螺旋形，滋味纯浓，香气馥郁持久，有天然的兰花香，俗称“观音韵”。

4.黄茶

黄茶加工过程中采用杀青、焖黄方法，使鲜叶进行非酶性氧化，黄叶黄汤，香气醇和。黄茶按芽叶嫩度分为黄芽茶、黄小茶和黄大茶。著名品种有湖南君山银针等。

君山银针产于湖南省岳阳市洞庭湖中君山岛。该茶的特点是，芽头茁壮紧实，长短大小匀齐，茸毛密盖，芽身金黄，称为“金镶玉”。汤色浅黄，叶底明亮，滋味甘醇，香气清雅。若以玻璃杯冲泡，可见芽尖冲上水面，悬空竖立；下沉时如雪花下坠，沉入杯底，状似鲜笋出土，又如刀剑林立；再冲泡再竖起，能够三起三落。

5.白茶

白茶白色茸毛多，色白如银，汤色浅淡、素雅，初泡无色，滋味鲜醇，毫香明显。白茶可分两大类：一类是由白茶树鲜叶直接制成、完全未发酵的茶，如浙江安吉白茶、太湖白茶；另一类是采用萎凋工艺、轻微发酵制成的茶，如白毫银针、白牡丹等。白茶主要产于福建省的南平市政和县、宁德市福鼎市等地，茶性寒凉，有退热祛暑之功效。

白毫银针又名银针白毫，也称银针或白毫，因色白如银、形状似针而得名。白毫银针产于福建省东北部，外形美观，芽肥壮，茸毛厚，芽长近寸，富光泽，汤色碧青，香味清淡，滋味醇和。冲泡时，“满盏浮茶乳”，银针挺立，上下交错。白毫银针的形、色、质、趣是名茶中绝无仅有的。白毫银针性寒凉，有健胃提神之效、祛湿退热之功，常作为药用。

白牡丹产于福建，绿叶夹银色白毫，芽形似花朵。冲泡之后，绿叶托着嫩芽，宛若蓓蕾初开，故名白牡丹。白牡丹两叶抱一芽，叶态自然，汤色杏黄或橙黄，叶底浅灰，叶脉微红，汤味鲜醇，有退热祛暑的功效，是夏日佳饮。

6.黑茶

黑茶因成品茶的外观呈黑色，故得名。黑茶属于后发酵茶，随时间的不同，其发酵程度会发生变化。黑茶制茶工艺一般包括杀青、揉捻、渥堆和干燥四道工序。干茶颜色为青褐色，冲泡后，汤色橙黄或褐色，有陈香，滋味醇厚回甘。黑茶是压制紧压茶的主要原料，名品有云南普洱茶。黑茶主要分布在湖南、四川、云南、湖南、湖北等地。

普洱茶因产于云南普洱而得名，以云南大叶茶种晒青毛茶为原料，经过发酵加工成散茶和紧压茶。普洱茶茶汤橙黄浓厚，香气持久，香型独特，滋味浓醇，经久耐泡。“越陈越香”被公认为是普洱茶区别于其他茶类的最大特点。普洱茶还有一定的减肥降脂功效。

二、名酒

酒是用高粱、麦、米、葡萄或其他水果等原料经糖化、发酵制成的含有食用酒精等成分的饮料。

中国是世界上最早的酿酒国家之一，早在5 000年前就已开始酿酒。商周时期已出现了制曲方法、酿酒官职和酿酒工艺。南北朝贾思勰的《齐民要术》中记录了9种酒曲的制作法、39种酒的酿造法和2种药酒的配制法。宋代出现了较全面的酿酒专著——朱翼中的《北山酒经》，详细记述了制曲酿酒的方法。

价值引领10-2

用曲造酒是中国古代酿酒工艺的特色。西方的粮食酒采用麦芽糖化再加酵母的方法。相比之下，用曲造酒的工艺要先进得多。中国古代曲法糖化酿酒技艺，是中华民族对世界酿造文明的杰出贡献。

（一）酒的分类

根据酿酒方法分类，有蒸馏酒、发酵酒和配制酒。

根据酒中酒精含量分类，有高度酒（一般在40度以上）、中度酒（20度至40度）和低度酒（在20度以下）。

根据商业习惯，酒可分为白酒、黄酒、葡萄酒、啤酒、果酒、露酒和药酒。

（二）中国名酒

1.白酒

白酒也称“烧酒”，是以各种含淀粉或糖分的原料、辅料、酒曲、酒母、水等，经过糖化发酵后，用蒸馏法制成的40度至65度的高浓度酒。白酒由于酿酒原料、生产工艺、设备等条件的不同，形成了不同香型和风味特点。

（1）白酒的分类。白酒中的名酒是按香型评定的，分为酱香型、浓香型、清香型、米香型、兼香型等。

① 酱香型，又称茅香型。在白酒中，酱香型酒为数很少，除贵州省茅台酒为代表外，四川省泸州市古蔺县郎酒、湖南省常德市武陵酒也属此香型。其特点是：酱香突出、幽雅细致、酒体醇厚，回味悠长，甚至盛过酒的空杯仍留有香气。

② 浓香型，以四川省泸州市泸州老窖特曲、五粮液酒为代表。该香型适合大多数消费者的口味，因此在白酒中所占比例最大。其特点是：窖香浓郁，绵柔甘冽，香味协调，尾净余长。四川省宜宾市五粮液、安徽省亳州市古井贡酒、贵州省贵阳市贵阳大曲、贵州省习水县习水大曲、江苏省宿迁市泗阳县洋河镇洋河大曲也属此香型。

③ 清香型，以山西省吕梁市汾阳市杏花村汾酒为代表，比较适合北方消费者的需要。其特点是：清香醇正，口味协调，微甜绵长，余味爽净，甘润爽口，具有传统的老白干风格。湖北省武汉市特制黄鹤楼酒、河南省平顶山市宝丰县宝丰酒也属此香型。

④ 米香型，以广西壮族自治区桂林市三花酒为代表。其特点是：米香清雅纯和，入口柔绵，落口爽洌，回味怡畅。

⑤ 兼香型，指具有两种以上主体香型的白酒，又称为复香型或混合香型酒，如贵州省遵义市董酒、陕西省宝鸡市凤翔区西凤酒。

（2）著名白酒。1952—1988年五届全国评酒会评出国家名酒白酒共17种，即贵州茅台酒、泸州老窖特曲、汾酒、西凤酒、五粮液酒、古井贡酒、董酒、全兴大曲、剑南春酒、洋河大曲、双沟大曲、特制黄鹤楼酒、郎酒、武陵酒、宝丰酒、宋河粮液酒、沱牌曲酒。

① 贵州茅台酒，产于贵州省遵义市茅台镇。茅台镇产名酒，与其独特的自然条件、赤水河水和优良的高粱做原料密不可分，所以至今酿不出“异地茅台”，素有“国酒”之誉。贵州茅台酒色泽晶莹透明，口感醇厚柔和，无烈性刺激感，入口酱香馥郁，回味悠长，饮后余香绵绵，持久不散。自1952年以来，在历届全国评酒会上连续入选国家名酒。

② 泸州老窖特曲，产于四川省泸州市。泸州古称江阳，自古有“江阳古道多佳酿”之美誉。泸州最老的酒窖是明万历年间所建，已被列入全国重点文物保护单位。泸州老窖酒液晶莹清澈，酒香芬芳飘逸，酒体柔和纯正，酒味协调适度，具有窖香浓郁、清洌甘爽、饮后留香、回味悠长等独特风格。1915年，泸州老窖特曲获得巴拿马万国博览会金奖。自1952年以来，在历届全国评酒会上连续入选国家名酒。

③ 五粮液酒，产于四川省宜宾市，多次荣获国家名酒称号。五粮液酒以高粱、大米、糯米、小麦、玉米五种粮食为原料，以古法工艺配方酿造而成。其香气浓郁，醇厚甘美，回味悠长。

④ 汾酒，产于山西省吕梁市汾阳市杏花村镇。早在南北朝北齐时期就以酿制

“汾清”而著称于世。酒液晶莹透亮，清香雅郁，入口绵柔、甘洌，余味净爽，有色、香、味三绝之美。作为我国白酒类的名酒，山西汾酒可以说是我国历史上最早的名酒。1915年，汾酒获得巴拿马万国博览会金奖。

⑤ 贵州遵义董酒，产自贵州遵义市，为国内“董香型”白酒的典型代表。董酒以优质高粱为原料，加入酒曲，采用贵州大娄山脉地下泉水酿造而成。既有大曲酒的浓郁芳香，又有小曲酒的柔绵、醇和、回甜，还有淡雅舒适的“百草香”的植物芳香。

⑥ 陕西西凤酒，产自陕西省宝鸡市凤翔区柳林镇，属于复合型的大曲白酒。西凤酒以优质高粱为原料，以大麦、豌豆制曲，配以甘美的柳林井水，经发酵、蒸馏、贮存、勾兑而成，需贮存3年。西凤酒醇香芬芳，清而不淡，浓而不艳，集清香、浓香等优点于一身，风格独特。

2.黄酒

黄酒是中国最古老的饮料酒，也是中国特有的酿造酒，因酒色黄亮或黄中带红而得名。黄酒多以糯米为原料，也可用粳米、籼米、黍米和玉米为原料，蒸熟后加入专门的酒曲和酒药，糖化、发酵后压榨而成。酒度一般为16%～18%，含糖、氨基酸等多种成分，具有相当高的热量，是营养价值很高的低度饮料。黄酒主要产于中国长江下游一带，以浙江省绍兴市的黄酒最为著名。

1952—1984年，在四届全国评酒会上被评为国家名酒的黄酒有：浙江省绍兴市加饭酒和福建省龙岩市沉缸酒。

绍兴加饭酒古称越酒、山阴甜酒。加饭酒酿造历史悠久，为我国乃至世界上最古老的饮料酒黄酒中的最名贵者，其制作历史有2 300余年。绍兴加饭酒以糯米为原料，使用鉴湖的水酿制而成，具有酒色黄而莹澈、香气浓而沉郁、味道醇厚、越陈越香、久藏不坏等特点。

龙岩沉缸酒是福建省龙岩市的特产。龙岩沉缸酒是一种特甜型酒，其工艺独特，营养丰富，滋补健身。

3.果酒

果酒是以果品为原料经发酵酿制而成的低度饮料酒，如梅子酒、葡萄酒、苹果酒等，尤以葡萄酒最为著名。葡萄酒是以葡萄为原料酿造的一种果酒，原产于西亚地区，汉代经“丝绸之路”传入中原。

我国用葡萄酿酒的历史悠久。汉代西域地区就以酿葡萄酒驰名。唐代，我国西北地区已用葡萄蒸制葡萄烧酒，饮葡萄酒之风非常兴盛。近代中国最早的葡萄酒酿造企业是1892年华侨张弼士创建的山东省烟台市张裕葡萄酒厂。葡萄酒有以下三种分类方法：按加工方法，分为酿造葡萄酒（又称原汁葡萄酒）、加香葡萄酒、起泡葡萄酒和蒸馏葡萄酒；按糖含量分为干葡萄酒（<0.5%，口感无甜味），半干葡萄酒（0.5%～1.2%，有极微弱甜味），半甜葡萄酒（1.2%～5%，口感较甜）和甜葡萄酒（>5%，口感很甜）；按色泽分为红葡萄酒、桃红葡萄酒和白葡萄酒。

山东省烟台市张裕葡萄酒厂生产的红葡萄酒、味美思、雷司令和金奖白兰地，在1915年美国旧金山举行的巴拿马国际博览会上一举拿到4块金质奖章。1952—1984年四届全国评酒会上，烟台红葡萄酒、味美思、金奖白兰地，连续获得“国家名酒”

称号。

4. 啤酒

啤酒是以大麦芽和啤酒花为主要原料，再加上水、淀粉、酵母等辅料，经酵母发酵而制成的一种含二氧化碳的低度酒精饮料，也叫麦酒。它具有营养丰富、高热量、低酒度的特点，有“液体面包”的美誉。啤酒是近代从欧洲传入的，先由外国商人在中国的山东省青岛市、黑龙江省哈尔滨市、辽宁省沈阳市、上海市等地设厂酿造。1904年、1915年在哈尔滨市和北京市，中国人先后办起东北三省啤酒厂、双合盛五星啤酒汽水厂。

（1）啤酒的分类。啤酒有三种分类方法：根据是否杀菌，可分为鲜啤酒（生啤酒）和熟啤酒；根据麦汁浓度和酒精含量（质量），可分为低浓度啤酒、中浓度啤酒和高浓度啤酒三种；根据颜色深浅，可分为淡色啤酒（淡黄色至金黄色）、浓色啤酒（棕黄色）、黑啤酒（深棕色至黑色）三种。

（2）啤酒名酒。1963—1984年，在三届国家评酒会上被评为国家名酒的啤酒有山东青岛啤酒等。

青岛啤酒，产于山东青岛啤酒厂，该厂前身为1903年建立的英德啤酒公司。青岛啤酒以浙江、江苏等省所产二棱大麦为原料，配以自产优质啤酒花，用崂山泉水为酿造水，采用德国传统工艺精心酿制而成。酒液呈淡黄色，清澈透明，有光泽，二氧化碳充足，泡沫洁白、细腻，有显著的啤酒花香和麦芽清香，口感柔和，清爽纯净，略带啤酒花特有的苦味，令人感到愉快。青岛啤酒属中浓度淡色熟啤酒，原麦汁浓度为12°以上，酒精含量为3.5%。1962年以来，青岛啤酒连续获得“国家名酒”称号和质量金奖。

导游实训

实训项目：中国美食解说词创作。

实训目的：掌握中国饮食文化的博大精深及历史人文价值。

实训步骤：

1. 回顾中国饮食文化的基本概况，了解中国美食发展历史、各大菜系特色、主要代表菜品等。

2. 每组进行任务分工，通过上网、查阅相关资料，设计一份中国美食解说词，并派代表进行汇报。

3. 每组派1名代表以模拟导游的形式进行汇报，并回答其他小组和教师的提问。

4. 教师总结点评。

知识训练
10-1

扫码答题

参考文献

[1] 全国导游人员资格考试教材编写组．全国导游基础知识［M］．7版．北京：旅游教育出版社，2022.

[2] 吴忠军．中外民俗［M］．6版．大连：东北财经大学出版社，2021.

[3] 王兴斌．中国旅游客源国概况［M］．4版．北京：旅游教育出版社，2018.

[4] 赵荣光．中华饮食文化概论［M］．北京：高等教育出版社，2018.

[5] 王兴华，王兆明．中国旅游历史文化［M］．北京：旅游教育出版社，2015.

[6] 李贵录，石玉秋，阎丽．旅游文化［M］．长沙：湖南师范大学出版社，2014.

[7] 罗兹柏．中国旅游文化［M］．上海：上海人民出版社，2014.

[8] 尹华光．旅游文化［M］．北京：高等教育出版社，2014.

[9] 钱穆．中国历史精神［M］．北京：九州出版社，2012.

[10] 王玉．中国旅游文化［M］．成都：西南财经大学出版社，2011.

[11] 梅鹏．中国旅游文化［M］．北京：中国人民大学出版社，2011.

[12] 朱伟．旅游文化学［M］．武汉：华中科技大学出版社，2011.

[13] 金秋鹏．中国古代科技［M］．北京：中国国际广播出版社，2010.

[14] 朱桂凤．中国人文旅游资源概论［M］．北京：中国林业出版社，2009.

[15] 熊庆年．古代科举［M］．上海：东方出版中心，2008.

[16] 曹师图，孙静．旅游文化学概论［M］．北京：中国林业出版社，2008.

[17] 沈祖祥，李萌．旅游宗教文化［M］．北京：旅游教育出版社，2008.